INSTITUTION

AU

DROIT FRANÇOIS,

Par M. Argou, *Avocat au Parlement.*

Neuviéme Edition, revue, corrigée & augmentée, conformément aux nouvelles Ordonnances, par M. A. G. Boucher d'Argis, Avocat au Parlement.

TOME SECOND.

A PARIS,

Chez Martin, Libraire, rue S. Jacques, à l'Etoile.

M. DCC LXII.

AVEC PRIVILEGE DU ROI.

TABLE
DES CHAPITRES
du second Vo'ume.

LIVRE TROISIÉME.

DES OBLIGATIONS.

a ij

LIVRE QUATRIÉME.

DES ACCESSOIRES, ET DES SUITES

DES OBLIGATIONS.

Fin de la Table des Chapitres.

INSTITUTION

INSTITUTION

AU

DROIT FRANÇOIS.

LIVRE III.

Des Obligations.

CHAPITRE PREMIER.

Des Obligations en général.

 ES Obligations font des *Inst. des O-* efpeces de liens de droit, *bligations.* qui nous engagent à faire ou à donner quelque chofe. Ces Obligations peuvent avoir plu- fieurs caufes : elles ont quelquefois

Tome II. A

leur fondement dans la feule équité naturelle, que la loi, par des raifons particulieres, n'a pas voulu autorifer, & alors elles font appellées en droit Obligations purement naturelles, & ne produifent aucune action : telle eft dans le droit civil l'obligation d'un fils de famille qui emprunte de l'argent fans le confentement de fon pere, & parmi nous l'obligation d'une femme mariée qui fait un contrat fans l'autorité de fon mari.

Il y a d'autres obligations qui n'ont d'autre fondement que dans la loi même, & qui font en quelque maniere contraires à l'équité naturelle. Ainfi, celui qui a été condamné en juftice, par un jugement en dernier reffort, rendu dans toutes les formes requifes, eft obligé d'exécuter ce jugement, quoiqu'il foit injufte : ce que la loi a introduit pour un plus grand bien, pour ne pas laiffer les affaires dans une confufion & une incertitude perpétuelle : c'eft ce qu'on appelle en droit Obligations purement civiles.

Il y a enfin des obligations qui ont une caufe jufte & naturelle, &

qui, outre cela, eſt approuvée par la loi : elles ſont appellées Obligations civiles & naturelles tout enſemble ; c'eſt principalement de cette derniere ſorte d'obligations dont nous parlerons ici ; car nous préſuppoſons que toutes les obligations qui ſont autoriſées par la loi, ont ou doivent avoir une cauſe raiſonnable.

Toutes les obligations naiſſent des contrats ou eſpeces de contrats, qu'on appelle en droit quaſi-contrats ; ou elles naiſſent des crimes ou eſpeces de crimes, que la loi appelle quaſi-délits.

Il ne faut pas concevoir ici le mot, contrat, de la maniere dont on uſe dans le diſcours ordinaire, le prenant pour un écrit authentique, qui n'eſt que la preuve du contrat ; il faut ici le prendre dans ſon vrai ſens, pour une convention entre deux ou pluſieurs perſonnes : tel eſt le contrat de vente, de ſociété, de prêt.

¶ Il y a auſſi des engagemens qui peuvent être contractés par une ſeule perſonne, tels que les billets, promeſſes, obligations, reconnoiſſances,

confentement, quittances & autres
femblables.

La plûpart des conventions peuvent être faites fous feing-privé, auffi-
bien que pardevant Notaire.

Les billets & promeffes fous feing-
privé peuvent être écrits par une
autre perfonne que celle qui les fi-
gne, mais la Déclaration du 22 Sep-
tembre 1733, veut que tous billets
fous feing-privé au porteur à ordre
ou autrement, caufés pour valeur en
argent, autres néanmoins que ceux
qui feront faits par des Banquiers,
Négocians, Marchands, Manufactu-
riers, Artifans, Fermiers, Labou-
reurs, Vignerons, Manœuvriers &
autres de pareille qualité, feront nuls,
fi le corps du billet n'eft écrit de la
main de celui qui l'aura figné, ou du
moins fi la fomme portée au billet
n'eft reconnue par une approbation
écrite en toutes lettres, auffi de fa
main]].

Mais il y a de certaines affaires
qui ne laiffent pas de produire une
action, quoiqu'il n'y ait aucune convention entre les parties ; c'eft ce
que les loix appellent quafi-contrat,

lorfqu'il n'y a aucun crime mêlé : c'eft ainfi que le tuteur eft obligé de rendre compte à fon mineur, quoiqu'il n'y ait eu aucune convention entre le tuteur & le mineur qui ait précédé la geftion de tutelle ; ainfi, le co-héritier qui a reçu les fruits & revenus de la fucceffion, eft obligé d'en tenir compte à fes co-héritiers, quoiqu'ils n'ayent point contracté enfemble.

Les crimes produifent auffi de véritables obligations pour réparer le dommage qui a été commis, foit envers le public, par la peine qui eft prononcée contre le coupable, foit envers les particuliers qui ont été offenfés, par les dommages & intérêts qui leur font adjugés.

Mais comme il y a de certaines actions qu'on ne peut pas proprement appeller criminelles, mais qui ne font pas auffi tout-à-fait innocentes, parce qu'elles procedent de la faute & de l'imprudence de celui qui les a commifes, les loix leur ont donné un nom qui tient le milieu entre les actions innocentes & les criminelles, en les appellant quafi-délits.

Voilà en général les caufes de toutes les obligations. Nous commencerons par les contrats dont les Loix Romaines avoient fait quatre efpeces ; favoir, ceux qui étoient parfaits par le feul confentement des parties ; ceux qui, outre ce confentement, vouloient de plus la tradition de quelque chofe ; ceux qui defiroient une formule particuliere de paroles ; & ceux qui fe faifoient par la fimple écriture. De toutes ces efpeces il n'y a que les deux premieres qui foient en ufage parmi nous.

CHAPITRE II.

Du Mariage.

DE tous les contrats qui fe forment par le feul confentement des parties, le mariage eft le plus important ; il eft confidéré parmi nous, ou comme un Sacrement, ou comme un contrat civil. Quoique nous n'ayons pas deffein de parler ici du Sacrement, qui eft de la connoiffance du Juge d'Eglife, il faut pourtant dire quelque chofe de ce qui fait le mariage, & de ce qui le rompt; car il eft bien vrai que les Juges laïcs ne donnent pas toujours les effets civils au mariage, quoique le Sacrement foit parfait: mais il eft certain auffi qu'ils ne donnent jamais les effets civils, quelque contrat qu'il y ait, lorfqu'il n'y a point de Sacrement.

Les empêchemens du mariage font de deux fortes; les uns empêchent qu'on ne puiffe contracter mariage fans crime, mais ils n'empêchent pas la validité du mariage; c'eft ce que les Canoniftes appellent *Impedimenta impedientia*. Nous n'en parlerons point ici: cette matiere ne regarde que les Cafuiftes.

Les autres empêchemens, que les Canoniftes appellent *Impedimenta dirimentia*, font plus forts que les premiers; car ils rendent le mariage nul, & empêchent que le Sacrement n'ait fon effet. Voici les principaux empêchemens de cette derniere efpece.

1. Le bas âge. Il faut que ceux qui fe marient, foient en état d'avoir des enfans; ce qu'on a déterminé, fui-

vant le droit Romain, aux mâles à quatorze ans, & aux filles à douze : la vieilleſſe n'eſt point un empêchement.

2. La parenté juſqu'au quatrieme degré, à compter ſuivant le droit canon, que nous ſuivons en ces matieres. Ceux qui ſont au quatrieme degré peuvent obtenir diſpenſe de leur Evêque pour ſe marier. ¶ Il y a même quelques dioceſes dans leſquels les Evêques ſont en poſſeſſion de donner des diſpenſes, du troiſieme au ſecond degré]]. [*D'Hericourt, Loix Eccleſ*].

On obtient auſſi fort aiſément de la Cour de Rome des diſpenſes pour le troiſieme degré ; mais pour le ſecond, elles ſont très-rares ; on ne les accorde que pour des cauſes très-conſiderables, comme à des Princes pour le bien de l'Etat & de la Religion. * Il y a beaucoup d'exemples de diſpenſes accordées à de ſimples particuliers, quoique couſins germains, étant par conſéquent au ſecond degré].

3. Le mariage, tant qu'il dure, eſt un obſtacle invincible à un autre mariage. Il eſt défendu d'avoir deux

maris ou deux femmes en même-tems, à peine de nullité du second mariage, & de punition exemplaire.

4. Les personnes qui ont fait profession de la vie Religieuse, ceux qui sont dans les Ordres sacrés de sous-diaconat, de diaconat & de prêtrise, ne peuvent pas se marier; mais le Pape peut donner des dispenses dans tous ces cas. ¶ On en accorde quelquefois pour le sous-diaconat ; mais rarement pour les autres Ordres supérieurs]]. Il faut néanmoins observer que ces dispenses ne sont reçues en France que pour des considérations si importantes, qu'elles n'arrivent presque jamais ; c'est pourquoi les dispenses en tous ces cas sont ordinairement déclarées abusives.

Cap. 1. ext. de cleric. conjug. c.ult.ext. qui clerici, vel vovent matrimon.

La mort civile, qui est causée par le bannissement à perpétuité, la condamnation aux galeres perpétuelles, & celle de mort prononcée contre les absens, n'empêche pas l'effet du Sacrement de mariage, parce que les condamnés ne cessent pas d'être au nombre des enfans de l'Eglise; mais comme ils sont entierement retranchés du nombre des citoyens, ils sont

Voyez ci-devant, liv. 1, chap. 3.

A v

incapables de participer à la société civile : c'eft pourquoi leur contrat de mariage ne produit aucuns effets civils, leurs enfans ne font point confidérés comme des enfans légitimes ; & la juftice ne donne aucune exécution aux claufes de leur contrat de mariage.

Cap. 14. ext. qui filii fint legit. Mais fi l'un des deux conjoints eft dans la bonne foi, c'eft-à-dire, s'il a ignoré l'empêchement, le mariage a tous les effets civils, tant à fon égard, qu'à l'égard des enfans qui en font nés, à moins que l'empêchement ne vienne du défaut de l'âge ;

Louet & Brodeau, F. 8. car c'eft une négligence trop groffiere que d'ignorer l'âge d'une perfonne qu'on époufe ; ou de la condamnation qui emporte mort civile, laquelle étant publique, on n'y peut prefque jamais préfumer de bonne foi.

Ord. 1639. art. 33. Le confentement eft le fondement effentiel du mariage, fans lequel il ne peut aucunement fubfifter ; c'eft pourquoi les raviffeurs font incapables de contracter mariage avec celles qu'ils ont ravies, parce qu'on préfume toujours qu'il y a de la violence, quelque confentement qu'on puiffe faire paroître.

C'eft par la même raifon qu'il eft défendu aux Seigneurs & aux perfonnes de crédit, d'empêcher la liberté des mariages, de furprendre des lettres de cachet, & d'abufer de l'autorité fouveraine pour forcer les volontés en matiere de mariage.

Ordonnance d'Orléans, article 3. Blois, art. 181.

Les mineurs de vingt-cinq ans ne peuvent pas contracter mariage fans le confentement de leur pere ou de leur mere, ¶ fi le pere eft décédé]], ou de leur tuteur ou curateur; il eft vrai que ce feul défaut de confentement n'emporteroit pas la nullité du mariage; mais comme on n'en voit prefque point où l'on n'ait ufé de mauvais artifices pour furprendre le mineur, on préfume facilement qu'il y a un rapt de féduction, qui eft prefque auffi dangereux que le rapt de violence; on ufe même quelquefois de punition exemplaire contre les féducteurs; d'ailleurs, pour la validité d'un mariage, il faut trois publications de bans, il faut que le mariage foit célebré dans la paroiffe du domicile de ceux qui fe marient.

Ordonn. de Blois, art. 40, 41, & 42. 1656. art. 1. 1639. art. 1.

A vj

¶ Et lorfque les contractans demeurent en deux Paroiffes, il faut le concours des deux Curés, c'eft-à dire, que les bans foient publiés dans les deux Paroiffes, & rapporter au Curé qui fait le mariage un confentement par écrit de l'autre Curé]]. Il eft défendu aux Curés de paffer outre à la célébration du mariage des enfans de famille, fans le confentement des peres, meres, tuteurs ou curateurs. Il faut enfin que quatre témoins affiftent à la célébration du mariage : de forte qu'il eft prefqu'impoffible aux mineurs de contracter un mariage valable, fans le confentement de leurs peres, meres, tuteurs ou curateurs; car, quoique les Evêques puiffent donner des difpenfes de publications de bans, & de fe marier ailleurs que dans la Paroiffe, néanmoins ils y font très-circonfpects, & ne les accordent jamais à des mineurs, qu'elles ne foient demandées par les parens mêmes; & s'ils font quelquefois furpris, alors les difpenfes font déclarées abufives.

Ordonn. de Blois, art. 43. Les tuteurs ou curateurs qui ne font pas du nombre des afcendans, font obligés de prendre l'avis des parens, pour marier les mineurs qui font fous leur tutelle ou curatelle, à peine de punition exemplaire.

Lorfque les Curés refufoient de paf- *Id. art.* 14. fer outre à la célébration d'un mariage, à caufe des oppofitions formées entre leurs mains, il y avoit quelquefois des perfonnes mal confeillées, qui déclaroient en préfence d'un Notaire, qu'ils fe prenoient pour mari & femme, & qui croyoient que cela fuffifoit pour la validité d'un mariage ; c'eft ce qu'on appelloit des promeffes de mariage par paroles de préfent ; mais il eft à préfent défendu à tous Notaires de paffer ou recevoir de telles promeffes, à peine de punition corporelle.

Lorfqu'un fils, avant l'âge de trente *Ordonn. de* ans, & une fille, avant celui de vingt- *1556 & 1639,* cinq, fe marient fans le confente- *art.* 2. ment du pere ou de la mere, ils peuvent être deshérités ; mais après cet âge, ils peuvent fe marier fans ce confentement, pourvu qu'ils fe foient mis en devoir de l'obtenir, & qu'ils l'ayent requis par un acte public, ils font à couvert de l'exhérédation.

Ordonn. de 1639, art. 5.

Les mariages clandestins, c'est-à-dire, ceux qui demeurent cachés durant toute la vie de l'un des conjoints, ne produisent aucuns effets civils. Il faut, pour les rendre publics, qu'ils soient précédés de publications de bans, & célebrés par le Curé ou son Vicaire en présence de quatre témoins; & la dispense de l'Evêque ne suffiroit pas, si les conjoints n'avoient vêcu publiquement après la célébration comme mari & femme.

Les mariages faits à l'extrêmité de la vie avec des personnes avec lesquelles on a vêcu dans le désordre, ne produisent aussi aucuns effets civils.

Lorsque le mariage a été valablement contracté, il dure jusqu'au décès de l'un des conjoints; c'est pourquoi quand il y a quelques nullités dans un mariage, les Juges qui prononcent régulierement ne le cassent pas, mais ils le déclarent non valablement contracté.

¶ Les Juges d'Eglise connoissent des demandes en nullité de mariage, & les Parlemens en connoissent par la voie de l'appel comme d'abus]].

CHAPITRE III.

Du Contrat de Mariage.

COmme le mariage eſt une ſociété qui doit durer autant que
la vie, on ne manque preſque jamais d'en régler les conditions par un
contrat, qui eſt ordinairement concerté avec les plus proches parens des
deux conjoints ; on donne des articles, qui ſont examinés de part &
d'autre ; & quand on en eſt convenu, on rédige le contrat qui eſt ſigné
des deux conjoints, & de tous les parens qu'ils y veulent appeller, s'ils
ſont libres, ou de ceux que le pere
& la mere jugent à propos ; mais ſi
les conjoints ont un tuteur ou curateur étranger, il eſt obligé de faire
le contrat par avis des plus proches
parens.

Ce contrat n'eſt pas d'une néceſſi- *Molin. in l.*
té abſolue, ſur-tout entre majeurs ; *cunctos popu-*
& lorſqu'il n'y a point de contrat *los, 6 de Sum-*
par écrit, les conventions du maria- *md Trinit.*

ge font reglées par la loi ou la coutume du domicile que le mari avoit
lorfqu'il a contracté le mariage ; ainfi,
s'il demeuroit à Paris, il y aura communauté de biens ; & s'il demeuroit
en pays de droit écrit, il n'y en aura
point.

S'il n'y a point de contrat par
écrit, lorfque le mariage a été une
fois valablement célebré, les deux
conjoints ne peuvent plus faire de
contrat, parce qu'il ne leur eft plus
permis de changer celui que la coutume a fait à leur défaut ; mais fi l'un
des deux étoit mineur, & qu'il fe
trouvât extrêmement lézé par le défaut de contrat, ou même par un
contrat qui auroit été fait fans l'avis
des parens, la Cour, en confirmant
le mariage, ordonne quelquefois que
le contrat fera dreffé ou réformé par
l'avis des parens & d'un confeil qu'elle
nomme d'office. Il y en a plufieurs
exemples.

Paris, art.
258. Louet &
Brodeau, C.
n. 28.

Le contrat de mariage étant une
fois figné, il n'eft plus permis d'y
rien changer par des actes féparés, fi
ce n'eft en préfence des parens qui
y ont affifté ; c'eft ce qu'on dit ordi-

nairement, que toutes contre-lettres contre les contrats de mariage, faites hors la préfence des parens, font nulles, & ne peuvent produire aucun effet : ce qui a été établi très-judicieufement, pour empêcher que les conjoints n'abufent de l'empreffement & de la paffion qu'ils peuvent avoir, & que le plus adroit n'exige de trop grands avantages. Ce n'eft pas que l'affiftance des parens foit néceffaire pour la validité du contrat de mariage, lorfqu'il eft paffé entre deux majeurs qui n'ont ni pere ni mere ; les conjoints en ce cas font libres de faire le contrat comme bon leur femble, quand tous les parens s'y oppoferoient ; on peut même changer toutes les claufes du premier contrat, & en faire un tout nouveau, malgré qu'ils en ayent ; mais il faut que ce fecond contrat foit public, & non pas une contre-lettre contre le premier, qui ne peut être faite que dans le deffein de tromper toute une famille, & il n'importe que la contre-lettre ait été faite avant ou après le *Louet, D. 28.* contrat. Ainfi, les donations & les autres avantages faits par l'un des fiancés à l'autre, hors le contrat de mariage & la préfence des parens, font déclarés nuls.

Les contrats de mariage font fufceptibles de toutes fortes de claufes ; ¶ pourvu qu'elles ne foient point contre les bonnes mœurs, ni contraires à quelque ftatut prohibitif]]. Mais il y en a quelques-unes qui font ordinaires, & qu'on employe dans la plûpart des contrats de mariage : il y en a d'autres qui font extraordinaires, & qu'on n'y employe que rarement ; fur quoi il faut obferver que les claufes qui font ordinaires dans une coutume, font quelquefois extraordinaires dans une autre. Ainfi, la communauté, qui eft une convention ordinaire dans la coutume de Paris, & dans la plûpart des autres, eft extraordinaire & rare dans les pays de droit écrit ; & l'augment de dot, qui eft ordinaire dans les pays de droit écrit, feroit très-extraordinaire, s'il étoit ftipulé dans la coutume de Paris, dans toute fa nature & toute fon étendue.

Nous nous contenterons d'expliquer ici les claufes des contrats de mariage par rapport à la coutume de Paris, & au pays de droit écrit; le reste seroit d'une trop grande étendue, & causeroit même beaucoup de confusion.

Les claufes ordinaires des contrats de mariage de Paris, font,

La ftipulation ou exclufion de communauté.

Que les conjoints ne feront tenus des dettes l'un de l'autre, contractées avant le mariage.

La conftitution de dot, ftipulation de propres, & ameubliffement.

Que l'enfant marié laiffera jouir le furvivant de fes pere & mere, de fa part des effets de la communauté, & qu'il ne pourra lui demander compte ni partage.

Le douaire, à l'occafion duquel nous parlerons de l'augment de dot.

Le préciput, habitation, bagues & joyaux.

La faculté accordée à la femme de renoncer à la communauté, & de reprendre ce qu'elle y a apporté.

* Il eft à préfent d'ufage de donner cette faculté aux enfans].

Le remploi des propres aliénés.

L'indemnité des dettes où la femme s'est obligée.

Il n'y a que trois clauses ordinaires dans le pays de droit écrit ; savoir,

La constitution de dot.

L'augment de dot.

Les bagues & joyaux.

Nous ne ferons point de chapitres particuliers pour ces trois clauses. La premiere sera comprise sous le chapitre de la constitution dotale des pays coutumiers ; la seconde sous le chapitre du douaire ; & la troisieme sous celui du préciput.

A l'égard des clauses extraordinaires, il est impossible de les spécifier toutes ; elles n'ont point de nombre certain ; on en peut inventer tous les jours de nouvelles, parce que les contrats de mariage étant des loix que deux familles s'imposent volontairement en s'unissant ensemble, on y souffre toutes les clauses qui ne sont point contre les bonnes mœurs, ni contre le droit public. Nous parlerons néanmoins ici des plus connues, que nous réduirons à quatre ; savoir,

Les donations de toutes natures.

Les inſtitutions & ſubſtitutions contractuelles.

La clauſe par laquelle le pere & la mere en mariant leurs enfans, les déclarent francs & quittes.

Les renonciations.

CHAPITRE IV.

De la Communauté.

LA communauté de biens, telle qu'elle eſt introduite par la plûpart des coutumes, eſt une eſpece de ſociété entre le mari & la femme de tous leurs biens meubles, & de tous les immeubles acquis durant le mariage, que la coutume de Paris appelle conquêts immeubles.

Il y a des coutumes qui admettent la communauté de plein droit entre le mari & la femme, quoiqu'elle ne ſoit pas ſtipulée par le contrat de mariage; il y en a qui n'en parlent point, non plus que dans les pays de droit écrit; & il y en a où elle eſt expreſſément prohibée, comme en Normandie.

Normandie, article 130.

Paris, 220.
Le Maine, 508.

De celles qui admettent la communauté, il y en a qui veulent qu'elle ait son effet tout entier du jour de la bénédiction nuptiale ; d'autres veulent que la communauté ne commence qu'après l'an & jour, à compter du jour des noces : ce qui fait une différence très-considerable ; car dans les premieres, si la femme mouroit subitement, le mari auroit la moitié de tout le mobilier que la femme auroit apporté dans la communauté, quand même il n'y auroit rien mis du sien ; & dans les derniers, il seroit obligé de rendre toute la dot de sa femme, quoiqu'elle fût en argent comptant, & qu'elle n'eût pas été stipulée propre.

Ricard, sur Paris, article 220.

Quoique la coutume admette la communauté, on peut néanmoins stipuler qu'il n'y en aura point, & cette stipulation peut être faite en deux manieres qui produisent des effets bien différens ; car si la stipu-

Loiseau, des déguerp. l. 2. c. 4.

lation porte une simple exclusion de communauté, elle sera entierement contre la femme, qui ne pourra jamais prétendre aucune part dans les

acquifitions faites par le mari durant
le mariage ; & cependant le mari ne
laiffera pas de jouir de tous les fruits
& revenus des biens de la femme,
parce qu'en pays coutumier, tout ce
que la femme apporte en mariage eft
cenfé bien dotal, dont le mari, par le
droit commun, doit avoir les jouif-
fances, pour foutenir les charges du
mariage, à moins qu'il n'y ait une
convention contraire.

Mais fi la ftipulation porte qu'il
n'y aura point de communauté, que
la femme demeurera féparée de biens,
& à cet effet autorifée, alors elle
aura la libre adminiftration de fon
bien, elle fera les baux, recevra les
revenus indépendamment de fon mari, qui n'y aura aucun droit ; mais
elle ne pourra aliéner les immeubles
fans être fpécialement autorifée à cet
effet, à moins qu'il n'y ait claufe expreffe dans le contrat de mariage,
portant qu'elle demeurera autorifée
même pour l'aliénation de fes propres. L'autorifation générale ne vaut
rien, il faut une autorifation fpéciale
ad hoc].

Dans le cas de la féparation de

biens ſtipulée par un contrat de mariage, on ajoute ſouvent que la femme payera une penſion fixe à ſon mari; d'autres fois que la dépenſe ſera
faite en commun : cela dépend de la
volonté des parties.

On peut ſtipuler que la femme
n'aura que le tiers, ou une autre
portion dans la communauté, comme auſſi qu'elle ſera obligée de ſe
contenter d'une certaine ſomme pour
tout droit de communauté; on peut
l'admettre à la communauté ſous de
certaines conditions ; par exemple,
en cas qu'elle ſurvive ſon mari, en
cas qu'il y ait des enfans du mariage, & l'en exclure ſous les conditions contraires. On peut enfin ſtipuler qu'elle n'aura ſa part de la communauté qu'en uſufruit. Toutes ces
clauſes ſont permiſes, puiſqu'il eſt
permis de l'exclure entierement de
la communauté.

Louet, M. 4. Mais il faut obſerver en général,
que, quelque clauſe qu'il y ait dans le
contrat de mariage au ſujet de la
communauté, on ne peut plus y déroger dans la ſuite, parce que cela
emporteroit un avantage indirect en
faveur

faveur de l'un des conjoints.

Comme on peut ſtipuler qu'il n'y *Louet&Brod.*
c. 15 & 16. aura point de communauté dans les coutumes qui l'admettent de plein droit, on peut auſſi ſtipuler qu'il y aura communauté dans les coutumes qui n'en parlent point. Cela ſe pratique tous les jours dans les pays de droit écrit, & ne peut faire aucune difficulté dans les coutumes qui n'ont point de diſpoſition qui défende expreſſément la ſtipulation de communauté ; mais quand la coutume contient une prohibition expreſſe, il faut faire une diſtinction ; quand toutes les deux parties qui veulent contracter mariage ont leur domicile dans le reſſort de la coutume prohibitive dans le tems du mariage, la ſtipulation de communauté ne peut pas être valable, parce qu'ils ne peuvent pas, par quelque convention que ce ſoit, déroger à une coutume qui forme un droit public à leur égard, à laquelle leurs perſonnes ſont ſoumiſes, & qui par conſéquent les rend incapables de faire une telle ſtipulation ; mais s'ils demeurent tous deux hors du reſſort

Tome II.   B

de la coutume prohibitive dans le
tems du mariage, ou même si l'un
d'eux n'y est pas domicilié, on tient
que la stipulation de communauté est
valable en ce cas, quand ils y vien-
droient demeurer dans la suite, &
qu'ils y feroient des acquisitions.
Pour lever cette difficulté, on a coutume dans les contrats de mariage,
dans lesquels on veut stipuler la communauté, d'inserer une clause portant soumission à la coutume de Paris, ou autre semblable, & dérogation à toutes autres coutumes contraires.

☞ Je ne connois que la coutume
de Normandie, qui contienne une
prohibition expresse de stipuler une
communauté. C'est dans l'art. 330,
qui dit : *Quelque accord ou convenans
qui ayent été faits par contrat de mariage, les femmes ne peuvent avoir
plus grande part aux conquêts faits
par leurs maris, que ce qui leur appartient par la coutume, à laquelle
les contractans ne peuvent déroger.*
Quand un habitant de Normandie
vient se marier à Paris, ce n'est pas
assez d'inserer dans le contrat de ma-

riage une clause générale , portant
soumission à la coutume de Paris,
& dérogation à toutes autres coutumes contraires, il faut une dérogation expresse à la coutume de
Normandie. Mais nonobstant cette
précaution, le Parlement de Rouen,
jaloux de l'autorité de sa coutume,
juge que l'on ne peut déroger à sa
disposition par aucune clause ; c'est
pourquoi les femmes ou leurs héritiers ne manquent point d'attirer
l'affaire au Châtelet de Paris, en vertu du privilege du sceau du Châtelet,
qui est attributif de jurisdiction, &
les Officiers du Châtelet jugent que
la clause du contrat de mariage doit
être exécutée, nonobstant la prohibition de la coutume : ce qui est
autorisé par les Arrêts du Parlement
de Paris avec raison ; car, suivant la
doctrine de tous les Docteurs, & la
Jurisprudence de tous les Tribunaux
du monde, la disposition de l'homme fait cesser celle de la loi : ce qui
doit principalement avoir lieu dans
les contrats de mariage, qui sont les
loix des familles, pour la conservation desquelles les loix publiques ont
été faites. B i

Ibidem.

Dès le moment que la communauté est valablement contractée, en quelque coutume que le mari fasse des acquisitions, quand même ce seroit dans une coutume prohibitive, elles doivent entrer dans la communauté. La raison est, que la stipulation de communauté est un contrat personnel, qui acquiert à la femme le droit de participer à toutes les acquisitions qui sont faites durant le mariage, sans aucune distinction. D'ailleurs, si l'on en usoit autrement, le mari, qui est le maître de cette communauté, pourroit, en fraude de sa femme, s'en appliquer tout le bénéfice, en faisant des acquisitions dans des coutumes prohibitives; la femme même auroit un recours contre son mari, ou contre ses héritiers, qui ne pourroient lui opposer la prohibition de la coutume où les acquisitions auroient été faites, sans une fraude manifeste.

Après avoir vu la maniere dont on contracte la communauté, il faut examiner quels biens y entrent, quels biens en sont exclus, qui en est le maître, comment elle finit,

& comment elle se partage.

La coutume dit : Sont communs *Paris, 20.* en biens meubles & conquêts immeubles. Ainsi, tous les effets mobiliers, de quelque nature qu'ils soient, comme meubles meublans, vaisselle d'argent, argent comptant, promesses, obligations, & toutes les actions mobiliaires, entrent dans la communauté, soit qu'ils ayent appartenu aux conjoints, avant ou après la célébration du mariage, même les effets mobiliers qui leur échéent par succession, soit en ligne directe ou collatérale. Comme les meubles entrent *Paris, 221.* dans la communauté, les dettes mobiliaires qui étoient dûes par l'un & l'autre des conjoints avant le mariage, y entrent aussi ; de sorte que si la femme devoit beaucoup avant que de se marier, le mari, immédiatement après la bénédiction nuptiale, est personnellement obligé à toutes les dettes mobiliaires de sa femme, & les créanciers ont droit de lui en demander le paiement.

Les conquêts immeubles sont tou- *Ibidem.* tes les acquisitions faites, tant par le mari que par la femme, depuis le jour de la bénédiction nuptiale jusqu'au jour de la dissolution de la communauté. On comprend sous le mot de conquêts, non-seulement les acquisitions faites à titre onéreux de vente, d'échange, &c. mais aussi partie de celles qui sont faites à titre gratuit, comme donations & legs en ligne collatérale, quand même ils seroient faits à l'héritier présomptif, à moins que le donateur ou testateur n'ait expressément ordonné que la chose donnée demeurera propre au donataire ou légataire.

Ibid. 223.   Les fruits des immeubles du mari ou de la femme, sans aucune exception, tombent dans la communauté ; les arrérages du douaire d'une veuve qui se remarie, y tombent aussi ; c'est pourquoi le mari, comme administrateur, peut faire des baux pour six ans des héritages propres à sa femme, situés à Paris, & pour neuf ans à l'égard de ceux qui sont situés à la campagne.

Par l'énumération des choses qui entrent dans la communauté, il est facile de concevoir celles qui n'y entrent pas : ce sont tous les immeubles

propres ou acquis avant le mariage ;
tous les immeubles échus par fucceffion, foit en directe ou collatérale,
foit durant ou avant le mariage ; tous
les immeubles donnés ou légués par
les afcendans à leurs enfans ou petits-
enfans, tout ce qui eft donné ou légué à la charge de demeurer propre ,
& tout ce qui eft ftipulé propre par le
contrat de mariage.

Si le mari a acheté un immeuble *Louet , A. 3.*
avant fon mariage , & que durant le *& T. 6.*
mariage il en paie le prix des deniers de la communauté, l'héritage
acquis ne tombe point dans la communauté, mais le mari la doit récompenfer du prix qu'il en a tiré :
ce qui eft une exception à la regle
générale , qui veut que toutes les
dettes mobiliaires des conjoints entrent dans la communauté. Si l'un des
deux échange un de fes immeubles,
ou propre, ou acquis avant le mariage, l'immeuble donné en contre-
échange prend la place de l'autre, *Paris , arti-*
& ne tombe point dans la commu- *cle 231.*
nauté.

Les fruits qui font pendans par
les racines, lors de la diffolution de

la communauté, fur un héritage propre ou acquis avant le mariage, ne
tombent point dans la communauté;
ils appartiennent à celui qui eft propriétaire de l'héritage, en rembourfant à l'autre la moitié des labours &
femences : ce qui eft contraire au
droit Romain, qui donne au mari
la jouiffance des revenus du bien dotal de fa femme à proportion du tems
que le mariage a duré, foit que les
fruits ayent été recueillis, ou qu'ils
foient encore pendans par les racines, par la raifon que le mari jouit
de ces fruits à titre onereux, étant
obligé de foutenir toutes les charges
du mariage.

L. 7. ff. folut. matrim.

Le mari eft le maître de la communauté; il en peut difpofer comme bon lui femble, fans le confentement de fa femme; il peut vendre, donner, diffiper, pourvu qu'il
en difpofe par des actes entre-vifs,
& fans fraude ; il ne peut difpofer
par teftament que de la part qu'il a
dans la communauté, parce que le
teftament n'a lieu qu'après la mort,
qui eft un tems auquel le pouvoir
du mari eft fini.

Paris , article 221.

Le mari peut difpofer librement de toutes les actions mobiliaires & poffeffoires de fa femme, parce qu'elles font partie de la communauté dont il eft le maître.

Paris, article 213.

Il ne peut pas difpofer des effets de la communauté, en fraude, c'eft-à-dire, qu'il ne peut pas les appliquer à fon profit particulier, ni de fes héritiers préfomptifs au préjudice de la communauté ; & fi le mari avoit donné à fon héritier préfomptif, ou à une perfonne à qui il doit fuccéder, il devroit en récompenfer la communauté fur fa part, ou fur fes propres ; & s'ils ne fuffifoient pas pour indemnifer la femme ou fes héritiers, la donation feroit révoquée jufques à concurrence de ce que la femme auroit pu avoir dans les chofes données.

Dumoulin, fur Paris, article 225. Louet & Brodeau, D. 31.

On a demandé fi les réparations, les condamnations d'amende, & les confifcations de biens, prononcées contre le mari, fe doivent prendre fur toute la communauté, ou feulement fur la part du mari qui avoit commis le délit. On a diftingué ; fi la condamnation prononcée contre

Louet, D. 32.

B v

le mari emporte mort civile, & par conféquent diffolution de communauté, les réparations & amendes fe prennent feulement fur la part du mari, parce que la condamnation de l'amende & de la réparation, n'arrive que dans le même moment que fe fait la diffolution de la communauté; & par conféquent le mari ne devient débiteur que dans un tems où il n'eſt plus le maître de la communauté, & où le droit eſt entierement acquis à la femme; mais fi la condamnation n'emporte pas diffolution de la communauté, le mari, qui en eſt le maître, la peut diminuer par les amendes, réparations, dommages & intérêts auxquels il eſt condamné, comme il le pourroit faire pour le jeu, & autres folles dépenfes.

Paris, 226. Le pouvoir du mari ne s'étend que fur les effets de la communauté; il ne peut pas vendre, aliéner, engager, ni hypothéquer les propres de fa femme fans fon confentement; il n'eſt pas même partie capable pour pourfuivre feul en juſtice les droits immobiliers de fa femme, qui ne font point partie de la communauté ; il faut que la femme y foit partie elle-même, & qu'elle foit autorifée par fon mari, ou par juftice, à fon refus.

Lorfque le mari a autorifé fa femme, & qu'elle eft condamnée aux dépens, ils font pris fur la communauté ; mais fi elle a été autorifée par juftice, les dépens auxquels elle eft condamnée, ⁋ ne s'exécutent point fur la communauté, tant qu'elle dure]], parce que la femme n'en eft pas la maîtreffe, & qu'elle ne peut pas la diminuer par fon propre fait, fans le confentement du mari ; & de-là il réfulte que la condamnation de dépens ne peut pas même être exécutée fur les propres de la femme, ⁋ qu'à la charge d'en réferver les fruits & revenus au mari]], parce qu'ils font partie des effets de la communauté : ce qui donne lieu tous les jours à des abus manifeftes ; car la plûpart des maris chicaneurs intentent des procès fous le nom de leurs femmes, qu'ils font autorifer par juftice à leur refus ; & quand ils font condamnés aux dépens, ils renvoyent celui qui les a obtenus, fur la propriété des biens d'une femme, qui le plus fouvent ne fait pas même fi elle a eu un procès.

❡ De droit commun, pour l'exécution des condamnations pécuniaires prononcées contre la femme pour fon délit, on obferve la même chofe que pour les dépens.

Néanmoins dans les Coutumes d'Anjou, Maine & Bretagne, le mari eft tenu civilement des réparations, dommages, intérêts & dépens prononcés contre la femme pour fon délit, ou de fouffrir le partage de la communauté, afin que l'on puiffe fe venger fur la part de la femme]].

Paris, 228.

Le mari, tout maître qu'il eft de la communauté, ne peut, par quelque contrat que ce foit, obliger la femme fans fon confentement, que jufques à concurrence de ce qu'elle ou fes héritiers profitent de là communauté : d'où il réfulte que la femme qui a imprudemment accepté une communauté onereufe, où il y a plus de dettes que de biens, en eft quitte en abandonnant aux créanciers tous les effets de la communau-

Louet & Brodeau, C. 54.

té, pourvu qu'il y ait un bon & loyal *v. Paris, art.*
inventaire; car autrement la fraude 234.
feroit préfumée, & la femme feroit
tenue indéfiniment au paiement de
la moitié des dettes.

Mais cet inventaire eft inutile à
l'égard du Roi; car les femmes de
ceux qui ont manié les deniers
royaux, ou leurs héritiers, dès le
moment qu'ils ont accepté la communauté, font tenus folidairement &
indéfiniment de tout ce qui eft dû au
Roi, quand même les effets de la
communauté ne feroient pas fuffifans,
fauf leur recours contre le mari ou fes
héritiers.

Il y a un cas où la femme peut *Paris, art.*
s'obliger, elle, fon mari, & la com- 234 & 236.
munauté, fans être autorifée de fon
mari. C'eft lorfqu'elle eft marchande publique, & qu'elle contracte
pour le fait de la marchandife,
dont elle fe mêle; car alors le mari,
qui n'empêche pas un commerce
qu'il ne peut pas ignorer, eft pré-
fumé donner fon confentement &
fon approbation à toutes les obligations qui dépendent de ce commerce.

Paris, 236.

Mais il est nécessaire d'observer que la femme qui ne fait que vendre & débiter la marchandise dont son mari se mêle, n'est pas pour cela réputée marchande publique; il faut, pour qu'elle ait cette qualité, qu'elle fasse un commerce séparé, & d'autre marchandise que celle dont le mari se mêle.

Quand il n'y a point d'enfans mineurs du mariage des deux conjoints, la communauté finit toujours par la mort naturelle ou civile de l'un d'eux; elle finit aussi par la séparation de biens, & par la séparation d'habitation qui emporte celle des biens.

Mais s'il y a des enfans mineurs, la communauté dure, si bon leur semble, après la mort du premier décédé, jusqu'à ce que le survivant ait fait faire inventaire.

Paris, article 240.

Après la dissolution de la communauté, la femme ou ses héritiers ont la faculté de renoncer à la communauté, ou de l'accepter; mais si le

Paris, 237.

mari est décédé le premier, cette faculté n'est accordée à la femme, qu'en faisant faire un bon & loyal inventaire ; & même la coutume ajoute, la chofe étant entiere : de forte que la femme qui a détourné les effets de la communauté, qui a commis un recelé, & qui n'a pas fait un inventaire fidele, doit, fuivant les termes de la coutume, être privée de la faculté de renoncer à la communauté, & eft obligée indéfiniment au paiement de la moitié des dettes, & outre cela elle doit être privée de la part qu'elle auroit eue dans les chofes recelées : cependant il y en a qui veulent qu'on ne prononce cette peine contre la femme, que quand elle a commis le recelé avant fa renonciation ; & que fi le recelé n'a été commis qu'après qu'elle a renoncé, on doit fe contenter de lui faire rapporter les chofes qu'elle a fouftraites, & de la condamner aux dommages & intérêts : mais il faut avouer que cette indulgence eft directement contraire aux termes & à l'efprit de la coutume, qui veut, pour la validité de la renonciation, qu'il y ait un bon & loyal inventaire : ce qu'on ne peut pas dire, foit que le recelé ait été fait avant ou après la renonciation.

Louet & Brodeau, R. 1.

Puifque la coutume y eft expreffe, pourquoi avoir recours à des fubtilités de droit pour autorifer le crime par l'efpérance de l'impunité ? D'ailleurs, fi on punit le recelé, quand il a été fait avant la renonciation, ou même après l'acceptation de la femme, pourquoi le laiffer impuni dans le troifieme cas, c'eft-à-dire, quand il eft fait après la renonciation ? Le crime eft même plus grand après la renonciation, puifqu'alors la femme vole un bien dans lequel elle ne peut avoir aucune part.

Louet, C. 36. Régulierement les héritiers du mari ne peuvent pas pourfuivre extraordinairement, c'eft-à-dire, criminellement la veuve pour raifon du recelé qu'elle a commis ; ils fe doivent pourvoir par action civile, à caufe de l'honneur dû au mariage qu'elle avoit contracté avec celui auquel ils fuccedent. Il y a néanmoins quelquefois des recelés accompagnés de circonftances fi odieufes, que les Juges peuvent fe départir de la regle, & confirmer les procédures criminelles qui ont été faites contre la veuve.

La peine du recelé contre le mari, ou contre la femme qui a accepté la communauté, eſt ordinairement la privation de la part qu'ils auroient eue dans les choſes recelées.

Il y a des coutumes qui veulent que la renonciation de la femme à la communauté ſoit faite en jugement, en perſonne, ou par Procureur, l'héritier appellé; d'autres ne donnent que quarante jours à la femme pour renoncer, à compter du jour qu'elle aura ſu la mort de ſon mari. Enfin chaque coutume a ſes formalités particulieres; mais dans celles qui ne limitent point de tems, la femme peut renoncer quand bon lui ſemble, pourvu qu'elle ne ſe ſoit point immiſcée dans les biens de la communauté ſans faire faire inventaire; il y en a même qui tiennent que la femme qui ſe ſeroit retirée de la maiſon de ſon mari, incontinent après ſon décès, & qui auroit tout laiſſé entre les mains des héritiers, ne ſeroit pas déchue du bénéfice de la renonciation, parce que la femme n'eſt pas obligée de demeurer gardienne des biens de la communauté, le véritable sens de la coutume n'étant d'obliger la femme à faire faire un inventaire, que quand elle demeure en possession des biens de la communauté. * Il faut absolument un inventaire].

Lorsque le défunt n'a laissé aucuns effets, la femme, pour sa sûreté, en doit faire faire un procès-verbal par un Commissaire : c'est ce qu'on appelle procès-verbal de carence de biens. * Cet acte doit être fait pardevant des notaires].

Les veuves des comptables & autres qui ont eu le maniement des deniers royaux, sont obligées de faire leur renonciation en justice, en présence du Procureur du Roi : autrement leur renonciation ne seroit pas valable à l'égard du Roi.

Quand la femme ou ses héritiers acceptent la communauté, il faut procéder au partage ; & pour cela on fait ordinairement vendre à l'encan les meubles meublans & la vaisselle d'argent, à l'exception de ce qui est destiné au préciput du survivant, & l'on compose une masse de ces de-

niers, enfemble de tous les autres effets de la communauté ; on prend d'a-
bord fur cette maffe avant le partage ,
les deniers dotaux que la femme a apportés , & qu'elle a ftipulés propres ;
on prend enfuite le remploi des propres de la femme qui ont été aliénés
durant le mariage ; on préleve après
cela le remploi des propres aliénés
du mari ; enfuite fi le furvivant doit
avoir un préciput , ou par la coutume , ou par fon contrat de mariage ,
& qu'il n'ait pas pris des meubles en
natûre pour le remplir, ce préciput
eft encore payé avant part fur les effets de la communauté ; & enfin on
partage le furplus, & la forme de ce
partage eft la même que du partage
des fucceffions dans la coutume de
Paris.

Si , durant la communauté, le mari
a racheté des rentes dûes par lui ou
par fa femme avant le mariage , ou
des rentes dûes par une fucceffion
échue à l'un d'eux pendant le mariage , ce rachat eft confideré comme
une acquifition de la communauté ;
& celui qui devoit la rente, ou fes
héritiers, font tenus de continuer la

moitié de la rente, & de payer la moitié des arrérages à l'autre, ou à ſes héritiers, à compter du jour de la diſſolution de la communauté ; & l'on a jugé que cette rente devoit *Ricard, ibid.* être continuée ſuivant le denier de l'ancienne conſtitution, & non pas ſuivant le denier qui étoit en uſage au tems que le rachat a été fait des deniers de la communauté.

Il en eſt de même des augmenta-tions qui ont été faites aux héritages propres à l'un des conjoints : celui à qui l'héritage eſt propre, en doit indemniſer l'autre ; mais les ſimples réparations viageres ſont à la charge de la communauté.

Par la même raiſon, s'il y a clauſe dans le contrat de mariage, portant que chacun payera ſes dettes contrac-tées avant le mariage, & que les dettes mobiliaires de l'un des con-joints ayent été acquittées des de-niers de la communauté, il en doit indemniſer la communauté ; je dis, ſi les dettes ont été acquittées des deniers de la communauté ; car ſi un tiers avoit libéralement acquitté la dette de l'un des conjoints, ou ſi le créancier l'avoit remiſe, on tient en ce cas qu'il n'en eſt dû aucune récompenſe à la communauté.

En ces trois cas, ſi la récompenſe eſt dûe par le mari, il faut que la femme ou ſes héritiers, pour en proꞁfiter, acceptent la communauté ; car c'eſt à la communauté que la récomꞁpenſe eſt dûe, & non pas à la perꞁſonne des conjoints.

Mais, au contraire, ſi c'eſt la femꞁme qui doit la récompenſe, elle n'en eſt pas quitte en renonçant à la comꞁmunauté ; & ſi la récompenſe eſt dûe pour des augmentations ou groſſes réparations faites à ſes propres, elle doit ſans difficulté le total de ces augꞁmentations au mari, ou à ſes héritiers, lorſqu'elle renonce à la communauté ; mais ſi la récompenſe eſt dûe pour les dettes de la femme acquittées aux dépens de la communauté, il y en a qui tiennent qu'en cas même de reꞁnonciation, la femme ne doit réꞁcompenſe que de la moitié, parce que la dette ayant été payée dans un tems où la femme avoit encore moitié dans la communauté, puiſꞁqu'elle n'avoit pas encore renoncé,

la dette a été éteinte, & ne peut
plus revivre. Il y en a d'autres qui
foutiennent que la femme doit la
récompenfe du total de la dette,
parce qu'elle a profité du total, que
la communauté a en effet payé le
total, & que fi on ne lui faifoit payer
que la moitié, ce feroit un avantage indirect qui eft prohibé par la
coutume; que fa renonciation a un
effet rétroactif, & opere la même
chofe que fi elle n'avoit jamais rien
eu dans la communauté : ce dernier
avis paroît le plus folide & le plus
équitable.

Il faut enfin obferver que les deniers ftipulés propres, le remploi des
propres aliénés, & le préciput, en
cas d'acceptation de la communauté par la femme ou fes héritiers, fe
prennent par délibération ou par dif-
traction fur la maffe des biens de la
communauté avant qu'elle foit partagée : les héritiers mobiliers du mari
ou de la femme portent en effet toutes ces charges, parce qu'elles diminuent de plein droit la part qu'ils
ont dans la communauté, enforte que
les héritiers des propres ne font pas

tenus d'y contribuer ; mais il n'en eſt pas de même des dettes de l'un des conjoints qui ont été acquittées des deniers de la communauté, ni de la récompenſe qui eſt dûe pour les augmentations qui ont été faites aux héritages propres ; cette récompenſe doit être payée par tous les héritiers de celui qui la doit, à la même proportion que les autres dettes de la ſucceſſion.

CHAPITRE V.

De la continuation de Communauté.

LOrſqu'il y a des enfans mineurs du mariage au jour du décès du premier des deux conjoints, ſi le ſurvivant ne fait point faire d'inventaire des biens de la communauté, tant meubles qu'immeubles, la communauté continue entre lui & tous les enfans du mariage, ſi bon leur ſemble.

Paris, 240.

Cette diſpoſition paroît d'abord contre le droit commun, qui veut

que toute fociété finiffe par la mort
de l'un des affociés; elle eft néanmoins très-équitable. La coutume a
voulu établir cette peine contre le
furvivant, afin de l'obliger à faire
faire un inventaire pour la confervation des biens des mineurs qui ne
peuvent pas veiller à leurs intérêts,
& qui le plus fouvent n'ont point
d'autre tuteur. Cette difpofition a été
étendue dans toutes les coutumes qui
n'en parlent point.

La coutume de Paris dit, lorfqu'il
y a des enfans mineurs : c'eft pourquoi, fi tous les enfans étoient majeurs lors du décès du pere ou de la
mere, il n'y auroit point de continuation de communauté ; mais
quand il y a des mineurs & des
majeurs, ils ont part les uns & les
autres à la continuation de communauté ; & ainfi, les majeurs ont,
par le moyen des mineurs, ce qu'ils
ne pourroient pas avoir de leur chef.

La coutume ajoute, dudit mariage : d'où il réfulte que, fi le premier
mourant n'avoit laiffé que des enfans
d'un premier lit, quand ils feroient
tous mineurs, il n'y auroit point de
continuation

continuation de communauté; mais
lorfqu'elle continue par le moyen des
enfans du fecond mariage, ceux du
premier lit ont leur part dans cette
continuation, comme ils l'avoient
dans la communauté en qualité d'héritiers de leur pere.

Les mineurs ont la faculté de demander cette continuation de communauté, fi bon leur femble, c'eft-
à-dire, qu'ils peuvent la demander,
fi elle eft avantageufe, & qu'ils peuvent y renoncer, fi elle ne l'eft pas;
mais ils ne peuvent pas la continuer
en partie, & y renoncer en partie.
Par exemple, fi le furvivant avoit
fait de grandes acquifitions dans les
premieres années après la mort du
prédécedé, & qu'il eût fait de grandes pertes dans la fuite, il n'eft pas
permis aux enfans d'accepter la continuation de communauté pour tout
le tems qu'elle a été avantageufe, &
de la refufer pour le refte du tems;
il faut qu'ils la prennent en l'état où
elle s'eft trouvée quand elle a ceffé
de droit : il eft vrai qu'ils peuvent
toujours la faire ceffer quand bon leur
femble, & demander que le pere

Tome II.   C

foit tenu de faire inventaire dès le moment qu'ils s'apperçoivent de la diffipation.

On demande fi cette faculté de choifir la continuation de communauté, eft tranfmiffible aux héritiers des enfans qui font décédés fans en faire l'option : la jurifprudence des arrèts a établi une diftinction entre les héritiers & les étrangers : à l'égard des heritiers, il a été jugé qu'ils pouvoient demander la continuation de communauté, auffi-bien que l'enfant à qui ils ont fuccédé ; mais à l'égard des légataires, donataires & créanciers, il a été jugé qu'ils ne peuvent pas exercer cette faculté : on n'a pas voulu permettre à ces derniers d'entrer dans le fecret des familles, & d'en troubler le repos, & brouiller toutes les affaires. * Au Châtelet, on juge que cette faculté ne paffe point aux héritiers. Le Maitre, fur Paris, tit. 10, p. 284, eft d'avis contraire].

Quand il y a plufieurs enfans admis à la continuation de communauté, les uns peuvent demander cette continuation, & les autres fe tenir à la communauté, telle qu'elle étoit

Journal des Aud. tom. 3. liv. 2. ch. 8.

Brodeau fur Louet, c. 50. Journal du Palais, 5. vol. page 220.

Dumoulin fur Paris, article 1. 68.

au jour du décès du premier mourant, parce que le choix ne leur eſt
pas accordé collectivement à tous enſemble, mais diſtributivement à chacun d'eux en particulier.

Pour empêcher la continuation de
communauté, il faut faire différence
entre les coutumes qui l'admettent
expreſſément, faute par le ſurvivant
d'avoir fait inventaire, & celles qui
n'en parlent point. A l'égard de celles qui demandent un inventaire pour
diſſoudre la communauté, il faut que
l'inventaire ſoit ſolemnel & parfait;
mais à l'égard des autres, on juge
qu'il ſuffit d'un inventaire, ou autre
acte dérogeant à la communauté,
quoiqu'il ne ſoit pas revêtu de toutes
les formalités requiſes par les autres
coutumes.

Brodeau ſur Louet, c. 30.

Pour la ſolemnité de l'inventaire,
il faut qu'il ſoit fait avec le tuteur ou
curateur des mineurs, qui ait prêté
le ſerment en juſtice. La coutume de
Paris dit : avec perſonne capable, &
légitime contradicteur. Si le ſurvivant
eſt lui-même tuteur, l'uſage eſt de faire
créer un ſubrogé tuteur, qui ait pareillement fait le ſerment en juſtice.

Paris, art. 240.

Ibid. art. 241. La coutume de Paris veut que l'inventaire soit clos trois mois après la perfection de l'inventaire ; mais cette formalité n'est pas nécessaire dans les coutumes qui n'en parlent point.

La coutume ne dit point dans quel tems l'inventaire doit être achevé ; l'opinion la plus commune est qu'il doit être achevé dans trois mois, s'il n'y a point de légitime empêchement ; mais il faut observer que les trois mois de la clôture commencent à courir dès le moment que l'inventaire est achevé : la coutume y est expresse.

Brodeau sur Louet, c. 30. La confection de l'inventaire dans les trois mois , & la clôture dans trois autres mois , sont absolument nécessaires pour empêcher que la communauté ne continue du jour du décès du premier mourant ; mais en quelque tems qu'un inventaire solemnel & parfait soit achevé, quand ce seroit dix ans après la mort du prédécédé, la communauté cesse du jour de la clôture de l'inventaire. La différence qu'il y a de l'un à l'autre cas, c'est que quand l'inventaire a été fait & clos dans le tems réglé par l'ufage & par la coutume, il a un effet rétroactif, c'eft-à-dire, que la clôture produit le même effet que fi elle avoit été faite au moment du décès; & quand au contraire l'inventaire n'a pas été fait dans ce tems fatal, il ne produit fon effet qu'au moment de la clôture. C'eft pourquoi fi un étranger fait une donation au furvivant, avant la clôture de l'inventaire, fi l'inventaire a été clos dans le tems, cette donation n'entrera point dans la continuation de communauté, puifqu'en ce cas on ne peut pas dire qu'il y ait eu continuation ; au contraire, fi l'inventaire n'a pas été clos dans le tems, la donation entrera dans la communauté qui a continué. Enfin, fi la donation n'a été faite qu'après la clôture de l'inventaire, elle n'entrera point dans la continuation de communauté, qui a ceffé par la clôture de l'inventaire.

Si le furvivant n'a pas fait inventaire loyal & fidéle, & s'il a commis un recelé, tel inventaire ne doit pas interrompre la continuation de

Ibid.

C iij

communauté ; car la coutume veut que le survivant fasse faire inventaire des biens qui étoient communs durant le mariage. Or, quand il y a recelé, on ne peut pas dire qu'il y ait inventaire de biens, mais seulement de partie des biens; ce qui se doit néanmoins entendre équitablement quand le recelé est frauduleux, & non pas quand il a été fait par inadvertance.

Quoique l'inventaire ne soit pas clos, il y a néanmoins un cas où la continuation de communauté cesse, qui est lorsque le survivant a fait un partage réel & effectif des biens de la communauté entre lui & les enfans qui y ont part.

Elle peut aussi cesser quand les enfans en demandent le partage ; & si le survivant n'y donne pas les mains, on tient que les enfans ont le choix de la faire cesser du jour de la demande, ou du jugement de la condamnation qui intervient contre le survivant : autrement il seroit en son pouvoir de dissiper tous les effets de la continuation de communauté, pour se venger de ses enfans.

Nous ne parlerons ici que légerement des chofes qui entrent dans la
continuation de communauté, parce
que la coutume ne s'en étant pas expliquée, il n'y a prefque point de
principes certains ; & la plûpart des
queftions qui font formées fur cette
matiere, ont leurs raifons & leurs
partifans pour.& contre. On convient
que tout ce qui feroit entré dans
la communauté de la part du furvivant, entre auffi dans la continuation
de communauté : on convient auffi
que tous les meubles de la communauté font confus, & demeurent dans
la continuation. On convient enfin
que les fruits des immeubles de la
communauté, & les fruits des propres du prédécedé, entrent dans cette
continuation.

Quant à ce qui n'y entre pas, la
plus faine opinion eft, que la propriété des meubles de la communauté ne fait point partie de la continuation, & que le furvivant ne peut
difpofer que de la part qu'il y avoit.
Les immeubles acquis par les enfans,
foit par leur induftrie, foit par des
donations en collatérale, n'y entrent

pas : les effets même mobiliers qu'ils ont acquis, ou qui leur font donnés, n'en font pas partie. Mais la grande difficulté eft de favoir fi les meubles qui échéent aux enfans par fucceffion, & les fruits des immeubles qui leur font donnés, & qu'ils ont acquis, ou qu'ils ont par fucceffion, autre que du prédécédé, entrent dans la continuation de communauté ; l'opinion de ceux qui foutiennent la négative, paroît la plus fûre.

Paris, 243.

Bouguier, c. 6. Si durant la continuation de communauté l'un des enfans decede, ou il laiffe des enfans, ou il n'en laiffe point. S'il laiffe des enfans, ils ont tous enfemble la part qu'il avoit dans cette continuation ; & s'il n'en laiffe point, fa part accroît à fes freres & fœurs. La raifon eft, que la continuation de communauté eft acquife à tous les enfans en général ; chacun d'eux n'a part dans cette continuation que par le concours qu'il fait avec fes freres & fœurs ; & par conféquent le droit d'accroiffement a lieu entr'eux, comme entre deux légataires qui font conjoints par la chofe feulement ; & de-là il réfulte, que

fi le fils qui décede durant la continuation de communauté, a des meubles
& acquêts qui ne faffent pas partie
de cette continuation, le pere ou la
mere furvivant y fuccédera pour le
tout, à l'exclufion des freres & fœurs
du défunt ; mais à l'inftant même qu'il
prendra les meubles d'une main, il
les portera de l'autre dans la continuation de communauté ; & à l'égard
des acquêts immeubles, il les retien-
dra comme propres à lui échus par
fucceffion, & n'en portera que les
fruits dans la continuation de communauté.

Les conquêts immeubles de la com- *Paris, 230.*
munauté font propres aux enfans :
ceux de la continuation de communauté, au contraire, leur font acquêts : c'eft pourquoi fi tous les enfans du mariage décedent fans enfans,
le pere ou la mere furvivant ne fuccede pas aux conquêts de la communauté, mais il fuccede à ceux. de la
continuation de communauté.

Si le furvivant qui a des enfans *Paris, 242.*
mineurs, fe remarie fans avoir fait
inventaire, la communauté fe continue en telle forte, que tous les en-

C v

fans du furvivant ne font qu'un chef
dans cette continuation de communauté, & n'y prennent qu'un tiers,
& le mari & la femme chacun un
autre tiers; & fi tous les deux ont
des enfans d'un autre mariage précédent, la communauté fe continue
par quart; & s'il y avoit des enfans
d'autres lits, elle fe multiplie à la
même proportion, les enfans de chaque mariage y prennent une part;
mais quoique le mari & la femme
ayent chacun des enfans d'un autre
mariage en continuation de communauté, il eft libre à l'un d'eux de la
faire ceffer, en faifant faire & clore
un inventaire avant que de fe marier, fans que l'autre foit tenu de
faire le femblable; & ainfi la communauté peut continuer avec les enfans de l'un, fans continuer avec les
enfans de l'autre.

La femme qui fe marie à un homme qui a des enfans d'autres mariages
précédens, peut ftipuler qu'elle fera
commune en biens pour moitié, du
jour de fon mariage, & que le mari
fera tenu de faire faire inventaire,
afin d'empêcher ou de diffoudre la

continuation de communauté que les
enfans des précédens mariages pourroient demander , à peine de tous
dépens, dommages & intérêts. Cette
ſtipulation , à la vérité , n'empêche
pas que les enfans des premiers mariages ne ſoient en droit de demander la continuation de communauté, ſi leur pere n'a point fait faire
d'inventaire ; mais la femme de ſon
côté , a action pour être indemniſée
de ce défaut d'inventaire , contre tous
les enfans qui ſont héritiers de leur
pere.

Les enfans doivent être nourris
aux dépens de la continuation de
communauté ; & ſi le ſurvivant fait,
en les mariant, des donations à quelques-uns d'entr'eux, les donataires
ſont obligés de rapporter la moitié
du don à leurs freres & ſœurs dans le
partage de la continuation de communauté ; * ce n'eſt pas dans le partage de la continuation de communauté , mais dans la ſubdiviſion qui
ſe fait entre les freres & ſœurs après
le partage général fait avec le ſurvivant] ; & l'autre moitié dans le partage de la ſucceſſion du ſurvivant :

mais si la donation étoit faite sur la part qui peut appartenir aux donataires dans la continuation de communauté, en ce cas, le rapport du total devroit être fait à la continuation de communauté.

CHAPITRE VI.

De la Faculté de Renoncer, & de Reprendre.

Grand Coutumier, de part. liv. 2. tit. de Bail. & Gard. Autrefois en France la communauté conjugale étoit semblable aux autres sociétés, en ce que la femme ne pouvoit pas y renoncer pour se décharger du paiement des dettes. Nos anciens Praticiens remarquent que dans les guerres d'Outremer ce privilege particulier fut d'abord accordé aux femmes des Nobles, à cause des grandes dettes que leurs maris étoient obligés de contracter, dont elles n'avoient aucune connoissance ; mais il falloit, pour jouir de ce privilege, qu'elles quittassent la maison du mari sans en emporter autre chose que leur habit.

Voici les termes du grand Coutumier : *Et ont d'usage , si comme le corps est en terre mis , de jetter leur bourse sur la fosse , & de ne retourner à l'hôtel où les meubles sont , mais vont gesir autre part , & ne doivent emporter que leur commun habit , & sans autre chose ; & parmi ce , elles & leurs héritiers sont quittes à toujours des dettes ; mais s'il y a fraude, tant soit petite , la renonciation ne vaut rien.*

Les historiens disent que les veuves des Nobles qui vouloient renoncer, mettoient les clefs sur la fosse , & en rapportent des exemples.

Loiseau , des déguerp. l. 4. c. 2.

Dans l'ancienne coutume de Paris , qui fut rédigée en 1510, il n'y avoit que les femmes nobles qui eussent la faculté de renoncer à la communauté : l'article étoit conçu en ces termes : *Il est loisible à toute femme noble de renoncer , &c.* Et dans la nouvelle, qui fut rédigée en 1580, on a ajouté ces mots, *ou non noble* ; & l'on a aussi ajouté un article entier, qui porte que le mari ne peut obliger sa femme, sans son consentement, plus avant que jus-

Anciennecoutume de Paris, art. 125.

Paris , 228.

qu'à concurrence de ce qu'elle ou
ſes héritiers amendent de la communauté. Ainſi, aujourd'hui la renonciation de la femme eſt de droit
commun; & quand elle ne renonce-
roit pas, ſes propres ne pourroient
pas être chargés des dettes de la
communauté.

On ne ſe contente pas auſſi de
ſtipuler par le contrat de mariage,
que la femme pourra renoncer à la
communauté, cela ne lui attribue-
roit préſentement aucun droit nouveau; mais on ajoute ordinairement,
qu'en renonçant, elle pourra reprendre franchement & quittement tout
ce qu'elle aura apporté dans la communauté, même ſon douaire & ſon
préciput : c'eſt cette clauſe qu'il s'agit
d'expliquer ici.

Nous avons dit ailleurs que tous
les effets mobiliers des deux conjoints entroient dans la communauté,
s'il n'y avoit une ſtipulation contraire. Il y a peu de femmes qui n'apportent quelque choſe à la communauté, les unes plus, les autres
moins; celles même qui n'ont point
de meubles, ſtipulent toujours qu'u-

ne certaine partie de leurs propres
fera & demeurera ameublie jufqu'à
concurrence d'une telle fomme.

Les femmes qui renoncent à la
communauté , non - feulement ne
doivent retirer aucun profit de la
communauté , mais elles ne doivent
pas même en retirer les fommes
qu'elles y ont apportées ; de forte que
celles qui ne fe fervent que de la faculté de renoncer , telle qu'elle leur
eft accordée par la coutume , perdent fans aucune reffource toute la
portion de leur bien qu'elles ont mife dans la communauté : c'eft pour
éviter cette perte que la claufe de
reprife a été inventée.

*Pourra la future époufe reprendre tout
ce qu'elle aura apporté dans la communauté.* Ces termes font affez clairs par
eux - mêmes ; ils comprennent non-
feulement ce que la femme apporte
d'abord dans la communauté , mais
même tout ce qu'elle y a apporté
durant le cours du mariage , par les
fucceffions mobiliaires qui lui font
échues , par les legs & donations en
collatérale , &c. quoiqu'il n'y ait point
de ftipulation de propres à cet égard.

Franchement & quittement. Ces mots
operent toujours tout leur effet contre les héritiers du mari, qui, en
rendant la reprife à la veuve, la doivent en même tems indemnifer de
toutes les dettes de la communauté,
quand même elle s'y feroit perfonnellement obligée avec fon mari, * la
femme ne doit point être indemnifée, s'il n'eft pas dit dans le contrat,
que les conjoints ne feront tenus des
dettes l'un de l'autre, créées avant le
mariage], à l'exception toutefois des
dettes mobiliaires qu'elle avoit contractées de fon chef avant le mariage,
lefquelles étoient tombées dans la
communauté.

Mais à l'égard des créanciers, il
faut diftinguer, fi la femme s'eft obligée envers eux folidairement avec
fon mari, la claufe de reprife n'o-
pere rien contr'eux, & ne donne aucune atteinte à l'obligation de la femme, qui eft tenue de payer toutes les
dettes auxquelles elle a parlé, fauf fon
recours contre les héritiers du mari
pour fon indemnité.

Si, au contraire, la femme ne s'eft
point obligée perfonnellement en-

vers les créanciers, au moyen de sa renonciation, elle demeure quitte envers eux, quoiqu'elle reprenne dans la communauté ce qu'elle y a apporté ; & l'on ne peut pas dire que les créanciers sont trompés en cela, & qu'ils n'ont contracté avec le mari, que parce qu'ils lui voyoient une communauté considerable ; car ils ont dû savoir qu'il étoit marié, & s'informer des clauses de son contrat de mariage.

Cette clause est contre le droit commun ; c'est pourquoi on ne la supplée jamais, quand elle a été obmise dans le contrat de mariage ; on ne l'étend jamais d'un cas à un autre, ni d'une personne à une autre ; de sorte que s'il est simplement dit, que la future épouse aura la faculté de renoncer & de reprendre, ses enfans, en cas qu'elle meure avant son mari, ne profiteront pas de cette stipulation dans laquelle ils ne sont pas compris ; ils pourront renoncer, & par-là s'exempter des dettes de la communauté ; mais en renonçant, ils seront obligés d'y laisser tout ce que leur mere y avoit apporté. De même,

Louet & Brodeau, F. 8.

eſt dit que la future & les ſiens pourront renoncer & reprendre, les enfans ſeront compris dans la ſtipu-ation, mais non pas les héritiers collatéraux de la femme.

Il faut néanmoins obſerver, que quand la femme a ſurvêcu ſon mari, & qu'elle décede enſuite avant que d'avoir accepté ou renoncé à la communauté, le droit de renoncer & de reprendre, qui lui a été acquis par la mort du mari, paſſe à ſes héritiers, ſoit en ligne directe, ſoit en ligne collatérale.

Louet & Bro-deau, c. 54. Quand la femme majeure a une fois accepté la communauté, elle ne peut plus jouir de l'effet de la clauſe de repriſe, ſi la communauté ſe trouve chargée de dettes au-delà de ce qu'il y a de biens; la femme, à la vérité, qui a fait un bon & loyal inventaire, eſt reçue à rendre compte, & ne peut être chargée de dettes que juſqu'à concurrence de ce qu'elle profite de la communauté; mais tout ce qu'elle a apporté dans la communauté, y demeure confondu par ſon acceptation, & elle ne peut plus le reprendre au préjudice des créanciers

de la communauté, ni des héritiers
du mari ; elle ne peut pas même,
pour éviter cette confusion-, accepter
la communauté par bénéfice d'inventaire.

Même son douaire. Ces termes sont
inutiles dans la claufe, parce que
la femme doit toujours avoir son
douaire, soit qu'elle accepte la communauté, ou qu'elle y renonce : c'est
pourquoi la réserve du douaire, en cas
de renonciation, ne lui donne rien
de nouveau.

Et Préciput. Ces termes feront expliqués dans le chapitre du Préciput :
c'est pourquoi il est inutile d'en parler ici.

CHAPITRE VII.

Que chacun des conjoints payera ses
dettes contractées avant le
mariage.

LE mari ou la femme peuvent
avoir contracté des dettes avant
que de se marier, & ces dettes peu-

vent être mobiliaires ou immobiliaires. Les immobiliaires n'entrent
point naturellement dans la communauté : c'est pourquoi il n'est pas nécessaire d'insérer une clause dans le
contrat de mariage pour les en exclure.

A l'égard des dettes mobiliaires,
elles entrent de plein droit dans la
communauté, à moins qu'il n'y ait
une convention contraire. Or, le mari qui épouse une fille ou une veuve
majeure, ne pouvant pas savoir si
elle a contracté des dettes mobiliaires, ou non, pourroit être ruiné dès
le jour même de son mariage, s'il
ne prenoit les précautions nécessaires
pour empêcher que ces dettes n'entrent dans la communauté ; car dès
le moment qu'elles y sont une fois
entrées, il ne peut plus s'en décharger qu'en payant, n'ayant pas la faculté de renoncer à la communauté,
qui n'est accordée qu'à la femme.

D'autre part aussi, la femme, ou
les parens qui la marient, choisissent
quelquefois un homme qui a un bel
emploi, ou une profession fort lucrative ; ils comptent plus alors sur

son induſtrie, que ſur ſes biens préſens, & ne font le mariage que dans
la vue d'une ample communauté. Or,
ils ſeroient trompés dans leur projet,
ſi cet homme avoit contracté beaucoup de dettes mobiliaires avant ſon
mariage.

Pour prévenir ces inconvéniens,
on a inventé une clauſe que l'on
inſere dans la plûpart des contrats de
mariage, *que chacun payera ſéparé-*
ment ſes dettes contractées avant le
mariage.

Cette clauſe peut être conſidérée
de deux manieres différentes, par
rapport aux créanciers à qui les dettes
ſont dûes, & par rapport aux deux
conjoints, & à l'indemnité qu'ils ont
à prétendre l'un contre l'autre.

La coutume de Paris veut que la *Paris, 22*₄
clauſe n'ait aucun effet, s'il n'y a un
inventaire fait, tant de la part du
mari, que de la part de la femme:
* ſuivant l'uſage qui a interpreté cet
article, il n'eſt point néceſſaire de
faire un inventaire des biens du mari] ; c'eſt pourquoi lorſqu'il n'y a
point d'inventaire, les créanciers de
la femme peuvent s'adreſſer au mari,

comme maître de la communauté ;
& tant qu'elle dure, ils peuvent lui
faire payer le total ; & après la diffolution de la communauté, ils peuvent
lui en demander la moitié, ou à fes
héritiers.

Les créanciers du mari, au contraire, ne peuvent pas s'adreffer à la femme, tant que la communauté du-
re, ni après la diffolution, fi elle renonce à la communauté ; & en cas
d'acceptation, ils ne peuvent lui en
demander que la moitié, & encore
ne peuvent-ils la contraindre de
payer cette moitié, que jufqu'à concurrence de ce qu'elle profite de la
communauté. * Après la diffolution
de la communauté, les créanciers du
mari d'avant le mariage ne peuvent
rien demander à fa femme, s'il y a
claufe qu'ils ne feront point tenus
des dettes l'un de l'autre].

Si les conjoints ont fatisfait à la
coutume, en faifant faire inventaire
avant le mariage, alors les créanciers de la femme n'ont point d'action
perfonnelle contre le mari, fi ce n'eft
pour l'obliger à repréfenter les effets
contenus dans l'inventaire, ou leur

juſte eſtimation; mais ils peuvent faiꞏ
re ſaiſir les propres de la femme, pour
être payés de ce qui leur eſt dû.

Les créanciers du mari, au conꞏ
traire, ayant une action perſonnelle
contre lui, peuvent, durant le cours
de la communauté, en faire ſaiſir
tous les effets, parce que leur débiꞏ
teur en eſt le maître; mais après la
diſſolution de la communauté, ils ne
peuvent rien demander à la femme;
ils ne peuvent pas même ſe pourvoir
ſur la moitié des effets de la commuꞏ
nauté qui lui appartient; mais ſeuleꞏ
ment ils ont droit de l'obliger à reꞏ
préſenter la moitié des effets conteꞏ
nus en l'inventaire du mari, ou leur
juſte eſtimation. * Cela n'eſt pas vrai,
d'autant que la femme n'en a jamais
été chargée].

Voilà ce que la clauſe opere à l'éꞏ
gard des créanciers.

Mais à l'égard des conjoints entre
eux, la clauſe, *que chacun payera ſé-*
parément ſes dettes contractées avant
le mariage, doit toujours avoir ſon
exécution toute entiere, ſoit qu'ils
ayent fait faire inventaire, ou non;
de ſorte que ſi, par le défaut d'inꞏ

Ricard, ſur
Paris, 224

ventaire, le mari ou la femme avoient été obligés de payer les dettes l'un de l'autre contractées avant le mariage, ils doivent s'en faire raison sur tous leurs biens indistinctement, soit qu'ils ayent payé volontairement, ou qu'ils y ayent été contraints : la coutume ne le dit pas, mais elle a été interprétée de la sorte avec beaucoup de raison, parce que l'inventaire que la coutume requiert, ne change rien à la stipulation des conjoints entr'eux : car quand la femme auroit apporté pour cent mille écus de meubles dans la communauté, & qu'elle ne devroit que mille écus de son chef, elle ne seroit pas moins obligée d'en acquitter la communauté, que si elle n'y avoit rien apporté.

CHAPITRE

CHAPITRE VIII.

De la Dot, des Biens paraphernaux,
de la Stipulation des Propres,
& de l'Ameublissement.

LA Dot est ce que la femme, ou une autre pour elle, donne au mari, pour soutenir les charges du mariage.

La dot des pays de droit écrit est différente en plusieurs choses de celle des pays coutumiers.

Dans les pays de droit écrit, tous les biens de la femme qui se marie ne deviennent pas dotaux, il n'y a que ceux qu'elle-même ou ses parens constituent en dot, ou dans le contrat de mariage, ou durant le cours du mariage ; les autres biens de la femme sont appellés biens paraphernaux ou adventifs : il est vrai que souvent la femme par son contrat de mariage constitue en dot tous ses biens présens & à venir.

Bart. quest. 7. l. 1, ch. dot. prom. l. 4, ch. de Jure dot. Cambolas, l. 2, c. 18.

Tome II. D

La dot peut confister en meubles, ou en immeubles, ou en argent comptant : fi elle confifte en meubles meublans ou en immeubles, le mari ou fes héritiers, après la diffolution du mariage, ne font tenus que de rendre les mêmes efpeces qu'ils ont reçues ; & fi les meubles font ufés, la perte tombe fur la femme, à moins que la dot n'ait été eftimée à un certain prix ; auquel cas la pleine propriété appartient au mari, qui ne doit rendre que l'eftimation : il eft vrai que la femme peut ftipuler qu'elle aura le choix de la chofe, ou de l'eftimation.

C'eft au pere à doter fa fille, foit qu'elle foit encore en fa puiffance, ou qu'elle foit émancipée ; de forte que fi le pere débiteur de fa fille, en lui donnant une certaine fomme en dot, dit feulement en général qu'il la dote, tant de ce qu'il lui doit, que de fon propre bien, toute la dot eft prife fur les biens du pere : s'il veut s'acquittèr, il faut qu'il s'explique plus clairement, & qu'il fpécifie ce qu'il lui donne en paiement, & ce qu'il lui veut donner du fien. ☞ L'Auteur dit que c'eft au pere à doter fa fille ;

Marginal notes:

L. 10 & 18. ff. De Jur. dorum, l. 5 & 10, c. eod.

L. ult. c. de dote promiff. Henrys, tom. 2, l. 4, q. 51.

enforte que s'il lui conftitue une dot
en général , fans déclarer ce qu'il lui
donne du fien , toute la dot fe prend
fur les biens du pere : néanmoins dans
un procès du pays de Forez , il a fou-
tenu le contraire , & déclaré qu'il
avoit changé de fentiment , fur le
fondement des derniers Arrêts du
Parlement de Touloufe , qui ont jugé que la dot doit être également
fupportée par le pere & la mere.
Cependant la maxime établie en cet
endroit eft la plus juridique & la plus
certaine. *Voyez l'Obfervation fur la
queftion* 52 *d'Henrys , tome premier ,
liv.* 4].

Mais ce devoir du pere n'empêche
pas que la fille ne puiffe apporter en
dot fes propres biens , & que les autres parens , ou même des étrangers ,
ne la puiffent doter.

Le mari eft le maître de la dot de
fa femme ; mais ce n'eft que d'une
propriété très - imparfaite , car elle
ne dure qu'autant que le mariage.
Par la loi Julia , il étoit défendu au
mari d'aliéner la dot fans le confentement de fa femme ; mais aujour-
d'hui la femme ne peut pas confentir

*L. 75. ff. de
jur. dot. l. 23
& 30. C. eod.
tit. ff. de fund.
dot. L. unic.
§. 15. C. de
rei uxor. act.*

D ij

que sa dot soit aliénée ou hypothéquée en aucune maniere, si ce n'est dans les pays de Lyonnois, Forez, Beaujolois & Mâconnois, dans lesquels, pour faciliter le commerce, le Roi a permis aux femmes de s'obliger pour leurs maris ; & pour cela, d'engager ou aliéner leur dot, soit qu'elle consiste en meubles ou en immeubles.

Déclarat.
1664.

On peut faire telles conventions que l'on veut au sujet de la dot, soit dans le moment qu'elle est constituée, soit après, même durant le mariage ; mais il faut que tous ceux qui ont intérêt à la dot, y soient présens ; savoir, ceux qui ont droit de la répéter, & ceux à qui on la peut demander. Cette regle reçoit trois exceptions.

L. 1. 29. ff.
de pact. dotal.

La premiere, que si ces conventions emportent en elles-mêmes l'effet d'une donation, elles ne valent rien, à moins qu'elles ne soient confirmées par la mort de celui des conjoints qui a donné. Par exemple, si la femme avoit stipulé que le mari ne pourra pas répéter les impenses nécessaires qu'il aura faites, sur le fonds

L. 28. ff. de
pact. dotal.

dotal, la convention ne feroit pas valable.

La deuxieme exception eft, que l'on ne peut point faire de convention contre les bonnes mœurs. On ne peut pas, par exemple, ftipuler que le mari ou fes héritiers ne pourront intenter aucune action de recelé contre la femme, parce que ce feroit l'inviter au crime.

La troifieme exception eft, qu'on ne peut pas ftipuler que la dot fera rendue par le mari, ou par fes héritiers, dans des termes plus longs que ceux que la loi a introduits. On ne *L. 14. & feq* peut pas, par exemple, ftipuler que *ff. de pact. do-tal.* la dot ne fera rendue à la femme que deux ou trois ans après la diffolution du mariage, parce que la loi veut qu'elle foit rendue au bout de l'an, fi ce n'eft que le pere qui dote fa fille, faffe la convention en fa préfence, & que dans la fuite la fille fe porte héritiere de fon pere, ou qu'un étranger donne la dot de fon propre bien, car il peut mettre à fa libéralité telle condition que bon lui femble.

Par les Loix Romaines, ceux qui *L. §. 31, C.* ont promis la dot au mari, & qui *de jur. dot.*

Brodeau sur Louet, l. 10. ne l'ont pas payée, doivent au bout de deux ans lui payer les fruits des immeubles, l'intérêt de l'argent, & même des autres meubles, pourvu que le mari en ait fait faire l'estimation; mais en France, les intérêts des deniers promis en dot sont dûs au mari du jour du contrat, ou du terme porté par le contrat de mariage.

L. unic. C. de rei uxor. act. Après la dissolution du mariage, le mari ou ses héritiers sont obligés de remettre la dot au pere de la femme, & à la femme conjointement, quand c'est le pere qui a donné la dot à la femme seule, ou à ses héritiers, lorsque le pere est décédé, ou que la dot a été donnée par un étranger : ce qui s'entend lorsqu'il n'y a point de stipulation contraire; car le mari peut stipuler qu'il gagnera la dot, ou une partie, en cas qu'il survive à la femme; comme aussi l'étranger qui donne la dot, peut stipuler qu'elle lui sera rendue, ou à ses héritiers.

Mayn. l. 2, ch. 73. Tout cela est exactement observé dans le ressort du Parlement de Toulouse, où le mariage n'émancipe pas les enfans de l'un ni de l'autre sexe;

le pere même du fils qui fe marie, jouit de la dot, à la charge d'entretenir fon fils & toute fa famille. Il eft vrai que le fils de famille qui a fait fon habitation, & tenu ménage à part d'avec fon pere durant dix ans, eft cenfé émancipé d'une émancipation tacite, qui produit les mêmes effets que l'émancipation expreffe ; mais l'émancipation tacite .n'eft jamais préfumée à l'égard des filles mariées : comme elles font obligées de fuivre le mari, la féparation d'avec le pere durant les dix ans, n'eft pas purement volontaire de la part du pere ; c'eft pourquoi on n'en fauroit induire une émancipation tacite, qui n'eft que l'effet de la volonté préfumée du pere.

Dolive, liv. 3, *ch.* 3.

Il faut encore obferver que la Viguerie de Touloufe, qui eft la même chofe que ce que nous appellons ici Prevôté, a fes ufages particuliers. Le ftatut porte, que la femme traduite hors de la maifon paternelle, venant à décéder après la célébration & confommation du mariage, la dot, fi immenfe qu'elle foit, par elle, ou par autre pour elle confti-

Stat. Thol. tit. I, *art.* I.

tuée, est acquise au mari survivant, pour en faire à sa volonté, & l'augment ou donation à cause des noces, à la femme qui survit au mari, outre la dot, qu'elle répete & recouvre sur les biens d'icelui, soit qu'il y ait enfans ou non de leur mariage, s'il n'y a pacte au contraire, ou si elle n'a été condamnée pour adultere du vivant du mari, sans réconciliation postérieure.

Rouilliard, Reliefs forens. qu. 29.

Dans les pays de Droit écrit, qui sont du ressort du Parlement de Paris, les enfans de l'un & de l'autre sexe sont émancipés de la puissance paternelle par le mariage : ce qui n'a été établi à l'égard des filles que quelques années avant 1600. Les Auteurs qui en rapportent les Arrêts, remarquent que ce changement de Jurisprudence excita de grands murmures à Lyon, que les Etats de la Province dressèrent des mémoires

Henrys, tom. 2, l. 4, qu. 13, & l'observ. sur icelle.

pour s'opposer au premier Arrêt ; mais les troubles du Royaume en ayant empêché l'effet, la Jurisprudence des nouveaux Arrêts a prévalu à l'ancien usage.

Par le droit nouveau, quand la

femme n'a point apporté de dot à son mari, fi le premier mourant des deux conjoints eft riche, & que le furvivant foit dans la néceffité, il a droit de prendre une part dans la fucceffion du prédécedé ; favoir, le quart en propriété, quand il n'y a point d'enfans, & la même portion en ufufruit feulement, lorfqu'il n'y a que trois enfans, ou un moindre nombre ; & s'il y a plus de trois enfans, il ne prend qu'une portion virile en ufufruit, & il eft obligé d'imputer fur cette portion ce qui lui a été légué par le prédécedé.

Cela eft exactement obfervé au Parlement de Touloufe ; & quand la dot eft trop modique par rapport à la condition du mari, on juge la même chofe que s'il n'y en avoit point.

Si la dot confifte en immeubles, ou autres effets en nature, il la faut rendre, fans aucun délai, immédiatement après la diffolution du mariage ; mais les fruits de la derniere année fe partagent à proportion du tems que le mariage a duré, s'il n'y a point de ftipulation contraire : car la femme,

D v

Auth. præterea C. unde vir & uxor.
Mayn. l. 3, c. 25.
La Roche, l. 2. & C. fur le mot Dot, art. 1 & 22.
Papon, arrêt. liv. 15. tit. 4. art. 5.
Barry, des fucceff. l. 78. tit. 4, 11.
Deffeffes, t. 1, p. 304. n. 29.

L. unic. C. de rei uxor. act.
L. 7. ff. folut. matrim.

L. 31. T. de pact. dotal.

ou ceux qui donnent la dot pour elle, peuvent ſtipuler en la donnant, que les fruits de la derniere année appartiendront entierement à la femme.

L. unic. C. de rei uxor. act.

Si la dot conſiſte en argent, par l'ancien droit il y avoit trois ans de terme pour la payer en trois paiemens égaux, *annua, bima, trima die*; par le nouveau droit, elle doit être payée au bout de l'an, qu'on appelle ordinairement l'an de viduité. Les docteurs tiennent tous que ni le mari ni ſes héritiers n'en doivent pas l'intérèt durant cette premiere année; mais qu'en attendant ce terme, les héritiers du mari ſont tenus de nourrir & entretenir la veuve ſelon ſa condition : cette opinion a été ſuivie dans tous les Parlemens du Royaume.

Henrys, tome 2, liv. 4, qu. 9.

L. 22. & ſeq. iL. 54 ff. ſolut. matrimo. l L. 30. ff. de e jud. L. 84. de ur. Dot. l. 8. . 1. f. ſolut. matrim. Maynard, l. 3, ch. 23.

Le mari ne peut être contraint à la reſtitution de la dot, ſi ce n'eſt autant qu'il le peut ſans tomber dans une extrême miſere : enſorte que la femme ou ſes héritiers ſont obligés de lui laiſſer de quoi vivre; & le mari réciproquement doit uſer du même tempérament envers ſon beau-pere & ſa femme, quand ils ne lui

payent pas la dot qu'ils lui ont promife. Le mari ne peut pas renoncer
à ce privilege en recevant la dot :
une telle convention feroit contre
les bonnes mœurs ; mais s'il y a un
dol manifefte de la part du beau-pere
qui a voulu tromper fon gendre, en
lui promettant plus qu'il n'avoit envie de lui payer, ou de la part du
mari, qui, par exemple, en haine de
fa femme ou de fes héritiers, a donné fon argent à fes propres héritiers,
alors ils peuvent être contraints à
payer la dot entiere, comme s'ils
étoient perfonnes étrangeres. Ce privilege eft perfonnel, & ne paffe pas à
tous les héritiers du mari, mais feulement à fon pere, ou aux enfans du
même mariage; il ne paffe pas auffi
aux héritiers du beau-pere.

Lorfque le mari néglige de fe faire
payer de la dot qui a été promife,
il n'a plus d'action après dix ans, fi
le mariage a duré pendant ce tems,
pourvu que la dot ait été promife
gratuitement ; car fi celui qui la promet, ne donne rien du fien, mais feulement pour s'acquitter de ce qu'il
devoit d'ailleurs à la femme, l'action

Authént. quod locum C. de Dot.caut. non num.
Louet & Bro-deau, D. 13.

D vj

du mari pour le paiement de la dot promife, dure autant que celle de la femme auroit pu durer, pour être payée de ce qui lui étoit dû ; & quand le mari a laiffé prefcrire l'action pour le paiement de la dot, il eft obligé de la reftituer après la diffolution du mariage , comme s'il l'avoit effectivement reçue, à moins que ce ne fût la femme elle-même qui eût promis la dot ; car elle auroit mauvaife grace de répéter ce qu'elle n'auroit pas payé. ☞ L'auteur établit en cet endroit indéfiniment, qu'près dix ans du jour du mariage , le mari n'a plus d'action pour demander la dot de fa femme : pour autorifer fa décifion, il cite Louet & Brodeau, qui rapportent des Arrêts qui l'ont ainfi jugé, tant en faveur de la femme, que de fes parens qui ont conftitué la dot ; mais c'eft une erreur groffiere qui eft folidement réfutée par l'auteur des additions fur les Arrêts de Bardet, liv. 9. ch. 2.

Il faut fuivre la diftinction établie par les Arrêts du Parlement de Touloufe, entre la femme & ceux qui ont conftitué la dot. A l'égard de la femme , après dix ans elle eſt en droit de répéter ſa dot contre ſon mari ou ſes héritiers , quoique le mari ne l'ait pas reçue , parce qu'il eſt coupable d'avoir été ſi long-tems ſans avoir pourſuivi le paiement de la dot de ſa femme , & que cette négligence pourroit faire perdre la dot à la femme. Mais à l'égard de ceux qui ont conſtitué la dot , ils n'ont aucune raiſon pour objecter au mari les ménagemens qu'il a eus pour eux. Ainſi ils ne peuvent être à couvert que par la preſcription ordinaire , qui eſt de trente ans dans les pays qui ne reconnoiſſent point de plus longue preſcription , & quarante ans dans les pays où cette preſcription eſt reçue , quand l'action perſonnelle eſt jointe à l'hypothéquaire. Les Arrêts du Parlement de Toulouſe ſont rapportés par M. Catelan , tome 2 , liv. 4 , chap. 46].

Comme le mari jouit de la dot , & qu'il en fait les fruits ſiens , il eſt reſponſable des grandes fautes & de la négligence dans l'adminiſtration des biens dotaux de ſa femme ; & par la même raiſon il eſt tenu d'y

L. 18. §. 1. & l. 7. §. 6. ff. ſolut. matrimon.

faire toutes les réparations viageres
à ses dépens. La loi appelle réparations viageres celles qui ne regardent que la jouissance, comme en
fait de terre, la culture; en fait de
maisons, toutes les réparations d'en-
tretenemens, hors les quatre gros
murs, poutres, entieres couvertures
& voûtes.

A l'égard des grosses réparations &
des dépenses nécessaires que le mari
a faites, & qu'il a été obligé d'avancer en qualité d'administrateur, pour
la conservation du fonds, comme les
chaussées pour retenir les eaux, &c.
la loi dit qu'elles diminuent la dot de
plein droit, & que le mari peut retenir le fonds jusqu'à ce qu'il en soit
remboursé. Il n'a qu'une simple action pour se faire payer des dépenses
utiles, mais qui ne sont pas nécessaires, comme un plant de bois ou de
vignes dans une terre qui ne peut
produire autre chose; & pour les dépenses voluptuaires, comme les pein-
tures, &c. il ne peut rien demander,
il a seulement la faculté de les enlever, s'il le peut faire sans endom-
mager le fonds; & si la femme ne le

L. 3. ff. de im-
pens. in res do-
tal. fact.

Paris, article
262.

L. 14. ff. eod.
L. 9 & 10. ff.
eod.
L. unic. C.
de rei uxor.
act.

veut pas fouffrir, elle les doit rembourfer. Sur quoi il faut obferver que les dépenfes qui ne font que voluptuaires de leur nature, peuvent quelquefois devenir utiles par accident. Par exemple, fi la chofe en laquelle la dépenfe a été faite eft expofée en vente par la femme, & que cette dépenfe en augmente notablement le prix, elle fera, fans doute, utile jufqu'à concurrence de l'augmentation, & il ne feroit pas jufte que la femme ou fes héritiers en profitaffent aux dépens du mari.

La dot de la femme peut être aliénée avec de certaines folemnités. Par exemple, un avis de parens, fuivi d'une permiffion du Juge, quand le mari n'eft pas en état de pourvoir à la fubfiftance de fa famille, & que les revenus de la dot ne font pas fuffifans pour les alimens néceffaires. Elle peut auffi être aliénée, pour mettre en liberté le pere de la femme, lorfqu'il eft prifonnier; mais l'acquéreur du fonds dotal doit en ce cas, pour fa fûreté, veiller à l'emploi des deniers, & en avoir les preuves; autrement la femme fe pourroit faire reftituer. La

L. 73. ff. de jure Dot. Baffet, to. 1. liv. 4. tit. 5. ch 4. Durant, qu. 54 & 120.

Baſſet, t. 2.
liv. 4. tit. 4.
chap. 5.

même aliénation eſt permiſe pour tirer le mari de priſon ; & on le juge
de la ſorte dans tous les Parlemens
de droit écrit.

L. 24. §. 5.
ff. ſolut. l. 3.
§. 2. ff. de act.
rerum. amot.

Enfin, quand la femme commet des
recelés, ou qu'elle vole ſon mari durant le mariage, ſes biens dotaux en
ſont reſponſables ; & c'eſt un cas particulier où la femme peut diminuer ſa
dot par ſa diſſipation.

L. aſſiduis. C.
qui potior.

Par le droit Romain, la femme a
non-ſeulement une hypotheque tacite
ſur les biens de ſon mari pour la répétition de ſa dot, mais même cette
hypotheque emporte une préférence
aux créanciers hypothéquaires, qui
ont contracté avec le mari avant ſon
mariage, excepté contre le fiſc, qui
marche de pas égal avec la femme.

* Le fiſc ne marche pas de pas égal
avec la femme ; mais l'un & l'autre
ſuivent entr'eux le droit commun &
la regle générale des hypotheques ;
prior tempore potior jūre ; de ſorte
que ſi le mariage a été contracté avant
la dette du fiſc, le privilege de la femme l'emporte ; ſi, au contraire, la
dette du fiſc eſt antérieure au mariage
il eſt préféré à la dot de la femme.

De tous les Parlemens du Royaume, il n'y a que celui de Touloufe qui
ait confervé à la dot des femmes un
privilege fi extraordinaire ; mais il y
a apporté trois exceptions confiderables. En premier lieu, le privilege
n'eft reçu qu'en la perfonne de la
femme & de fes enfans, il ne paffe
point à fes autres héritiers. En fecond lieu, il faut que la quittance de
la dot porte numération de deniers ;
autrement on ne lui donne point ce
privilege, parce qu'on préfume que
c'eft une libéralité déguifée, qu'on
appelle dot confeffée, à la différence
de la dot réelle & effective. En troifieme lieu, quand les créanciers antérieurs font fignifier leurs créances
à la femme avant le mariage, elle ne
peut pas fe fervir de fon privilege
contr'eux.

Dans les autres pays de droit écrit,
on donne hypotheque à la femme pour
fa dot fur les immeubles du mari, du
jour du contrat de mariage ; & s'il
n'y en avoit point, elle ne laiffe pas
d'avoir hypotheque tacite fur les biens
du mari, du jour de la bénédiction
nuptiale ; mais à l'égard des meu-

*Cambolas, l.
5. chap. 10.
Catelan, t. 2.
liv. 4. ch. 33,
34, 35, 36.*

a *Henrys*, t.
2. *l.* 4. *q.* 44.
& *l'obſervat.
ſur icelle.*

b *Henrys*, t.
1. *l.* 4. *q.* 33.
*Louet & Bro-
deau*, D. 40.

c *Auth. res
quæ C. com-
mun. de legat.*

d *Maynard,
liv.* 3. *ch.* 21.
Henrys, to.
2. *l.* 5. *q.* 20.
*Louet & Bro-
deau*, D. 21.

bles, elle eſt conſtamment préférée à tous les autres créanciers ; *a* & l'on juge par-tout que l'hypotheque de la dot eſt antérieure à celle de l'augment de dot *b.*

c Lorſque le mari poſſede des biens ſubſtitués, & qu'il n'a pas aſſez de biens libres pour payer la dot de ſa femme, la loi lui donne une hypotheque ſubſidiaire, au défaut des biens libres, ſur les biens ſubſtitués. On a formé deux difficultés ſur ce ſujet.

d La premiere eſt, de ſavoir ſi cette hypotheque ſubſidiaire doit avoir lieu quand ce n'eſt pas un des aſcendans, mais un collatéral qui a fait la ſubſtitution. On jugeoit au Parlement de Toulouſe, que l'hypotheque n'a point de lieu en ce cas ſur les biens ſubſtitués. Au Parlement de Paris, cela étoit plus incertain, il y avoit des Arrêts pour & contre. ☞ L'auteur a parlé de cette même queſtion dans le tome 1, ch. 14 des ſubſtitutions, page 346, où il a été remarqué, que dans tous les Parlemens de droit écrit, l'hypotheque ſubſidiaire des femmes ſur les biens ſubſtitués, n'a lieu que dans le cas de ſubſtitutions faites en

ligne directe. A l'égard du Parlement de Paris, il est à présent certain que cette hypotheque s'étend à
toutes les lignes & à tous les degrés.
¶ La Jurisprudence est présentement
uniforme au moyen de l'art. 53 du
tit. 1 de l'Ordonnance des substitutions, qui veut que cette hypotheque
subsidiaire ait lieu, encore que l'Auteur de la substitution soit un parent
collatéral ou un étranger, pourvu
néanmoins qu'elle soit faite en faveur des enfans du grevé, ou en faveur d'un autre, en cas que le grevé
vienne à décéder sans enfans]]. Il
faut encore observer que cette hypotheque a lieu non-seulement pour
la dot, mais aussi pour le douaire en
pays coutumier, & pour l'augment
& les bagues & joyaux en pays de
droit écrit. *Voyez les Observations sur*
Henrys, tome premier, liv. 5. ques-
tions 66].

La seconde difficulté est, si dans
les substitutions graduelles les femmes des substitués qui sont chargés
de rendre, ont le même privilege sur
les biens substitués, que la femme du
premier héritier institué. La loi ne

La Roche-fla-
vain, l. 2. tit.
6. art. 4.

fait aucune différence ; ainfi dans la
regle, on n'en doit point faire : néanmoins au Parlement de Touloufe,
lorfqu'il y avoit eu deux ou trois dots
payées fur les biens fubftitués, on ne
les chargeoit plus d'aucune hypotheque, par une raifon qui étoit particuliere à ce Parlement. Ces fubftitutions y duroient quatre degrés, l'inftitué non compris. On y comptoit les
degrés par générations, & non par
têtes ; c'eft pourquoi fi on eût donné
cette hypotheque fubfidiaire à toutes
les femmes des divers fubftitués, la
fubftitution feroit devenue à la fin
illufoire, & tous les biens en auroient
été abforbés par le grand nombre de
perfonnes qui peuvent fe marier avant
que la fubftitution finiffe.

¶ L'Ordonnance des fubftitutions
a tranché toutes ces difficultés, les
articles 30 & 31 du titre 1. veulent
que les fubftitutions ne s'étendent
qu'à deux degrés en quelque pays
que ce foit ; & l'article 32. veut que
l'hypotheque fubfidiaire des femmes
ait lieu dans tous les degrés, & en
faveur de chacune des femmes que
les fubftitués peuvent avoir époufées

fucceſſivement, ſans néanmoins qu'aucune deſdites femmes puiſſe exercer ladite hypotheque contre les enfans ou deſcendans d'un mariage antérieur au ſien , lorſque ce ſeront eux qui recueilleront l'effet de la ſubſtitution]].

En pays de droit écrit, tous les biens de la femme qui ne ſont pas apportés en dot , ſont biens paraphernaux, ſoit qu'elle les eût lors de ſon mariage , ou qu'ils lui ſoient échus durant le mariage. Il eſt vrai qu'on appelle proprement ces derniers , biens adventifs ; mais ils y ſont compris ſous le terme général de biens paraphernaux.

Ces biens peuvent conſiſter en meubles ou en immeubles ; s'ils conſiſtent en meubles , la femme , en les apportant dans la maiſon du mari, lui en doit faire ſigner un état , afin d'avoir une preuve qu'ils lui appartiennent légitimement ; car la loi veut qu'on préſume que tout appartient au mari, à moins qu'il n'y ait preuve du contraire.

La femme peut s'en réſerver la libre adminiſtration, & en jouir par *L. 8. C. de paɗ. convent.*

ſes mains indépendamment de ſon mari; & en ce cas il ne peut jamais y avoir aucune difficulté, puiſque le mari n'ayant rien adminiſtré, ne peut être reſponſable de rien.

ℒ. 11. C. eod. La femme peut auſſi en confier le ſoin & l'adminiſtration à ſon mari, & en ce cas, le mari n'étant propre-ment que le procureur de ſa femme, il n'y a point de difficulté qu'il ne ſoit chargé de rendre les effets qui lui ont été mis entre les mains par ſa femme. ☞ Non-ſeulement le mari eſt obligé de rendre les effets, mais auſſi les fruits, ſi ce ſont des hé-ritages, les intérêts, ſi ce ſont des dettes actives; ainſi jugé par un Ar-rêt du Parlement de Grenoble, du 24 Novembre 1661, remarqué par *Chorier, ſur la Juriſprudence de Guy-pape, pag.* 229]. Il reſte deux cho-ſes à examiner; la premiere, quelle hypotheque la femme peut avoir ſur les biens de ſon mari pour la reſtitu-tion des biens paraphernaux; & la ſeconde, ſi le mari, après la diſſolu-tion du mariage, doit rendre à la fem-me ou à ſes héritiers tous les fruits qu'il a reçus des biens paraphernaux.

A l'égard de l'hypotheque, la fem- *L. 11. C. eod*
me peut l'avoir du jour de son con-
trat de mariage, pourvu qu'elle l'ait
expressément stipulée ; mais s'il n'y
a point de stipulation à l'égard des
biens paraphernaux, la femme n'a son
hypotheque que du jour que le mari
a reçu les deniers de la femme, le
paiement de chaque obligation, ou
le remboursement de chaque contrat
de constitution.

Pour les revenus que le mari a tou- *Ibid. & Ran-*
chés, s'il les a employés à l'entre- *chin in qu.est.*
tien de sa famille, il n'en doit aucu- *468. Guid.*
ne restitution à sa femme ; mais s'il *Pap.*
en a fait des épargnes, il en doit tenir compte à sa femme, parce qu'à
l'égard de ces sortes de biens il n'est
en effet que son procureur. On voit
peu de contestations sur cette matiere en France. Dans les pays de
droit écrit, la plûpart des femmes,
en se mariant, se constituent en dot
tous leurs biens présens & à venir ; &
lorsqu'elles n'ont pas tout constitué
en dot, & qu'elles ont des biens paraphernaux de quelque conséquence,
le mari ne manque pas de leur faire
donner des quittances des revenus,

quoiqu'il en difpofe ordinairement comme bon lui femble ; celles qui feroient d'humeur à refufer les quittances, laiffent rarement au mari l'adminiftration des biens dont elles peuvent jouir par elles-mêmes. ☞ La femme non-feulement peut adminiftrer fes biens paraphernaux fans l'autorité de fon mari, mais auffi elle peut les engager, vendre & aliéner fans fon confentement. Ainfi jugé à l'égard de la vente par un Arrêt du premier Juillet 1667, rapporté par Chorier, fur la Jurifprudence de Guypape, pag. 229.

A ce fujet je crois devoir remarquer que dans les Parlemens de droit écrit, l'autorifation du mari eft hors d'œuvre ; car ou il s'agit des biens dotaux, ou des biens paraphernaux : à l'égard des premiers, ou il s'agit des fruits ou du fonds : à l'égard des fruits, & de tout ce qui dépend de l'adminiftration, le mari en eft le maître, *eft dominus dotis* ; ainfi il n'a pas befoin du confentement de fa femme, ni qu'elle parle dans l'acte : à l'égard du fonds, il eft inaliénable, quoique le contrat ait été fait avec l'autorité l'autorité du mari. Pour ce qui est des biens paraphernaux, la femme en peut difpofer à toute forte de titre, fans le confentement de fon mari. *Dolive, liv. 3, chap. 29. Boniface, tome premier, liv. 7, tit. 4, chap. 2.* A l'égard des pays de droit écrit du reffort du Parlement de Paris, la femme ne peut contracter fans l'autorité de fon mari, foit par rapport aux biens dotaux ou paraphernaux].

En pays coutumier, tous les biens de la femme font biens dotaux, & le mari en a la jouiffance, foit qu'il y ait communauté ou non, pourvu qu'il n'y ait point de claufe de féparation de biens dans le contrat de mariage; les intérêts de la dot courent de plein droit, fans qu'il foit befoin d'en faire aucune demande judiciaire, tant contre le mari, lorfqu'il doit rendre la dot, que contre ceux qui l'ont promife, & qui ne l'ont pas payée. La femme a hypotheque fur les immeubles du mari, du jour du contrat de mariage, & s'il n'y a point de contrat, elle a hypotheque tacite du jour de la bénédiction nuptiale; mais à l'égard des meubles, elle n'y a pas plus de privilege que les autres créanciers.

Le mari & ſes héritiers ſont obligés de rendre la dot immédiatement après la diſſolution du mariage, & d'en payer les intérêts de ce jour-là. Le pere qui a promis une dot à ſa fille, & le mari qui a reçu la dot, ne ſont pas plus favorables que les autres débiteurs. On peut faire vendre tout leur bien pour le paiement ou pour la reſtitution de la dot. Il eſt vrai que le gendre eſt obligé, tant que le mariage dure, de contribuer avec les autres enfans, s'il y en a, à la nourriture de ſon beau-pere, quand il eſt dans l'indigence. La femme autoriſée de ſon mari peut vendre, hypothéquer, & même donner entre-vifs ſes biens dotaux, ſauf ſon action pour le remploi ou pour l'indemnité contre le mari ou ſes héritiers, en cas de vente ou d'hypotheque.

Ce n'eſt point au pere ſeul à doter ſa fille; la mere qui a ſa part dans la communauté, y doit contribuer: c'eſt pourquoi, ſi le mari, en l'abſence de ſa femme, marie un de ſes enfans, & lui conſtitue une dot, ou lui fait une donation, cela diminue de plein droit la part de la femme dans la communauté; & si la femme a parlé dans le contrat de mariage de ses enfans de l'un ou de l'autre sexe, & qu'ensuite elle renonce à la communauté, elle est obligée de payer sur ses propres biens la moitié de ce qui leur a été donné en mariage, & d'en récompenser la communauté.

Il y a des cas où cela peut entierement ruiner une femme, si elle n'y apporte pas le remede nécessaire. Il arrive tous les jours qu'un pere & une mere qui ont une communauté très-ample, marient plusieurs enfans, & leur donnent des sommes considerables. Le mari dans la suite fait si mal ses affaires, que la communauté se trouve chargée de beaucoup plus de dettes que d'effets. Si la femme mal conseillée renonce à la communauté, il n'y a point de doute qu'elle ne soit obligée de récompenser la communauté de la moitié des sommes qui en ont été tirées pour donner aux enfans, puisqu'elle avoit donné cette moitié, & la communauté, à laquelle elle ne peut rien prétendre au moyen

de fa renonciation, l'a payée en fon
acquit. Or, cette récompenfe eft fouvent capable d'abforber tout le bien
de la femme, & même fon douaire.
Il faut donc en ce cas que la femme
accepte la communauté ; car en l'ac-
ceptant, elle n'eft plus obligée à la
récompenfer ; elle perd feulement fes
reprifes, & ne peut jamais être chargée des dettes au-delà des effets de la
communauté.

Pour éviter cet inconvénient, les
peres & les meres, en mariant leurs
enfans, ftipulent quelquefois que tout
ce qu'ils leur donnent fera imputé fur
la fucceffion de celui qui décédera le
premier.

Quand la dot d'une femme confifte
pour le tout, ou pour la plus grande
partie en effets mobiliers, qui, de
leur nature, entrent dans la communauté, on a inventé des ftipulations
pour les en exclure, & pour leur
faire produire le même effet qu'à de
véritables immeubles, afin de conferver en quelque forte l'égalité entre les conjoints, & ne pas laiffer tout
l'avantage du côté du mari : c'eft ce
qu'on appelle les ftipulations de pro-

pres : ces fortes de claufes qui font introduites pour remédier à un inconvénient que la loi ou la coutume n'ont pas prévu, font ordinairement affez fimples dans leur origine ; mais dans la fuite, chacun y ajoute ce qui convient à fon intérêt : c'eft pourquoi il ne faut pas s'étonner fi les ftipulations de propres font fi différentes dans les termes dans lefquels elles font conçues, & dans les effets qu'elles produifent.

Ceux qui les ont inventées les premiers, n'ont fongé qu'à empêcher que les effets mobiliers du mari ou de la femme n'entraffent dans la communauté, fans porter leur précaution plus loin : les autres ont voulu empêcher que le mari ne pût même, comme héritier mobilier de fes enfans, fuccéder à l'action qu'ils avoient contre lui, pour répéter les deniers dotaux de leur mere, tant qu'il reftoit d'autres enfans de la femme, foit de ce mariage, ou d'un autre.

Il y en a enfin qui ont paffé plus avant, & qui ont voulu que cette action retînt toujours fa qualité de propre, jufqu'à ce qu'elle eût paffé aux héritiers collatéraux de la femme : c'est ce qui a donné lieu à trois clauses différentes qui produisent différens effets.

1. Que de la somme qui est rapportée en mariage, il n'y en aura qu'une certaine portion qui entrera dans la communauté, & le surplus tiendra lieu & nature de propre à la future épouse.

2. Que le surplus tiendra lieu & nature de propre à la future épouse, & aux siens.

3. Que le surplus tiendra lieu & nature de propre à la future épouse, & aux siens de son côté & ligne.

Traité des propres, c. 6. sect. 3. La premiere de ces clauses n'a jamais d'autre effet que d'empêcher que la somme stipulée propre n'entre dans la communauté ; mais cette clause ne change rien dans l'ordre des successions ; de sorte que si la femme décede la premiere, & qu'elle laisse plusieurs enfans, ils ont, en qualité d'héritiers de leur mere, une action contre leur pere pour se faire restituer cette somme toute entiere, soit qu'ils acceptent la communauté, soit qu'ils renoncent : mais si l'un des

enfans décede, son pere lui succede
dans la part qu'il avoit dans cette action, aussi-bien que dans les autres
meubles & acquêts, à l'exclusion des
autres enfans de la femme, au profit
de laquelle la stipulation avoit été faite, par une raison qui est commune
à toutes ces sortes de stipulations ; savoir, que ce ne sont que des fictions
qui ne peuvent jamais s'étendre d'un
cas à un autre : elles ne peuvent faire
qu'une somme d'argent, ou une action
qui est mobiliaire de sa nature, soit
un propre réel & effectif ; mais elles
feignent que c'est un propre, pour lui
en attribuer l'effet en certains cas seulement, qui sont désignés par les termes dont les parties ont voulu se servir
pour exprimer leur intention. Ainsi,
quand il est stipulé dans un contrat de
mariage qu'une somme sera propre à
la femme, sans ajouter autre chose,
cette fiction de propre qui a empêché
que la somme n'entrât dans la communauté, ne peut pas empêcher que
l'action que les enfans ont contre leur
pere pour lui demander cette somme,
ne soit une action mobiliaire en la personne des enfans, puisqu'ils ne sont

E iiij

pas compris dans la ſtipulation.

Ibid. ſect. 4. La ſeconde clauſe, que la ſomme ſera propre à la future épouſe & aux ſiens, a deux effets; elle empêche que la ſomme n'entre dans la communauté, & elle affecte & deſtine tellement l'action qu'elle produit contre le mari aux enfans & deſcendans de la femme, qu'ils y ſuccedent les uns aux autres, à l'excluſion de leur pere, qui n'y peut jamais rien prétendre tant qu'il en reſte un ſeul. Sur quoi il faut obſerver que le mot, *ſiens*, ne comprend en cette occaſion que les enfans & deſcendans de la femme, & non pas ſes héritiers collatéraux.

On ajoute quelquefois à ces deux premieres clauſes, que la ſomme ſera employée en achat d'héritages, pour tenir lieu de propres à la future épouſe, ou à la future épouſe & aux ſiens; & en ce cas, ſi l'emploi a été fait, les héritages acquis étant réellement & véritablement propres dans la ſucceſſion de la femme, ſans aucune fiction, cela ne peut jamais faire aucune difficulté; les enfans de la femme ayant trouvé ces héritages dans ſa ſucceſſion, ils ſont propres maternels en leur per-

fonne, non pas en vertu de la ſtipu- *Ibid. ſect. 7.*
lation, mais de leur nature, comme
tous les autres immeubles échus par
la ſucceſſion. Si, au contraire, l'emploi qui avoit été ſtipulé n'a pas été
fait par le mari, la ſtipulation d'emploi n'ajoute rien à la ſtipulation de
propres, parce que l'action que la
femme ou ſes héritiers ont contre le
mari, faute par lui d'avoir fait l'emploi, eſt une action purement mobiliaire, qui ne tend qu'à obliger à
rendre les deniers ſtipulés propres,
& non pas à lui faire rendre les héritages qu'il n'a pas acquis au nom de
la femme.

La troiſieme clauſe, que la ſom- *Ibid. ſect. 5.*
me ſera propre à la femme, & aux
ſiens de ſon côté & ligne, affecte &
deſtine l'action qu'elle produit contre le mari aux héritiers collatéraux
de la femme ; de ſorte que ſi elle a
laiſſé des enfans qui décedent tous
ſans enfans avant leur pere, cette
action paſſera aux héritiers collatéraux des enfans du côté & ligne de
leur mere, à l'excluſion du pere, &
de tous les parens paternels.

Ces ſortes de clauſes n'empêchent
E v

pas que la femme, ou ceux qui lui ont succédé, ne puissent disposer de cette action comme d'un véritable meuble, parce que ces stipulations ne sont faites que contre le mari, & contre les parens de sa ligne, pour les rendre incapables de succéder à cette action, & non pas contre la femme ou ses héritiers, pour leur en empêcher la libre disposition.

Ces stipulations ne sont, comme nous avons déja dit, que de simples fictions; c'est pourquoi elles cessent dès le moment qu'elles ont eu une seule fois leur effet. Ainsi, dès le moment que l'action contre le mari a une fois passé à un héritier collatéral du côté de la femme, elle cesse d'avoir sa qualité de propre; & lorsqu'il décede, ses héritiers les plus proches y succedent comme à un véritable meuble, quand même ils ne seroient pas du côté & ligne de la femme qui a apporté les deniers en mariage.

Cette fiction cesse pareillement de deux autres manieres. La premiere, quand le mari a payé à ses enfans héritiers de leur mere les deniers stipu-

lés propres, pourvu qu'ils foient majeurs, quand le paiement leur eft fait,
ou quand leur fucceſſion eſt ouverte; car s'ils étoient mineurs, leur bien
ne pouvant pas changer de nature durant la minorité, & l'action à laquelle
ils ont fuccédé étant propre, les deniers payés font cenfés de la même
qualité, tant que la minorité dure.

La feconde maniere dont la fiction
ceſſe, eſt lorfque les enfans majeurs
ont fuccédé à leur pere & à leur mere,
ou qu'ayant fuccédé à tous les deux
en minorité, ils font devenus majeurs; il fe fait alors une confufion
d'actions qui éteint la dette, laquelle
étoit dûe par le pere : ce qui produit le même effet que s'il l'avoit
payée ; car les enfans ne peuvent pas
être en même tems créanciers & débiteurs de la même chofe envers eux-
mêmes.

Ces ſtipulations étant contre le
droit commun, ne fe fuppléent point
quand elles ont été omifes dans un
contrat de mariage, fi ce n'eſt en
deux cas. Le premier eſt à l'égard
des mineurs, dont tout le bien, ou
la plus grande partie confiſte en ef-

E vj

fets mobiliers. Si un tuteur ou des parens mal-avifés avoient omis la ftipulation des propres, les mineurs en pourroient être relevés jufqu'à concurrence des deux tiers, des trois quarts, ou d'une autre quantité arbitraire, fuivant la condition des perfonnes, & l'avantage que le mineur a pu trouver dans ce mariage : mais la ftipulation de propres ne doit être fuppléée en ce cas, que pour empêcher feulement que tous les effets mobiliers du mineur n'entrent dans la communauté, & non pas pour troubler l'ordre des fucceffions ; mais fi le mineur a été marié par fon pere & fa mere, ou même par d'autres parens qui lui donnent tout ce qu'il apporte en mariage, alors on ne fupplée rien, parce que ceux qui ont donné étoient les maîtres de leur bien, & ont pu le faire entrer dans la communauté, fans que le mineur eût aucun fujet de s'en plaindre.

Le fecond cas eft à l'égard de ceux qui, ayant des enfans du premier lit, fe marient en fecondes noces : il ne leur eft pas permis de difpofer de leurs biens en fraude de la Loi ; c'eft pourquoi, lorsqu'ils ont des meubles confiderables, & qu'ils les veulent tous faire entrer dans la communauté, on regarde cela comme un avantage indirect, qui eft retranché en juftice jufqu'à concurrence de ce que l'Edit des fecondes noces leur permet de donner.

Les deniers ftipulés propres font ordinairement appellés propres fictifs, & propres conventionnels.

Le mari, auffi-bien que la femme, peut de fon côté faire telles ftipulations de propres que bon lui femble, & celles qu'il fait font fujettes aux mêmes regles que celles qui font faites du côté de la femme.

Dans la plûpart des contrats de mariage que l'on fait aujourd'hui, on ne fe contente pas de ftipuler qu'une partie de la fomme qu'une femme apporte en mariage, lui fera propre, & aux fiens de fon côté & ligne; on ajoute ordinairement que tout ce qui lui échera durant le mariage, par fucceffion, donation, legs, ou autrement, lui tiendra pareille nature de propre : claufe qui empêche que les donations & les legs en collatérale, & tous les effets mobiliers qui se trouvent dans les successions qui arrivent à la femme, tant en directe qu'en collatérale, ne tombent dans la communauté ; & au surplus, cette clause a tous les effets qui ont été déja expliqués.

Comme on peut stipuler que ce qui est meuble de sa nature tiendra lieu de propre, on peut aussi stipuler que ce qui est un véritable immeuble entrera dans la communauté ; c'est ce qu'on appelle ameublissement.

On le fait ordinairement lorsque la femme n'a pas assez d'effets mobiliers : les plus grands gains d'une communauté provenans presque toujours de l'industrie du mari, il est juste que la femme qui veut y avoir sa part, y apporte dans l'abord plus de mobilier que le mari, afin de faire une compensation raisonnable ; ce n'est pas que le mari ne puisse ameublir ses propres pour les faire entrer dans la communauté : cela dépend absolument de la volonté des parties quand ils sont majeurs.

Les peres & les meres qui marient leurs enfans mineurs, les étrangers même qui leur font des donations par contrat de mariage, peuvent ſtipuler que les immeubles donnés entreront dans la communauté; & à cet effet, qu'ils demeureront ameublis, ou pour le tout, ou pour une partie ſeule-ment. Mais quand un mineur, qui n'a que des immeubles, eſt marié par ſon tuteur, pour faire un ameubliſſement valable, il faut qu'il ſoit fait par un avis de parens homologué en juſtice : il eſt vrai que ce défaut de formalité n'annulleroit pas un ameubliſſement qui n'excederoit pas la ſomme ordi-naire qu'on a accoutumé de mettre dans la communauté; on ſouffre mê-me quelquefois un ameubliſſement plus fort, quand on voit un mariage très-avantageux au mineur, qui n'au-roit pas été fait ſans cela.

Louet & Bro-deau, M. 9.

Dans la regle générale, l'ameublif-ſement ne ſert qu'à faire entrer les propres ameublis dans la communau-té; mais d'ailleurs il n'en change point la nature ; de ſorte que ſi la femme a ameubli un héritage qui lui étoit propre, & que dans le partage de la communauté cet héritage tombe dans ſon lot, il ſera propre dans ſa

Louet, p. 4.
Bacquet , Droits de Juſ-tice, ch. 12. n. 386.

succeffion, comme s'il n'avoit pas été
ameubli.

Cette regle peut recevoir quelques
exceptions, fuivant les diverfes circonftances qui fe peuvent rencontrer
dans le fait. Suppofons, par exemple,
que la femme ait ameubli une maifon, & qu'elle en ait porté la propriété dans la communauté ; elle décede
& laiffe un fils qui renonce à la communauté ; la maifon, par ce moyen,
appartient au mari en pleine propriété, il en fait une donation à fon fils :
on ne peut pas dire en ce cas que la
maifon ameublie foit un propre ma-
ternel dans la fucceffion du fils donataire de fon pere : l'ufage en peut
fournir quelques autres exemples.

CHAPITRE IX.

Que le futur époux, ou la future épouse, laisseront jouir le survivant de leurs pere & mere des meubles & conquêts du prédécédé, sa vie durant.

CEtte convention est permise par la coutume de Paris, & l'enfant marié sous cette condition, ne seroit pas recevable à offrir de rapporter au survivant la moitié de ce qui lui a été donné en mariage, pour le priver de la jouissance des meubles & conquêts, réservée par la clause de son contrat de mariage.

Paris, art. 281.

Pour la validité de cette convention, il faut qu'elle soit faite par le contrat de mariage des enfans; elle ne seroit pas valable par un autre contrat, la coutume ne le permet qu'aux peres & aux meres marians leurs enfans.

Il faut qu'elle soit faite au profit du survivant des deux conjoints; car fi elle étoit faite au profit d'un feul, ce feroit un avantage indirect pour lui, qui eft expreffément défendu par la coutume.

Il faut enfin que le furvivant, pour jouir de l'effet de la claufe, demeure en viduité; car s'il fe marie, il perd à l'inftant même l'ufufruit qu'il s'étoit réfervé.

On ajoute quelquefois à la claufe cette condition, en faifant dire la même chofe par les autres enfans: condition à laquelle les peres & les meres bien confeillés ne doivent pas fe foumettre; car fi l'un d'eux venoit à déceder avant que tous les enfans foient mariés, on tient que le furvivant ne pourroit pas profiter de la ftipulation, parce que les autres enfans ne s'y feroient pas foumis, & qu'il ne feroit plus au pouvoir du furvivant de les y faire foumettre.

Bacquet, Droit de bâtardife, part. 2. ch. 7. n. 17. On ajoute auffi d'autres fois que l'enfant marié ne pourra demander compte ni partage, & même que le furvivant ne fera pas obligé de faire inventaire; la prohibition de faire inventaire eft tout à-fait contre le droit public, & par conféquent elle doit être rejettee de la claufe.

La coutume ne permet de ftipuler que la jouiffance des meubles & conquêts, c'eft-à-dire, de la portion que l'enfant marié aura dans les effets de la communauté, & non pas de la portion qu'il aura dans les propres du prédécédé, & dans les acquêts immeubles faits par le prédécédé avant le mariage : néanmoins fi la jouiffance de ces propres & de ces acquêts avoit été comprife dans la ftipulation, elle ne feroit pas nulle ; mais l'enfant marié auroit en ce cas le choix de laiffer jouir le furvivant de tout l'effet de la claufe, ou de l'empêcher, en lui rendant la moitié de ce qui lui a été donné par fon contrat de mariage, puifque le pere & la mere en le mariant, ne lui ont fait la donation qu'à cette condition expreffe.

La coutume de Paris eft prefque la feule qui permette cette convention : on ne l'étend point dans les Coutumes qui n'ont point de difpofition femblable, & l'enfant marié dans ces coutumes a le choix, ou d'exécuter la claufe, lorfqu'elle eft appofée dans fon contrat de mariage, ou de ren-

Ibidem, 39.

dre au furvivant la moitié de ce qu'il
a reçu par le même contrat.

CHAPITRE X.

De l'Augment de dot, & du Douaire.

LES Loix Romaines n'ont point
connu l'augment de dot. Tous
les Auteurs modernes font obligés de
demeurer d'accord que ce qui eft appellé dans le Droit Romain donation
à caufe de noces, n'eft point cet augment de dot qui eft aujourd'hui en
ufage dans tous les pays de droit écrit.
Mais comme ces deux conventions ne
laiffent pas d'avoir beaucoup de rapport l'une à l'autre, on a appliqué à
l'augment de dot la plus grande partie des loix qui ont été faites au fujet
de la donation à caufe de noces.

Il eft difficile de favoir ce que
c'étoit proprement que cette dona-
Novel. 77. tion, que les anciennes loix nom-
cap. 1. moient donation avant les noces, &
que Juftinien a voulu être nommée
donation à caufe de noces. D'un

côté, il y a des loix qui difent que ce n'étoit qu'une plus grande sûreté que le mari donnoit à fa femme pour la répétition de fa dot. En effet, la donation à caufe des noces étoit égale à la dot; & fi la dot étoit augmentée durant le mariage, la donation à caufe des noces étoit augmentée à proportion, afin d'y conferver une parfaite égalité; & s'il étoit convenu par le contrat de mariage que le mari furvivant gagneroit une partie de la dot, la femme de fon côté devoit gagner une partie égale de la donation à caufe de noces, afin que l'avantage fût égal de part & d'autre : de forte que fi le mari par le contrat de mariage étoit obligé de rendre toute la dot, quoiqu'il eût furvêcu fa femme, la femme furvivante de fon côté ne pouvoit pas profiter de la donation à caufe de noces; & cette égalité étoit fi néceffaire, qu'il n'étoit pas permis aux parties de faire des conventions contraires. D'autre part auffi, on ne peut concevoir quel pouvoit être l'effet de cette donation, lorfque le mari ne devoit gagner aucune partie de la dot; car si l'on dit que c'étoit seulement une plus grande sûreté à la femme pour la répétition de sa dot, on peut répondre que cette sûreté étoit inutile & même illusoire, surtout lorsque la donation à cause de noces étoit faite en argent, & non pas en héritages, puisque la femme avoit déja une hypotheque tacite sur tous les biens du mari pour la répétition de sa dot, & que la donation à cause de noces, lorsqu'elle n'étoit que d'une certaine somme, ne lui pouvoit donner autre chose que cette même hypotheque qu'elle avoit déja; mais cette discussion est plus curieuse qu'utile, & passe les bornes d'une institution : il suffit d'en avoir marqué la difficulté.

L'augment de dot dans les pays de droit écrit, tel qu'il est en usage dans tous les Parlemens du Royaume, est une portion des biens du mari, qui est accordée à la femme survivante, pour lui aider à s'entretenir suivant sa qualité.

Cette portion est ordinairement réglée par le contrat de mariage, & dépend absolument de la volonté des

parties, qui la peuvent fixer à telle
somme qu'ils veulent, sans qu'il soit
néceffaire d'avoir aucun égard à la
dot de la femme, ni aux biens du
mari; & la femme ne peut jamais se
plaindre qu'elle soit trop modique,
ni les héritiers du mari qu'elle soit ex-
ceffive; mais quand l'augment n'eft
pas reglé par le contrat de mariage,
alors, par un usage qui eft univerfel-
lement reçu dans tous les pays de
droit écrit, l'augment demeure fixé
de plein droit ¶ à une certaine quotité, selon la nature de la dot].
☞ Cette quotité n'eft pas certaine :
elle varie suivant la différence des
pays, des biens, & la qualité des
parties. ¶¶ Dans le Lyonnois, Forez,
Beaujolois, & en Dombes, lorfque
la dot eft en argent, l'augment eft
de la moitié, & du tiers lorfqu'elle
eft en immeubles.

Dans le Bugey, Gex & Valro-
mey, l'augment eft auffi de moitié
pour la dot en argent ; lorfqu'elle
eft en autres effets, il dépend de la
prudence du Juge, on le regle au tiers
ou au quart; mais il n'en eft point dû
aux veuves qui se remarient. Au

Parlement de Touloufe, il eft de la moitié, fans diftinction. Au Parlement de Grenoble, l'augment des perfonnes nobles eft plus fort que celui des roturieres. Au Parlement de Bordeaux, l'augment des filles eft de la moitié, & celui des veuves du tiers. *Voyez les Obfervations fur le dix-huitieme Plaidoyer d'Henrys.*

Il y a néanmoins un cas où l'on peut diminuer l'augment de dot, & le reftraindre à une certaine fomme, foit qu'il ait été réglé par le contrat de mariage, ou qu'il ait été laiffé tel que l'ufage le donne ; favoir, quand le mari, qui a des enfans du premier lit, fe marie en fecondes noces, alors l'augment de dot, de quelque nature qu'il foit, & les autres avantages que le mari fait à fa feconde femme, ne peuvent jamais exceder la part du moins prenant des enfans dans la fucceffion de leur pere.

Nov. 98.
cap. 1.
Nov. 127.
cap. 3.

Le mari & la femme qui ne fe remarient point, font tenus de conferver à leurs enfans la propriété des gains nuptiaux, dont l'augment de dot fait partie, à la réferve d'une portion égale à celle de chacun

des

des enfans, qu'on appelle en droit la portion virile, dont le pere & la mere peuvent difpofer librement.

Les peres & les meres qui fe re- *Nov. 29.* marient, ayant des enfans du premier *cap. 23.* lit, perdent la propriété de tous les gains nuptiaux du premier mariage, qui paffe à l'inftant même aux enfans, & le pere & la mere n'en ont que le fimple ufufruit.

Mais quand il n'y a point d'enfans du mariage, la femme a la propriété entiere de la totalité de l'augment, foit qu'elle demeure en viduité, ou qu'elle fe remarie.

Comme les enfans ont leur portion *Henrys, to-* virile dans les gains nuptiaux par le *me 2, liv. 4,* bénéfice de la Loi, ils font également *qu. 1.* appellés à cette virile, foit qu'ils ac- *Cambolas, l.* ceptent la fucceffion du pere & de *2, c. 4.* la mere, ou qu'ils y renoncent, ils y *Nouvelles* ont tous une portion égale, que le *notes fur la* pere ni la mere ne peuvent pas dimi- *Rochéflava:,* nuer. Le furvivant peut difpofer de *l. 2. tit. 6. ar-* fa virile comme bon lui femble, puif- *ticle 6.* que la Loi lui en laiffe la propriété, mais il faut qu'il en difpofe expreffé- ment; car s'il avoit fimplement inf- titué fes enfans héritiers par inégales

Tome II.   F

portions, la virile qu'il a dans les gains nuptiaux n'y feroit pas comprise. ☞ Cela eſt vrai au Parlement de Touloufe ; mais dans les autres Parlemens, l'inſtitution d'héritier univerſel faite au profit d'un des enfans par la mere, comprend la portion virile. *Voyez l'Obſervation ſur la queſtion 26 d'Henrys, tom. 2, l. 4.*

Les enfans ne peuvent jamais avoir l'augment de dot, quand le pere a ſurvêcu la mere : la Loi ne leur donne la propriété de leur virile dans les gains nuptiaux, que quand ils ſont une fois acquis à celui des conjoints à qui la libéralité a été faite ; elle a voulu que le ſurvivant qui les a gagnés, fût obligé de les leur réſerver ; mais elle n'a pas dit que, ſi celui qui avoit fait la libéralité étoit le ſurvivant, il feroit obligé de la conſerver aux enfans du mariage, & cela ne ſe ſupplée point dans les pays de droit écrit. On dit communément que les enfans n'y prennent jamais l'augment de dot que des mains de leur mere.

La renonciation que fait une fille, par ſon contrat de mariage, aux ſuc-

Henrys, tom. 2, l. 4, qu. 6, tome 2, l. 4, qu. 5. & plaid. 18.

cessions à écheoir du pere & de la mere, ne s'étend pas à l'augment de dot, à moins qu'il n'y soit nommément compris, ou que la renonciation ne soit faite à tous droits & prétentions qu'elle a & pourra avoir sur les biens & en la succession du pere & de la mere, parce que l'augment de dot est une espece de biens assez irréguliere, que la Loi donne aux enfans, indépendamment de la succession du pere & de la mere.

Lorsque le pere a vendu des héritages sujets à l'augment de dot, le tiers acquéreur ne peut pas prescrire contre la femme, ni contre les enfans durant la vie du pere. Après la mort du pere, il peut prescrire contre la virile de la mere ; mais à l'égard des portions des enfans, la prescription ne commence point à courir tant que le pere & la mere sont vivans. ☞ Cette question est problématique ; il y a des Arrêts pour & contre : ils sont rapportés dans les *Observations sur le plaidoyer dix huitieme d'Henrys*, q. 8].

Henrys, t. 2. l. 4. qu. 406.

Les intérêts de l'augment de dot doivent régulierement courir du jour

Nov. 2. c. 4. Henrys, t. 1. liv. 4 & 15.

Despeisses, t. 1, part. 1. sect. 3. Boniface, tome 1, liv. 6, ch. 4, tit. 2.

du décès, sans aucune demande judiciaire. On le juge de la sorte dans les pays de droit écrit qui sont du ressort du Parlement de Paris; mais on juge le contraire dans les Parlemens de Toulouse & de Provence.

L. assiduis, C. qui potior. Henrys, to. 1. l. 4. q. 52.

La femme a hypotheque pour son augment de dot du jour du contrat de mariage, s'il y en a; & s'il n'y en a point, elle a hypotheque du jour de la bénédiction nuptiale; mais cette hypotheque est toujours postérieure à celle de sa dot, ce qui est de grande conséquence lorsqu'il y a des enfans; car si les biens du mari ne sont pas suffisans pour payer la dot & l'augment, la perte tombe en ce cas sur l'augment, & par conséquent sur les enfans.

Henrys, tom. 2, l. 4, qu. 1. Mayn. l. 4, ch. 56.

Quand la femme est séparée de biens, pour faillite, dissipation ou mauvais ménage du mari, on juge à Paris & en Provence qu'elle doit jouir de son augment de dot, tout de même que si le mariage étoit dissous par la mort naturelle du mari. A Toulouse & en Dauphiné, en cas de séparation de biens, on ne donne pas l'augment à la femme; on lui réserve seulement fon hypotheque fur les biens du mari, & on ordonne que les derniers créanciers feront tenus de rapporter quand il y aura lieu.

L'augment de dot a une hypotheque fubfidiaire fur les biens fubfti- *Maynard, l.* tués au défaut des biens libres ; on *3, c. 18 & 21.* jugeoit à Touloufe que cette hypotheque n'étoit acquife à l'augment *Catelan, 122.* de dot, que quand la fubftitution *tom. 2. liv. 4.* étoit faite par les afcendans, & non *ch. 44.* pas quand elle étoit faite par des collatéraux ; & à Grenoble on ne donne point d'hypotheque en aucun cas à l'augment de dot fur les biens fubftitués.

¶ L'Ordonnance des fubftitutions, tit. 1. art. 46. veut que l'hypotheque fubfidiaire ait lieu dans tous les pays où l'augment eft ufité ; mais feulement jufqu'à concurrence du bien de la dot]].

Quoique l'augment de dot & le douaire des pays coutumiers ayent beaucoup de rapport, ils fe reglent néanmoins par des principes bien différens. Il eft difficile d'expliquer tous ces principes, parce que la plûpart des coutumes ne s'accordent pas fur ce sujet. On en rapportera néanmoins ici les plus ordinaires.

Le douaire, aussi-bien que l'augment de dot, peut être stipulé par les parties : c'est ce qu'on appelle douaire préfix, ou douaire conventionnel : au défaut de la convention des parties, la plûpart des coutumes le reglent, & donnent à la femme la jouissance d'une portion des héritages que le mari possédoit au jour de la bénédiction nuptiale, & de ceux qui lui échéent en ligne directe durant le mariage, soit à titre de donation, de legs, ou de succession.

Les dettes immobiliaires, comme les rentes constituées qui sont dûes par le mari avant son mariage, diminuent le douaire coutumier de plein droit. Un homme, en se mariant, a des héritages de valeur de 300 liv. de rente, & ne doit point de dettes immobiliaires. Après sa mort, sa veuve doit jouir de 1500 liv. de rente pour son douaire, dans les coutumes qui donnent la moitié de la jouissance à la veuve ; mais si le mari devoit 1000 liv. de rente lors de son mariage, il faudra distraire

cette rente du revenu des immeubles ;
& en ce cas il ne restera plus que
2000 liv. de rente au mari, & 1000
liv. de rente à la femme pour son
douaire.

Il n'en est pas de même des dettes mobiliaires ; elles ne sont point
considérées à l'égard du douaire ; la
raison de cette différence est, que les
dettes immobiliaires, telles que sont
les rentes constituées & foncieres qui
sont dûes au mari avant le mariage,
augmentent le douaire coutumier de
la femme ; au lieu que les effets mobiliers du mari ne l'augmentent pas.

Mais les dettes, de quelque nature
qu'elles soient, ne diminuent point
le douaire préfix, parce qu'il est reglé sur un pied fixe par le mari, qui
doit connoître en quoi consistent ses
facultés lorsqu'il constitue le douaire.

Il faut néanmoins observer que,
quand nous disons que les dettes mobiliaires ne diminuent pas le douaire coutumier, & que les dettes mobiliaires & immobiliaires ne diminuent point le douaire préfix, cela
se doit entendre lorsque le mari laisse
des biens suffisans pour acquitter les

dettes, & pour fournir au douaire de
la femme ; car quand il n'y a pas
affez de biens pour l'un & pour l'autre, il eft certain que toutes les dettes hypothéquaires, créées avant le
mariage, fans aucune diftinction,
doivent être payées avant les conventions matrimoniales de la femme ; &
en ce cas elles peuvent, non-feulement diminuer le douaire, mais elles
peuvent l'éteindre & l'anéantir entierement.

Chaumont,
250.
Paris, 261.

Il y a des coutumes où la femme
a le choix du douaire préfix ou du
coutumier ; il y en a d'autres où le
douaire préfix fait ceffer le douaire
coutumier ; c'eft-à-dire, que dès le
moment qu'il y a un douaire ftipulé
par le contrat de mariage, la femme
eft obligée de s'y tenir, & ne peut
plus demander le coutumier. Telles
font toutes les coutumes qui ne donnent point le choix du douaire à la
femme, dans lefquelles néanmoins il
eft permis de ftipuler que la femme
aura le douaire préfix ou le coutü-
mier à fon choix. La raifon pour laquelle la femme n'a pas ce choix
quand la coutume ne le lui donne

pas, ou qu'il n'eſt pas réſervé par le contrat de mariage, eſt que les parties ſont préſumées avoir voulu déroger de part & d'autre à la coutume en ſtipulant un douaire préfix; & comme les héritiers du mari n'ont pas alors la faculté de réduire la femme au douaire coutumier, lorſqu'il eſt moindre que le douaire préfix, elle ne doit pas de ſon côté avoir l'option du coutumier, lorſqu'il eſt plus avantageux.

Il y en a où les parties ont la faculté de ſtipuler tel douaire que bon leur ſemble, ſans qu'il puiſſe être augmenté ou diminué par quelque occaſion que ce ſoit, ſi ce n'eſt pour ſatisfaire à l'Edit des ſecondes noces. Il y en a d'autres où il eſt expreſſément défendu de ſtipuler un douaire qui excede le coutumier; mais il peut être ſtipulé moindre que le coutumier. *Paris, article 247.*

Tours, 332.

Il y en a où le fonds du douaire appartient aux enfans qui ont droit d'en jouir en pleine propriété après la mort du pere & de la mere. Il y en a d'autres où le douaire n'eſt que viager à la femme; il eſt éteint après ſa *Paris, 249.*

Sens, article 163.

F v

mort, & ne paſſe point aux enfans.

Il y a deux obſervations à faire ſur cela. La premiere, que dans les coutumes où le douaire paſſe aux enfans, il leur appartient, ſoit que la femme ait ſurvêcu le mari, ou qu'elle ſoit décédée avant lui; à la différence de l'augment de dot, qui ne paſſe jamais aux enfans que par le canal de la mere ſurvivante.

La ſeconde eſt, que le douaire n'appartient jamais aux enfans, que la coutume n'en ait fait une diſpoſition expreſſe en leur faveur; & dans toutes celles qui ne parlent point des enfans, le douaire finit par la mort de la veuve douairiere.

Paris, 1631 Dans la plûpart des coutumes, la femme ne jouit de ſon douaire que par uſufruit; après ſa mort, le fonds du douaire retourne aux enfans du mari, ou comme héritiers de leur pere, ou comme douairiaires; & au défaut d'enfans, ce fonds retourne aux autres héritiers du mari, & fait partie de ſa ſucceſſion: mais on peut ſtipuler que la femme aura ſon douaire en pleine propriété; c'eſt ce qu'on appelle douaire ſans retour, parçe qu'en ce cas il ne retourne point dans la fucceffion du mari.

Mais il faut que cette ftipulation foit bien expreffe & bien claire, & qu'il foit dit que la femme aura pour fon douaire une telle terre, ou une telle fomme, pour en jouir fans retour, ou en pleine propriété, ou autres termes, qui marquent fi bien l'intention des parties, qu'on ne leur puiffe pas donner un autre fens, ni en faire une autre application. Il ne fuffiroit pas, par exemple, de dire fimplement que la femme fera douée de la fomme de 20000 livres; car, quoiqu'il femble qu'on lui donne par cette expreffion la fomme de 20000 livres en propriété, néanmoins la ftipulation doit être expliquée par le droit commun, qui ne donne à la femme le douaire qu'en ufufruit. Il *Sens, arti-* y a néanmoins quelques coutumes, *cle 163.* mais en petit nombre, qui donnent la propriété du douaire à la femme.

Il n'eft pas permis de ftipuler un douaire fans retour dans les coutumes où le douaire préfix ne peut pas exceder le coutumier; & les héritiers ou les créanciers du mari ont toujours le choix, ou de laisser à la femme le douaire tel qu'il a été stipulé, ou de la réduire au douaire coutumier.

Paris, 256. Il y a des coutumes où la femme est saisie de plein droit de son douaire, soit préfix ou coutumier, du jour du décès du mari. Dès ce moment elle gagne les revenus des immeubles, les arrérages des rentes, ou l'intérêt de l'argent qui doit servir de fonds au douaire. Il y a d'autres cou-

Le Maine, 325. tumes où la femme n'est point saisie du douaire, & ne commence à en avoir la jouissance que du jour qu'elle en a fait la demande aux héritiers du mari, qu'on appelle demande en délivrance de douaire.

Paris, 261 & 2 4. Lorsque le douaire consiste en l'usufruit des immeubles, la douairiere en doit jouir à sa caution juratoire, tant qu'elle demeure en viduité ; mais si elle se remarie, elle doit donner bonne & suffisante caution, comme tous les autres usufruitiers : cette caution est de tenir les lieux en bon état, & de jouir en bon pere de famille, ou de rendre le fonds du douaire, s'il consiste en une somme d'argent.

Le douaire coutumier eſt un droit réel, qui ne ſe regle pas par la coutume du lieu où le contrat de mariage a été paſſé, ni par la coutume du domicile des deux conjoints, mais par celle du lieu où les héritages ſujets au douaire ſont ſitués. De là il réſulte deux choſes. La premiere eſt, que quoique le mari & la femme ayent leur domicile dans une coutume qui défend de donner un douaire préfix plus fort que le coutumier, cette prohibition n'opere rien, lorſque le mari a des biens ſuffiſans en d'autres coutumes pour payer le douaire préfix, parce qu'alors il n'y a rien qui empêche que le douaire préfix ne ſoit payé ſur les biens qui ne ſont pas aſſujettis à la coutume prohibitive.

La ſeconde choſe eſt, que le douaire coutumier de la femme peut être indifférent, ſuivant les diverſes coutumes où les héritages du mari ſont ſitués : dans les unes, il ſera de la moitié : dans les autres du tiers; les enfans auront le douaire dans une coutume, ils ne l'auront pas dans l'autre. Il eſt vrai que, pour faire passer le douaire coutumier ou le douaire préfix en la personne des enfans, quoique les biens soient situés en des coutumes qui ne le leur donnent pas, même en celles qui défendent de stipuler un douaire préfix plus fort que le coutumier, on peut stipuler, ou pour mieux dire, on stipule ordinairement dans le contrat de mariage, que les parties se soumettent à la coutume de Paris, dérogeant à toutes autres coutumes contraires.

Cette clause ne pourroit pas donner à la femme un douaire préfix plus fort que le coutumier, si le mari n'avoit des biens que dans les coutumes qui le défendent, parce que les particuliers ne peuvent pas, par des conventions particulieres, déroger aux défenses qui sont portées par la coutume ; mais quoiqu'il soit vrai que le douaire qui passe aux enfans, est plus fort que le douaire qui n'est que viager à la femme, on juge en ce cas que la convention des parties déroge à la coutume ; & l'on présuppose que l'intention de la coutume, en défendant de stipuler un

douaire plus fort que le coutumier,
n'a été que d'empêcher le mari de
faire de trop grands avantages à fa
femme, & non pas d'ôter la propriété du douaire aux enfans, parce
que c'eſt un principe preſque univerſel en pays coutumier, que dans les
coutumes qui défendent aux particuliers de diſpoſer de la totalité, ou
d'une partie de leurs biens, ces défenſes n'ont d'autres vues que de conſerver les biens aux véritables héritiers, & ne ſont jamais faites en faveur des perſonnes étrangeres : c'eſt
pourquoi, quand les enfans veulent
avoir la propriété du douaire dans les
coutumes prohibitives, en vertu de
la clauſe du contrat de mariage de
leurs pere & mere, les créanciers du
pere ne peuvent pas l'empêcher, non
plus qu'ils ne peuvent pas obliger
l'héritier qui renonce, de rapporter
le don qui lui a été fait dans les coutumes qui défendent de donner à ſon
héritier préſomptif.

Il faut même obſerver que la ſtipulation du douaire en faveur des
enfans a été trouvée ſi équitable,
que la clauſe par laquelle les parties

se soumettent à la coutume de Paris, & dérogent à toutes coutumes contraires, s'étend au douaire, quoiqu'elle ne soit inserée dans le contrat de mariage qu'immédiatement après la stipulation de communauté, & qu'elle semble par les termes dans lesquels elle est conçue, devoir être restreinte à la seule communauté. Par exemple, quand on dit : Seront uns & communs en biens, & à cet effet se font soumis à la coutume de Paris, dérogeant expressément à toutes coutumes contraires, on ne laisse pas, par une interprétation favorable, d'étendre cette clause au douaire, quoiqu'elle ne soit point répétée, ni à l'article où il est parlé du douaire, ni à la fin du contrat de mariage.

Paris, 253 & 254.

Quand un homme a été marié plusieurs fois, le douaire coutumier des enfans du premier lit est de la moitié des immeubles qu'il avoit lors du premier mariage, & de ceux qui lui sont échus durant ce mariage en ligne directe; & le douaire des enfans du second lit est le quart des mêmes immeubles, ensemble la moitié de la portion appartenante au mari dans les acquêts faits durant le premier mariage, la moitié de tous les immeubles échus au mari par des successions collatérales, depuis la célébration du premier mariage jusqu'au second, la moitié de tous les acquêts par lui faits depuis la dissolution du premier mariage jusqu'à la célébration du second, & la moitié de tout ce qui lui est échu par succession ou donation en ligne directe, depuis la dissolution du premier mariage jusqu'à la dissolution du second : le douaire des autres mariages est aussi réglé à la même proportion.

Il faut néanmoins observer que quand il n'y a point d'enfans du premier mariage, ou qu'ils sont décédés avant la célébration du second, alors le douaire coutumier de ce second mariage est de la moitié de tous les immeubles que possede le mari au jour de la célébration, & de tous ceux qui lui échéent en ligne directe ; parce que, lorsqu'il n'y a point d'enfans d'un premier mariage, le second, à l'égard du douaire, est confideré de la même maniere que le premier, fans aucune différence : mais quand une fois il y a eu des enfans d'un mariage précédent, lors de la célébration du fecond ou du troifieme mariage, le douaire coutumier de ces derniers mariages n'augmente point, quoique les enfans des autres mariages qui avoient donné lieu à la diminution, viennent à déceder dans la fuite.

Louet, D. 36.   Le douaire n'eft jamais ouvert que par la mort naturelle du mari ; c'eft pour cela que l'on dit en commun proverbe, que jamais mari ne paya douaire ; mais dans les cas de féparation de biens & d'habitation, de longue abfence, ou de mort civile du mari, on adjuge quelquefois fur fes biens une penfion à la femme, pour en jouir jufqu'à ce que ce douaire ait lieu : * on n'en donne plus depuis plus de quarante ans] : cette penfion dépend de la prudence des Juges ; on l'appelle mi-douaire, parce qu'elle va fouvent à la moitié du douaire.

Paris, article 40.   Quand les héritages dont la femme doit jouir pour fon douaire, font en fief, quelques coutumes portent qu'elle n'eft point obligée à faire la foi & hommage, ni à payer aucun relief, mais que les héritiers font tenus de l'acquitter de la foi & hommage, & de payer le relief, s'il eft dû de leur chef. Il y en a d'autres qui *Poitou, 264* veulent que la veuve contribue au paiement du droit de relief, pour la part dont elle a droit de jouir pour fon douaire. Il y en a enfin où le Sei- *Bretagne, 69* gneur n'eft payé du relief ou rachat qui lui eft dû pour la portion du fief fujette au douaire, qu'après la mort de la douairiere ; de forte que tant qu'elle eft vivante, elle n'en paie rien, ni les héritiers du mari ; mais le droit du Seigneur n'eft pas perdu pour cela, il n'eft que retardé ; & même fi durant la vie de la douairiere le fief paffe entre les mains de divers héritiers, lorfqu'elle fera décédée, le Seigneur fe fera payer de tous les reliefs échus ; car ils font acquis au Seigneur par la mort de chaque propriétaire, & non pas par la mort de la douairiere, qui ne jouit de la portion du fief que par ufufruit.

Paris, 260.

Le douaire préfix, soit en rente ou deniers, se prend sur les biens du mari seul, & non pas sur les effets de la communauté ; autrement il s'en-suivroit que quand la femme accepte-roit la communauté, la moitié du douaire seroit confondue en sa per-sonne. D'ailleurs, le douaire préfix tient lieu du douaire coutumier, qui n'est jamais assigné par les cou-tumes sur les biens de la commu-nauté, mais sur les propres biens du mari.

Paris, arti-cle 257.

La coutume de Paris porte que si durant le mariage les conjoints se font un don mutuel, la femme survi-vante donée de douaire préfix, jouira par usufruit, en vertu de son don mutuel, de la part du mari dans les effets de la communauté, & prendra son douaire sur le surplus des biens de son mari, sans aucune diminution

Ricard, ibid.

ni confusion ; de sorte que si le mari n'a pas laissé de biens qui ne soient entrés dans la communauté, la fem-me jouira de l'usufruit en vertu de son don mutuel, & pourra faire ven-dre la propriété de ces mêmes biens pour être payée de son douaire ; & si elle ne le fait pas de son vivant, ses héritiers, en rendant compte du don mutuel, pourront mettre dans la dépense du compte tous les arrérages échus du douaire.

Quoique cette disposition de la coutume de Paris paroisse d'abord assez dure contre les héritiers du mari, sur-tout lorsqu'il n'y a pas des propres suffisans pour payer les arrérages du douaire; néanmoins elle est dans les regles les plus exactes du droit, & même on peut dire qu'elle est très-équitable. La raison est que le don mutuel doit être égal entre le mari & la femme ; & il ne le seroit pas, si la femme confondoit son douaire avec son don mutuel ; car en jouissant du don mutuel, elle perdroit son douaire, & le profit du don mutuel en seroit d'autant diminué; au lieu que si le mari avoit survécu, il auroit joui du don mutuel tout entier, & sans aucune diminution.

Il y a néanmoins quelques coutumes qui ont une disposition contraire, & qui portent que la femme ne peut avoir don & douaire ensemble, *Anjou,* 210.

quelque convention qu'il y ait dans
le contrat de mariage : * & cela s'entend du don porté par contrat de mariage, & non du don mutuel qui fe
fait pendant le mariage, lequel eft
compatible avec le douaire ; enforte
que la femme furvivante doit jouir
de l'un & de l'autre].

Quand la femme a le choix du
douaire préfix ou du coutumier, foit
par la difpofition de la coutume, foit
par fon contrat de mariage, fi les
enfans ont la propriété du douaire
ils font obligés de fe tenir au choix
de leur mere ; ce qui leur peut être
quelquefois très - défavantageux : il
peut arriver que le revenu du douaire préfix fera plus grand & plus facile à percevoir ; & ainfi une femme qui voudra fe remarier, ou qui
n'aimera pas fes enfans, choifira le
douaire préfix, quoique le fonds du
Ricard, fur douaire coutumier foit plus confide-
Paris, 261. rable ; mais fi la femme n'a pas confommé fon choix, cette faculté paffe
aux enfans.

Paris, 251 & Dans les coutumes où le douaire
252. eft propre aux enfans, ils n'en jouiffent qu'après la mort du pere ou de

la mere ; & pour être capables de prendre le douaire, il faut qu'ils renoncent à la succession du pere, & qu'ils rapportent ce qu'ils ont reçu de lui, soit par contrat de mariage ou autrement.

Sur quoi l'on a demandé, si les enfans qui avoient accepté par bénéfice d'inventaire la succession du pere, peuvent, en renonçant & rendant compte du contenu en l'inventaire, se porter douairiers. La jurisprudence des Arrêts a introduit une distinction qui est très-équitable. Lorsqu'il y a d'autres enfans qui sont héritiers donataires ou légataires du pere, ceux qui ont une fois accepté la succession du pere, ne peuvent plus y renoncer pour avoir le douaire au préjudice de leurs freres & sœurs ; mais quand il n'y a que des créanciers, on admet la renonciation des enfans par une raison d'équité, qui est néanmoins contraire à la rigueur du droit, qui veut que celui qui s'est une fois porté héritier, ne puisse jamais cesser de l'être,

Le douaire se partage également *Paris, 250;* entre les enfans sans aucune préro-

gative d'aînesse, quoique ce soit un
douaire qui consiste en héritages féo-
daux, parce que la coutume le donne
aux enfans, comme une dette que le
pere a contractée envers eux en se mariant, & non pas un droit successif,
puisqu'il faut que les enfans renoncent
à la succession de leur pere pour avoir
le douaire. Il y a néanmoins des coutumes qui ont une disposition contraire.

Melun, arti-cle 97.

Lorsqu'il y a des enfans qui acceptent la succession du pere, ou qui se
tiennent aux donations ou aux legs
qu'il leur a faits, la portion qu'ils auroient eue dans le douaire n'accroît
point aux autres enfans douairiers,
mais elle demeure confuse dans la
succession : c'est pourquoi on dit communément que le droit d'accroisse-
ment n'a point lieu en matiere de
douaire : cela est fondé sur une grande raison ; car les enfans qui n'ont
point de part au douaire, ont toujours, en qualité d'héritiers, donataires ou légataires du pere, plus que
leur part du douaire ne peut monter ; de sorte que si leur portion ac-
croissoit aux autres enfans, il se trou-
veroit

Senlis, 186 & 161. Melin.

veroit qu'en effet la fucceffion du pere
payeroit, fous des noms différens,
deux douaires au lieu d'un aux enfans
d'un même lit, puifque la portion héréditaire, le don & le legs tiennent
lieu de douaire aux enfans qui acceptent la fucceffion, & à ceux qui fe
tiennent à la donation & au legs.

La propriété du douaire eft affurée *Paris, 250.*
aux enfans dès le jour du contrat de
mariage, s'il y en a un; & s'il n'y en
a point, du jour de la bénédiction
nuptiale; c'eft pourquoi les enfans
douairiers ne font point tenus des
dettes que le pere a contractées depuis le mariage; & à l'égard des dettes contractées avant le mariage, les
enfans n'en font pas tenus perfonnellement, parce qu'ils ne prennent pas
le douaire comme héritiers du pere,
ni à autre titre univerfel; mais ils en
font tenus hypothéquairement, fauf
leurs recours contre les autres biens
du pere.

Nous avons dit que la propriété
du douaire eft affurée aux enfans du
jour du mariage de leur pere & de
leur mere; mais ils n'ont cette propriété qu'en efpérance feulement, &

Tome II. G

elle ne peut leur être acquife incom-
mutablement qu'après le décès du
pere ; car pour l'avoir, il faut qu'ils
furvivent le pere, qu'ils renoncent à
fa fucceffion, & qu'ils rapportent les
avantages qu'il leur a faits ; & de-là
il réfulte deux conféquences très-im-
portantes.

Louet, & Bro-
deau, D. 20. La premiere eft, que le décret, foit
volontaire ou forcé, lorfqu'il eft fait
durant la vie du pere, ne purge point
le douaire non plus que la fubftitution, parce que les enfans ne font pas
en état de s'y oppofer ; toutefois fi
le décret avoit été pourfuivi par un
créancier antérieur au douaire, ou
quand même il auroit été pourfuivi
à la requête d'un créancier poftérieur,
s'il y avoit eu des créanciers antérieurs oppofans, le décret feroit valable, & purgeroit le douaire, parce
que les créanciers antérieurs au douaire ont droit de faire vendre les biens
de leur débiteur, au préjudice du
douaire, qui n'étant que poftérieur
à eux, ne leur peut pas nuire ; mais
fi le prix des héritages vendus eft
plus que fuffifant pour payer les créances qui font avant le douaire, les en-

fans, après la mort de leur pere, peuvent obliger les créanciers poſté-rieurs au douaire de rapporter ce qu'ils ont reçu ; il eſt même de la prudence de l'adjudicataire de faire ordonner que les créanciers poſté-rieurs ſeront tenus de donner cau-tion de rapporter, en cas que le douai-re ait lieu, parce qu'il y en a qui tiennent que s'ils étoient inſolva-bles, l'adjudicataire ſeroit tenu lui-même de rapporter en leur place.

Mais comme il ne ſeroit pas juſte, lorſqu'un homme a plus de biens qu'il n'en faut pour payer toutes ſes dettes, que ſous prétexte d'un douai-re coutumier ou préfix, les créan-ciers poſtérieurs n'euſſent pas la fa-culté de faire vendre ſes immeubles, le tempérament que l'on ſuit en ce cas, eſt de les faire vendre à la char-ge du douaire ; s'il eſt préfix, en rente, ou en argent comptant, l'ac-quéreur ordinairement en garde le fonds entre les mains, dont il paie l'intérêt aux créanciers, ou s'ils ſont payés d'ailleurs, au pere ſur qui l'im-meuble a été vendu ; enſuite à la fem-me, ſi elle ſurvit ; & enfin il remet ce fonds aux enfans, quand le douaire leur eft acquis en propriété & en ufufruit par la mort du pere & de la mere. Si, au contraire, le douaire eft coutumier, régulierement les créanciers, lorfqu'ils font tous poftérieurs au mariage, ne peuvent faire vendre que la moitié par indivis des héritages fujets au douaire, parce que les enfans doivent avoir un jour la propriété de l'autre moitié, & non pas une fimple hypotheque; & en attendant que le douaire ait lieu, les créanciers ont droit de jouir des fruits de la moitié qu'ils ne peuvent pas vendre. Il en eft de même lorfque le douaire préfix confifte en un immeuble certain, ou dans la portion de certain héritage.

La feconde conféquence eft, que les acquéreurs des héritages fujets ou hypothéqués au douaire, ne peuvent jamais preferire contre la femme qui n'a pas confenti à la vente, ni contre les enfans, tant que le pere eft vivant. Mais on a demandé fi la prefcription commence à courir contre les enfans majeurs, dès le moment de la mort du pere, ou fi elle

ne commence à courir que du jour
de la mort de la mere. Il faut distinguer : Si la mere a vendu l'héritage
conjointement avec son mari, ou s'il
a été décreté pour payer des dettes
auxquelles elle étoit obligée, la prescription ne court contre les enfans
que du jour du décès de la mere,
parce que jusqu'alors il est incertain
si les enfans renonceront à la succession de leur mere, ou s'ils l'accepte-
ront : or, étant héritiers de leur mere,
ils seroient eux-mêmes garants de ses
faits & promesses ; & dans cette incertitude, on ne doit pas exiger des
enfans qu'ils intentent une action en
déclaration d'hypotheque, & qu'ils
déclarent par ce moyen à leur mere
qu'ils ont résolu de renoncer à sa
succession, lorsqu'elle sera ouverte ;
mais quand la mere n'est point garan-
te de l'éviction, la prescription contre les enfans qui sont majeurs commence à courir du jour de la mort
du pere, parce que dès ce moment
la propriété du douaire leur est tellement acquise, que quand ils vien-
droient à déceder avant la mere, ils
ne laisseroient pas de transporter cet-

te propriété à leur héritiers ; de forte qu'étant en état d'agir, rien ne peut empêcher que la prefcription ne coure contr'eux.

Paris, 249, 255 & 259. Le douaire coutumier eft toujours propre dans la fucceffion des enfans, parce qu'il confifte en immeubles qui ont appartenu à leur pere. A l'égard du douaire préfix, quelquefois il eft conftitué en immeubles qui appartiennent au pere, comme quand il eft dit, que la femme aura pour fon douaire les revenus d'une telle terre, ou les arrérages d'une rente dûe au mari par un tel. Souvent le mari conftitue une rente fur lui en ces termes : La future époufe fera douée de la fomme de 600 liv. de rente : en ces deux premiers cas, le douaire préfix eft propre dans la fucceffion des enfans, pourvu qu'ils n'ayent pas été rembourfés en majorité de la rente qui leur a été donnée pour leur douaire. Enfin, le douaire préfix peut être d'une fomme de deniers. Par exemple, lorfqu'il eft dit dans le contrat de mariage, la future époufe fera douée de la fomme de 12000 liv à une fois payer ; en ce cas, le douaire

est purement mobilier. On voit par
là, que pour juger si le douaire est
propre dans la succession des enfans,
il faut bien examiner le contrat de
mariage du pere & de la mere. Il
semble d'abord que cette différence
ne consiste que dans les termes ; car
la somme de 12000 liv. à une fois
payer, produit 600 liv. de revenu
à la femme, aussi-bien que la rente
que le mari a constituée sur lui même. Elle a pourtant une raison essentielle ; car quand le douaire est stipulé en rente, les enfans douairiers
n'en peuvent pas demander le remboursement à la succession de leur
pere ; au lieu que quand il est en deniers, non-seulement les enfans, mais
la femme même, en peuvent demander la somme capitale.

CHAPITRE XI.

Du Préciput , Bagues & Joyaux ,
Habitation , & Deuil.

LE Préciput eſt un avantage que
quelques coutumes donnent au
ſurvivant des deux conjoints ſur une
certaine nature de biens dépendans
de la communauté. Le mot, Préciput, ſignifie hors part, & ſuppoſe par
conſéquent qu'il y a une communauté
à partager ; c'eſt pourquoi la femme
qui renonce à la communauté, ne
doit point jouir du préciput qui eſt
introduit par la coutume.

Paris , 238.   Celle de Paris ne le donne qu'aux
nobles ; elle ne donne au ſurvivant
que la totalité des meubles qui ſont
hors de la Ville & Fauxbourgs de
Paris ; elle ne le donne qu'en cas qu'il
n'y ait point d'enfans, & charge le
ſurvivant qui accepte ce préciput, de
payer toutes les dettes mobiliaires,
obſeques & funérailles du prédécédé :
la coutume ajoute, ſans fraude, pour

empêcher qu'on ne tranſporte des
meubles précieux dans une maiſon de
campagne durant la maladie de l'un
des conjoints.

Il y a d'autres coutumes qui don- *Anjou*, 283.
nent au ſurvivant, ſoit noble ou ro-
turier, ſoit qu'il y ait des enfans ou
non, la moitié des acquêts en propriété, & l'autre moitié en uſufruit,
à la charge de nourrir & entretenir
les enfans mineurs juſqu'à ce qu'ils
ſoient en âge ; mais s'il y a des enfans, le ſurvivant ne jouit de cet uſufruit que tant qu'il demeure en viduité. Chaque coutume regle le préciput
comme bon lui ſemble : il ſuffit d'en
avoir donné ces deux exemples : on
en peut voir davantage dans la con-
férence des coutumes.

Comme la plûpart des coutumes
ne donnent le préciput qu'entre nobles, & que même celle de Paris ne
le donne que ſur les meubles qui ſont
hors la Ville & Fauxbourgs de Paris,
il y a peu de contrats de mariage où
l'on ne ſtipule un préciput conventionnel, pour ſuppléer en cela au défaut des coutumes. Ce préciput eſt
ordinairement d'une certaine ſomme,

G v

que le survivant a le choix de prendre en argent ou en meubles, suivant la prisée de l'inventaire, & sans crue ; & en ce cas le préciput est exempt des dettes, & le survivant n'est pas même tenu d'y contribuer à raison de l'émolument, parce qu'il ne prend pas le préciput à titre universel.

Louet, D. 34. Mais si le survivant avoit pour son préciput tous les effets mobiliers, il seroit tenu en ce cas de payer toutes les dettes mobiliaires ; il ne seroit pas même permis par le contrat de mariage de stipuler que le survivant auroit tous les meubles, sans être tenu des dettes, parce que cela donneroit lieu à des fraudes perpétuelles ; un mari qui n'auroit point d'enfans, emprunteroit de tous côtés pour grossir les effets mobiliers de la communauté, afin d'avantager indirectement sa femme, ou d'en profiter lui-même.

Quand le mari est survivant, il ne prend jamais de préciput que sur les effets de la communauté ; & si les héritiers de la femme y renoncent, le mari ne peut pas leur demander de

préciput fur les propres de la femme ;
mais il eft confondu dans la communauté qui demeure toute entiere au
mari.

A l'égard de la femme, on ftipule
ordinairement qu'elle aura la faculté
de renoncer ; & ce faifant, de reprendre franchement & quittement tout ce
qu'elle aura apporté en mariage, même fes douaire & préciput. L'on tient
au Palais, que quand cette claufe auroit
été omife, la femme ne laifferoit pas
d'avoir fon préciput fur les biens du
mari, même fur fes propres, quoiqu'elle eût renoncé à la communauté ;
ce qui paroît contraire à la nature du
préciput, qui préfuppofe, comme
nous avons dit, un partage de communauté. * L'ufage certain eft, que
quand la claufe n'eft point dans le
contrat de mariage, la femme renonçant ne peut avoir de préciput].

Il n'y a point de préciput dans les
contrats de mariage des pays de droit
écrit, dans lefquels il n'y a point de
communauté ftipulée ; mais on a coutume de ftipuler que la femme furvivante aura une certaine fomme pour
fes bagues & joyaux ; & ces bagues

& joyaux, & l'augment de dot sont
appellés d'un nom général, gains de
survie.

¶ Le droit de bagues & joyaux est
dû sans stipulation à la femme, dans
le Lyonnois, Forez & Beaujolois. Entre gens nobles ou vivans noblement,
ils sont du dixieme de la dot ; entre
gens du commun, ils ne sont que du
vingtieme ; ils sont aussi usités dans les
autres pays de droit écrit, mais ils
n'ont point lieu sans stipulation, &
leur quotité dépend du contrat]].

On donne aussi quelquefois à la
femme, par le contrat de mariage,
son habitation ; si elle est fixée par le
contrat, ou si le choix lui en est laissé, il faut suivre la loi qui est écrite :
mais quand on a laissé simplement
l'habitation à la femme, sans s'expliquer davantage, alors il la faut
donner à la veuve suivant sa condition, ou dans une des maisons de la
succession, s'il y en a, ou lui payer
le loyer de son logement, qui doit
être réglé suivant la prudence du Juge, quand les parties ne peuvent pas
en demeurer d'accord à l'amiable.
☞ Le droit d'habitation demeure

éteint du jour que la femme paſſe en ſecondes noces, parce qu'étant obligée de ſuivre ſon ſecond mari, elle ne peut plus habiter dans la maiſon du premier. *Auzanet, dans les Arrêtés de M. le Premier-Préſident de Lamoignon, page 160 de l'Edition de 1708*].

Les veuves ſont obligées de porter le deüil du mari, mais elles le portent aux dépens de la ſucceſſion. Il n'en eſt jamais parlé dans le contrat de mariage, parce que ce ſeroit une ſtipulation de trop mauvais augure ; mais on le regle ſuivant la condition de la veuve, & ſuivant le nombre de domeſtiques qu'elle doit avoir raiſonnablement. Cela dépend encore de la prudence du Juge, quand les parties ne peuvent pas s'accommoder ſur ce point.

¶ Au Parlement de Dijon les héritiers de la femme ſont obligés de fournir le deüil au mari, ce qui eſt un uſage ſingulier, le mari portant communément le deüil à ſes dépens]].

CHAPITRE XII.

Du Remploi des Propres aliénés.

Dans l'ancienne coutume de Paris, quand un mari ou une femme vendoient leurs propres, les deniers provenans de la vente entroient dans la communauté, & il n'y avoit aucune récompense pour celui dont le propre avoit été vendu ; c'est pourquoi on disoit par une maniere de proverbe, que le mari ne se pouvoit lever trop matin pour vendre les propres de sa femme. Il est vrai que cela n'avoit lieu que pour les aliénations volontaires, & non pour celles qui étoient forcées & nécessaires, comme les rachats de rentes, que le mari ou la femme ne pouvoient pas se dispenser de recevoir, quand il plaisoit au débiteur de se libérer. On ordonnoit en ce dernier cas, que celui dont la rente avoit été remboursée, en seroit récompensé après la dissolution de la communauté, n'étant pas juste qu'il

fût privé de son bien sans son propre fait, & sans y avoir donné son
consentement. Mais les réformateurs
de la coutume ayant considéré que
cela donnoit lieu tous les jours aux
avantages indirects entre le mari &
la femme, puisque celui qui vouloit donner à l'autre, n'avoit qu'à
vendre ses propres, pour en faire
entrer le prix dans la communauté,
dans laquelle chacun des deux avoit
sa moitié, ils ont ajouté un article
dans la nouvelle coutume, par le- *Paris, 232.*
quel la récompense ou le remploi
des propres aliénés est ordonné en
toutes sortes de cas, tant à l'égard
du mari que de la femme. Cette
disposition étant conforme à l'esprit
général du droit coutumier, elle a
été étendue par la jurisprudence des
Arrêts à toutes les autres coutumes
qui n'en parlent pas.

Comme il n'arrive presque jamais
que le remploi ou remplacement
des propres aliénés se fasse effectivement durant la communauté, il
reste une action à celui dont les
propres ont été aliénés, pour être
remboursé du prix ; & cette action

ne produit pas les mêmes effets du côté du mari que du côté de la femme.

Ricard, ibid. Lorfque les propres de la femme ont été aliénés, il faut en toutes fortes de cas qu'elle en foit rembourfée, foit qu'elle accepte la communauté, ou qu'elle y renonce. En cas d'acceptation, le remploi des propres aliénés doit être pris avant part fur les effets de la communauté, & on ne le peut prendre fur les propres du mari que fubfidiairement, en cas que les biens de la communauté ne foient pas fuffifans ; on ne pourroit pas même ftipuler par le contrat de mariage, que le remploi des propres aliénés de la femme fera pris fur les propres du mari, ou fur la part qu'il aura dans la communauté, parce que cela donneroit lieu aux avantages indirects ; car un mari qui voudroit avantager fa femme, n'auroit qu'à l'obliger de vendre fes propres, le prix en entreroit dans la communauté, où la femme a fa part ; de forte que s'il étoit permis de ftipuler que le remploi du propre aliéné de la femme feroit payé par le mari feul, à chaque vente qui

feroit faite des propres de la femme,
elle profiteroit de la moitié de ce qui
entreroit dans la communauté, & feroit outre cela remboursée d'ailleurs
de la totalité du prix, aux dépens du
mari.

Mais quand la femme renonce à la
communauté, le remploi des propres
aliénés fe prend fur tous les biens du
mari indifféremment, parce que le
mari étant le maître de la communauté, il eft cenfé avoir profité du
prix de l'aliénation des propres de fa
femme.

Si au contraire c'eft le propre du
mari qui a été aliéné, il ne peut en
demander le remploi que fur les effets de la communauté, en cas qu'elle
foit acceptée par la femme ou fes
héritiers, d'autant que le mari ne
peut vendre ni engager les propres
de fa femme; & s'il ne le peut pas
expreffément, il le peut encore moins
par des voies indirectes, en vendant
fes propres biens, & en diffipant le
prix qu'il en reçoit.

On ne manque prefque jamais de
ftipuler le remploi dans les contrats
de mariage, & on y ajoute toutes les

claufes que l'on met dans les ftipulations de propres à l'égard des deniers
dotaux ; c'eft-à-dire, que l'action de
remploi tiendra lieu & nature de propre à la femme feulement, ou à la
femme & aux fiens, ou enfin à la
femme & aux fiens de fon côté & ligne ; ce qu'on peut ftipuler réciproquement de la part du mari. Ces
claufes produifent les mêmes effets à
l'égard du remploi, que des deniers
dotaux ; c'eft pourquoi il eft inutile
de répéter ici ce qui en a été dit au
Chapitre de la Dot.

CHAPITRE XIII.

De l'indemnité des dettes auxquelles la femme a parlé.

PAr le Sénatufconfulte Velleien
il étoit défendu aux femmes de
s'obliger pour autrui, à caufe de la
foibleffe de leur fexe fujet à une infinité de furprifes. Les Sénatufconful-
tes étoient les Arrêts du Sénat, qui
étoient ordinairement intitulés du
nom de celui qui les avoit propofés,

ou qui avoit donné lieu à les faire. Ainfi, on dit le Sénatufconfulte Velleien, du nom de Velleius qui en étoit l'auteur ; & le Sénatufconfulte Macédonien, du nom de Macédonius, fameux ufurier, qui prêtoit trop librement & à gros intérêts aux enfans de famille, & qui fut caufe que par Arrêt du Sénat on fit des défenfes générales de prêter de l'argent aux enfans de famille fans le confentement de leur pere.

Pour revenir à notre matiere, il faut obferver que les défenfes portées par le Sénatufconfulte Velleien font encore en ufage dans les Parlemens qui fe régiffent par le droit écrit, à l'exception des Provinces de Lyonnois, Forez, Beaujolois & Mâconnois, pour lefquelles il y a une Déclaration expreffe, qui permet aux femmes de s'obliger pour leurs maris, & d'engager leurs biens dotaux ; ce qui a été ordonné pour la facilité du commerce. ¶ Le Velleien a auffi lieu dans la Province de Normandie]]. ☞ L'Auteur confond le Sénatufconfulte Velleien avec la Loi Julia : cependant il y a bien de la différence.

Déclarat. 1664.

entre les deux. Le Sénatusconsulte
Velleien déclare nulles les obligations
contractées par les femmes pour autrui.
La Loi Julia prohibe l'aliénation des
biens dotaux. Le Sénatusconsulte Velleien a été abrogé par un Edit du Roi
Henri IV. du mois d'Août 1606, enregistré au Parlement le 22 mai 1607.
*Voyez les Observations sur Henrys,
tome premier, liv. 4, qu. 8* Et la Loi
Julia a été abrogée par une Déclaration du Roi Louis XIV. du 21 Avril
1664, enregistrée au Parlement le 20
Août de la même année, rapportée
au même endroit].

Dans les pays coutumiers, les obligations contractées par les femmes
autorisées de leurs maris, sont valables, à moins qu'il n'y en ait une
prohibition expresse dans la coutume; mais comme on présuppose que
le mari qui autorise sa femme pour
contracter une obligation, a disposé
des deniers qui ont été empruntés,
on donne toujours à la femme une
indemnité contre son mari, pour l'o-
bliger à l'acquitter des dettes auxquelles elle a parlé, à moins que la
femme ne se soit obligée pour son

propre fait ; par exemple , pour une foulte de partage, pour rembourfer une rente qu'elle devoit de fon chef, & autres chofes de cette nature.

Quoique cette indemnité foit dûe de droit à la femme , on ne laiffe pas de la ftipuler ordinairement dans les contrats de mariage.

Si la femme renonce à la communauté , elle doit être indemnifée de la totalité des dettes où elle s'eft obligée pour fon mari ; mais fi elle accepte la communauté , elle ne doit être indemnifée que de la moitié des dettes qui y font tombées, parce qu'elle doit l'autre moitié de fon chef en qualité de commune ; il eft bien jufte qu'elle paie la moitié des dettes de la communauté, puifqu'elle profite de la moitié des effets.

CHAPITRE XIV.

Des Donations faites par contrat de Mariage.

IL y a quatre fortes de donations qui peuvent entrer dans les contrats de mariage.

Les donations faites par les peres & les meres à leurs enfans en les mariant.

Les donations que les deux conjoints fe font l'un à l'autre.

Celles qui font faites à l'un des conjoints par des collatéraux ou des étrangers.

Enfin celles qui font faites aux enfans à naître du mariage, foit par les conjoints, foit par leurs peres & leurs meres, foit par des étrangers.

Les peres & les meres en mariant leurs enfans, peuvent leur donner tout ce que bon leur femble, pourvu qu'il n'y en ait point de prohibition dans la coutume, & qu'ils réfervent la légitime à leurs autres enfans; & dans les Parlemens de droit

écrit, où les enfans ne font pas émancipés par le mariage, la donation
que le pere fait à fon fils en fa puiffance, ne peut pas être révoquée,
pourvu qu'elle foit faite par le contrat de mariage; mais fi la donation
étoit faite après la célébration du mariage, elle feroit révocable.

Cambolas, L. 2. chap. 21.

Les donations faites par les peres
& les meres à leurs enfans par contrat de mariage, ne font point fujettes à infinuation, ni à l'égard des
créanciers, ni à l'égard des autres
enfans; car l'infinuation n'eft ordonnée que pour rendre la donation publique. Or, on ne peut pas ignorer
qu'un pere en mariant fes enfans, ne
leur faffe des donations: on jugeoit
néanmoins le contraire dans le Parlement de Touloufe; ¶ mais l'article
19 de l'Ordonnance des donations,
a fait fur ce point une Loi générale]].

Ricard, des donations en-tre-vifs, part. 1. ch. 4. fect. 3. gl. 1. Mayn. l. 6, ch. 67 & 68.

Lorfque les peres & les meres font
des donations à leurs enfans par contrat de mariage, les enfans ne peuvent pas y renoncer par des contre-
lettres, parce que les contrats de mariage font des loix entre deux familles qui s'uniffent enfemble, aux-

Louet, C. 28.

quelles on ne peut jamais contrevenir
que du confentement de tous ceux
qui y ont intérêt.

Les deux conjoints ont la liberté
de fe donner tout ce qu'ils veulent
par le contrat de mariage ; ce qui
s'entend néanmoins jufqu'à concurrence de ce que la coutume où les
biens font ſ..... permet de donner
entre-vifs : depuis le contrat de mariage jufqu'à la célébration, ils ne
peuvent rien fe donner hors la préfence des parens qui ont afſiſté au
contrat ; & après la célébration, ils
ne peuvent plus fe faire aucun avantage directement ni indirectement
dans la plûpart des coutumes.

Louet, let. I.
n. 1.

Les donations que les deux conjoints fe font l'un à l'autre, font fujettes à infinuation : il y a néanmoins en
cela une grande différence entre le
mari & la femme ; car ſi la donation eſt faite au mari, elle doit être
infinuée durant la vie de la femme, à
peine de nullité ; & ſi la donation eſt
faite à la femme, il fuffit qu'elle foit
infinuée dans les quatre mois, à compter du jour du décès du mari, parce
que la femme n'a pas été en état de
la

la faire infinuer plutôt, & qu'on ne lui doit point imputer la négligence du mari donateur, qu'elle pourroit elle-même accufer de fraude.

¶ Telle étoit l'opinion que l'on fuivoit avant l'Ordonnance des donations; mais cette Ordonnance veut expreffément que toutes donations foient infinuées dans les quatre mois, & que le défaut d'infinuation puiffe être oppofé à la femme commune en biens, ou féparée d'avec fon mari, fauf à elle ou à fes héritiers leur recours contre le mari ou fes héritiers, art. 28]].

A l'égard des donations que les perfonnes étrangeres, ou même des collatéraux, font dans un contrat de mariage, quand ce feroit à leurs héritiers préfomptifs, elles font fujettes à infinuation : il n'y a aucune raifon de les en difpenfer.

Ces mêmes donations font révoquées par la furvenance des enfans du donateur; car quoiqu'il ait donné dans un contrat de mariage, on ne peut pas dire qu'il ait penfé qu'il pourroit avoir des enfans, puifque ce n'étoit pas lui qui fe marioit.

Dumoulin, de Donat. fact. in contract. matrim.

Ricard, des donat. part. 3, c. 5.

Tome II. H

¶ L'art. 39 de l'Ordonnance des donations, décide que toutes donations, même celles qui sont faites en faveur de mariage, par autres que les conjoints, & les ascendans, demeurent révoquées par la survenance d'un enfant légitime du donateur, même d'un posthume, ou par la légitimation d'un enfant naturel par mariage subséquent, & non par aucune autre sorte de légitimation]].

Quand c'est un étranger qui a fait la donation, si le donataire décede sans enfans, les choses données ne retournent point au donateur, à moins qu'il n'y en ait une stipulation expresse. À l'égard des peres & meres, ils succedent à leurs enfans décedans sans enfans, aux choses par eux données; mais dans la coûtume de Paris, ils les prennent en qualité d'héritiers; & dans les pays de droit écrit, par droit de retour ou de réversion, ainsi qu'il a été expliqué ailleurs.

Louet, D. 51. Quoique dans la regle les donations doivent être faites à des personnes certaines, parce que l'acceptation est une partie essentielle de la donation, néanmoins on a permis

dans les contrats de mariage, de donner aux enfans à naître du mariage.

Les donations faites par contrat
de mariage n'ont pas befoin d'une
acceptation expreffe pour leur validité, quand elles font faites aux conjoints, ou à leurs enfans à naître;
car les deux conjoints, en accomplif-
fant le mariage, acceptent fuffifam-
ment toutes les claufes du contrat de
mariage, tant pour eux que pour leurs
enfans.

Ricard, des Donat. entre-vifs, part. 1. c. 4. fect. 2. diftinct. 3.

Le défaut de tradition ou de poffeffion de la chofe donnée, ne fait pas
une nullité dans les contrats de mariage; il eft même permis en ce cas
de donner & retenir, quoique la coutume le défende dans tous les autres
cas. Par exemple, il eft permis à un
homme de donner tous les biens qu'il
aura au jour de fon décès, quoiqu'en
ce cas il ait la faculté de difpofer de
tout fon bien comme bon lui femble
durant fa vie, & qu'il puiffe par ce
moyen rendre la donation illufoire.
¶ Ces fortes de donations font expreffément autorifées dans les contrats
de mariage, par la nouvelle Ordonnance, art. 17]].

H ij

CHAPITRE XV.

Des Inftitutions & Subftitutions contractuelles.

L. ult. c. de patiis.

PAr le droit Romain il n'étoit pas permis de fe faire un héritier par un contrat entre-vifs; & fi quelqu'un l'avoit fait, ou s'il avoit confenti à quelques conventions faites fur le fujet de fa fucceffion future, il lui étoit libre de révoquer ce confentement, parce que la faculté de faire un teftament, & de le pouvoir changer quand on vouloit, étoit fi favorable, qu'un homme ne pouvoit pas lui-même y renoncer directement ou indirectement.

Les Loix avoient rejetté tous les contrats par lefquels un homme avoit difpofé irrévocablement de fa fucceffion, comme des contrats qui étoient contre les bonnes mœurs, & qui pouvoient induire l'héritier nommé à fouhaiter la mort de celui qui lui avoit donné fa fucceffion.

Ces mêmes inftitutions paroiffent

aussi d'abord très-contraires à l'esprit de notre droit coutumier, qui ne nous permet pas de choisir nous-mêmes nos héritiers, & qui ne veut pas que nous en ayons d'autres que ceux que la loi du sang nous donne.

Mais dans toute la France, soit dans les pays qui sont régis par le droit écrit, soit dans les pays coutumiers, la faveur des contrats de mariage l'a emporté sur toutes ces considérations ; de sorte qu'il n'y a que la seule coutume de Berry qui ait expressément défendu d'instituer un héritier par contrat de mariage ; & même elle permet l'institution en certains biens, pourvu qu'elle ne soit pas universelle de tous biens présens & à venir.

Berry, des mariages, article 5, 6.

Ces institutions sont appellées contractuelles, ou convenances de succéder : on y peut rapporter la promesse que fait un pere à son fils en le mariant, de lui garder sa succession, de ne point avantager les autres enfans à son préjudice ; & la déclaration que fait quelquefois un pere, qu'il marie son fils comme son aîné & principal héritier.

H iij

Ces diverfes fortes d'inftitutions produifent différens effets, fuivant les coutumes où les biens font fitués.

Brodeau fur Louet, S. 9. Régulierement, ces inftitutions, quoiqu'elles foient irrévocables, ne lient pas les mains à celui qui les fait, & ne l'empêchent pas de vendre, aliéner, ou même de donner entre-vifs quelque portion de fes biens, pourvu que la donation ne foit pas univerfelle, & qu'elle ne foit pas faite en fraude de la convention; car l'inftitution d'héritier n'a fon effet que fur la fucceffion, en l'état qu'elle fe trouve lors du décès de celui qui a fait l'inftitution.

Anjou, 245. Il y a néanmoins quelques coutumes dans lefquelles, dès le moment qu'un pere & une mere ont fait un héritier conventionnel, ils ne peuvent plus aliéner les biens qu'ils avoient au tems que l'inftitution a été faite, & même les tiers acquéreurs ne font pas en fûreté lorfque l'inftitution a été publiée.

Bourbonnois, art. 219.
Coquille, fur Nivern. titre des donat. article 211. Non-feulement les peres & les meres peuvent inftituer leurs enfans en les mariant, mais les étrangers le peuvent auffi. Il y a des coutumes

qui le permettent expreſſément ; &
la juriſprudence des Arrêts a étendu
leur diſpoſition à celles qui n'en parlent pas.

Si l'héritier inſtitué par contrat de
mariage décede avant celui qui a fait
l'inſtitution, il tranſmet ſon droit à
ſes enfans qui ſuccedent en ſa place ;
mais s'il n'a point d'enfans, l'inſtitution demeure caduque, & les héritiers collatéraux de l'inſtitué n'y peuvent rien prétendre.

Brodeau ſur Louet, S. 2. Henrys, tom. 2, l. 4, qu. 9. Ricard, des donat. part. 1. c. 4. n. 1075. & ſeq.

Pour la validité de ces inſtitutions,
non-ſeulement il eſt néceſſaire qu'elles ſoient faites par un contrat de mariage, mais il faut auſſi qu'elles ſoient
faites au profit de l'un des conjoints
ou de leurs enfans & deſcendans ; car
ſi elles étoient faites au profit d'un
autre, elles ne ſeroient pas valables :
autrement il n'y auroit rien de ſi facile que d'éluder la diſpoſition des coutumes ; car tous ceux qui ſe voudroient
choiſir un héritier au préjudice de
ceux que la coutume appelle à leur
ſucceſſion, le pourroient faire dans le
premier contrat de mariage de leurs
amis, ſoit qu'ils donnaſſent quelque
choſe aux conjoints, ou non.

Coquille, ibid.

La véritable inftitution d'héritier par contrat de mariage, quand elle eft faite par un étranger qui n'a point d'enfans, comprend toute la fucceffion, de même que celle qui eft faite par teftament en pays de droit écrit ; & fi elle eft faite par le pere, la mere, ou les autres afcendans, il en faut feulement diftraire la légitime des autres enfans.

Il n'en eft pas de même de la claufe par laquelle un pere marie un enfant comme fon fils aîné & principal héritier, ou celle par laquelle il promet lui garder fa fucceffion. Cela ne comprend que la portion héréditaire de celui au profit duquel la claufe a été inférée dans le contrat de mariage, enforte que le pere ne puiffe plus diminuer cette portion, ni réduire l'enfant marié à fa légitime, comme il auroit pu faire ceffant la claufe ; & même fi le pere a marié fon fils comme fon aîné & principal héritier, il peut, nonobftant la claufe, vendre fes fiefs au préjudice du fils marié, qui ne peut prétendre que la portion héréditaire, fans aucune diminution dans la fucceffion, eu

l'état qu'elle se trouve lors du décès
du pere.

Quand une fois les peres & les me- *Brodeau, ibi-*
res ou des étrangers ont promis leur *dem.*
fucceffion en tout ou en partie par
contrat de mariage, ils ne peuvent
plus par aucun acte poftérieur charger
la portion promife de fidéicommis
ou de fubftitution, parce que dès le
moment du contrat de mariage, l'inftitution ou la promeffe de garder la
fucceffion a acquis à l'inftitué & à fes
enfans le droit de fuccéder librement
& fans aucune charge; & ce droit ne
peut être révoqué ni diminué, puifque le mariage n'a été fait qu'à cette
condition.

Les fubftitutions qui fe font par *Brodeau, ibid.*
contrat de mariage, ont été fi favorablement reçues, qu'elles ont été
admifes dans les coutumes même qui
les défendent dans les teftamens &
dans les difpofitions entre-vifs.

H v

CHAPITRE XVI.

*Claufes par laquelle les peres &
les meres déclarent leurs enfans
francs & quittes.*

LE libertinage, le jeu, la débauche des enfans de famille, & la
facilité qu'ils trouvent à emprunter
de l'argent lorfqu'ils ont atteint l'âge
de majorité, ont donné lieu à cette
claufe. On a vu fouvent des femmes ruinées dès le premier jour de
leurs noces, parce que toute leur
dot étant en argent comptant, avoit
été employée à payer des dettes contractées avant le mariage, & qu'il en
reftoit encore affez d'autres pour abforber la plus grande partie de ce que
le pere & la mere avoient donné au
mari en le mariant. Ces exemples
fâcheux ont infpiré aux peres & aux
meres qui marioient leurs filles à des
enfans de famille dont ils ignoroient
la conduite, de faire inferer cette
claufe dans les contrats de mariage.

Les premiers à qui on en a fait la proposition, y ont donné leur consentement sans en voir les conséquences ;
& dès le moment qu'elle a été inférée dans cinq ou six contrats, on a
voulu l'exiger toutes les fois que l'occasion s'en est présentée ; & elle étoit
devenue si commune il n'y a pas long-
tems, qu'elle pouvoit passer pour une
des clauses ordinaires des contrats de
mariages.

Mais si d'un côté cette prétention
sauvoit la dot & les autres conventions de la femme, d'autre part aussi
on a vu des peres & des meres entierement ruinés, pour s'être engagés
trop légerement à déclarer leurs enfans francs & quittes. Non-seulement
on a prétendu que cette déclaration
chargeoit les peres & les meres de
répondre des conventions de la femme, mais même de payer effectivement toutes les dettes contractées
avant le mariage, ensorte que le mari
pût jouir franchement & quittement
du bien de sa femme, & de ce qui
lui avoit été donné en mariage. On
a trouvé que la femme étoit bien
fondée dans cette prétention, puis-

qu'elle n'avoit contracté le mariage
que dans l'espérance de trouver un
jour une communauté avantageuse
pour elle, & de quoi pourvoir les
enfans qui naîtroient du mariage :
le fils même qui avoit été marié
franc & quitte, a soutenu que cette
déclaration étoit une obligation au
pere & à la mere de l'acquitter : les
créanciers du fils exerçant les droits
de leur débiteur, se sont servis de
la même clause pour se faire payer
par les peres & les meres ; de sorte
que ces engagemens étant indéfinis,
& n'ayant point de bornes & de limites certaines, les peres & les meres bien conseillés ne veulent plus
se soumettre à cette dure condition.
Cette clause commence à devenir aussi
rare qu'elle l'étoit dans son commencement, & passe à présent pour une
clause très-extraordinaire : néanmoins,
comme il y a encore des peres éblouis
de l'éclat d'un mariage avantageux
pour leurs enfans, ou trop aveuglés
de l'amour qu'ils ont pour eux, qui
souscrivent à tout ce qu'on leur demande, sans en examiner les conséquences, nous avons jugé à propos

de décrire en peu de mots les effets
que cette claufe peut produire, afin
que ceux qui s'y voudront foumettre,
le faffent au moins en connoiffance
de caufe.

☞ Il eft vrai que par l'Arrêt de
M. Paftoureau, Confeiller en la Cour,
du mois de Janvier 1647, rapporté
par M. Auzanet, fur l'article 221 de
la coutume de Paris, il fut jugé qu'en
vertu de cette claufe de franc & quitte, chaque créancier pouvoit fe pourvoir fur les biens du pere pour le
paiement de fon dû; mais la jurifprudence établie par cet Arrêt étoit
contraire au véritable principe, fuivant lequel *alteri ftipulari nemo poteft.*
Ainfi, cette claufe ftipulée en faveur
de la femme feulement, ne peut fervir à fes créanciers, comme il a été
jugé par l'Arrêt du Commiffaire Bau-
delot, du premier Avril 1667, rapporté dans le Journal des Audiences,
tom. 3, liv. 1, chap. 25].

Il n'y a que dans les pays coutumiers, où ces défordres puiffent arriver, du moins quand le pere eft vivant; car dans les pays de droit écrit,
les enfans font très-rarement éman-

cipés avant leur mariage ; & tant qu'ils font en la puiffance de leur pere, euffent-ils quarante & cinquante ans, ils ne peuvent paffer aucune obligation valable pour caufe de prêt d'argent, fans le confentement de leur pere.

Tot. tit. ff. ad Senat. Macedon.

CHAPITRE XVII.

Des Renonciations.

L. 3. C. de Collat.

LEs Renonciations aux fucceffions futures font expreffément défendues par le droit Romain, qui veut que les fucceffions ne puiffent être déférées ni ôtées que par un teftament qui eft toujours révocable jufqu'au décès du teftateur.

Cap. quamvis de pact. in 6.

Elles tirent leur origine du droit Canon, par lequel il eft ordonné qu'une fille qui a renoncé avec ferment aux fucceffions futures de fes pere & mere, n'y puiffe plus être admife, par la raifon, difent les Canoniftes, que tout ferment qui n'eft point fait contre les bonnes mœurs, doit être exactement obfervé.

Mais ces renonciations ont paru ſi néceſſaires pour la conſervation des familles, qu'elles ont été favorablement reçues de la plûpart des nations de l'Europe. C'eſt par cette raiſon que nous les avons admiſes en France, & non pas par la raiſon du ſerment, qui eſt toujours contre les bonnes mœurs, lorſqu'il tend à donner atteinte aux Loix, & à faire valoir des actes qu'elles condamnent : les Canoniſtes même demeurent d'accord que le teſtament ne doit pas être un lien d'iniquité ; & c'eſt ſur ce principe qu'ils ont été bannis de tous nos contrats : car ſi le contrat n'eſt pas contraire aux Loix, il eſt valable par lui-même, & auſſi obligatoire que s'il étoit accompagné du ſerment ; & ſi le contrat eſt contraire aux Loix, le ſerment ne doit point produire d'obligation, parce qu'il eſt contre les bonnes mœurs.

Pour revenir aux renonciations, il y a des coutumes qui en parlent ; il y en a d'autres qui n'en parlent point. On peut réduire les coutumes qui en parlent, à quatre ſortes.

Les premieres excluent les filles mariées des ſucceſſions futures de *Auvergne chap. 12, art. 25 & ſuiv.*

leurs peres & de leurs meres, quoiqu'elles n'y ayent par renoncé par leur
contrat de mariage : il y en a même qui ne permettent pas aux peres
& aux meres de les rappeller à leur
fucceffion, à moins qu'ils n'en ayent
expreffément réfervé la faculté par
le contrat de mariage : il y en a qui
veulent qu'elles foient dotées pour
être exclufes des fucceffions ; & d'autres qui ne veulent autre chofe, fi ce
n'eft qu'elles foient mariées, quand
le pere ne leur auroit donné qu'un
chapeau de rofes : c'eft le terme dont
ces coutumes fe fervent.

La Marche, art. 220.

Bourbonnois, 305.
Le Maine, 241.

Les fecondes permettent fimplement aux filles de renoncer, fans
s'expliquer davantage, & fans les
priver des fucceffions futures, lorfqu'elles n'ont point renoncé.

Eftampes, ch. 20. art. 114.

Les troifiemes permettent auffi
aux filles de renoncer ; mais fi ce
qui leur a été donné en mariage n'é-
gale pas leur légitime, elles leur
permettent d'en demander le fupplément. Il y en a même qui, pour la
validité de la renonciation, veulent
qu'elles ayent eu par leur contrat de
mariage la valeur de leur légitime.

Berry, tit. 19. art. 33.
Montargis, ch. 12. art. 1.

Bourbonnois, 305.

Il y en a enfin qui leur permettent de renoncer, & qui les excluent de tout supplément de légitime.

Les renonciations sont reçues dans les coutumes qui n'en parlent point ; elles le sont même dans tous les pays de droit écrit ; mais avec cette différence, que dans les coutumes qui ne parlent point des renonciations, & même dans celles qui les admettent simplement, & sans s'expliquer davantage, les filles qui ont une fois renoncé, ne peuvent point demander de supplément de légitime : mais dans les pays de droit écrit du ressort des Parlemens de Toulouse & de Provence, quelque renonciation qu'il y ait, il faut toujours remplir la légitime des enfans.

Touet & Broleau, R. 27.

Maynard, liv. 4. ch. 39. De Monsuron, décis. 88.

L'usage du Parlement de Dauphiné est très-particulier sur cette matiere. La fille qui a renoncé purement & simplement, ne peut demander aucun supplément de légitime ; & si elle a renoncé, sauf nouvelle échoite, elle ne peut demander aucun supplément de légitime quand le pere ou la mere ont fait un testament ; mais elle prend en vertu de cette clause sa

Expilly, ch. 13. Basset, t. 2. liv. 6. ch. 1.

portion entiere dans leur succession *ab intestat.*

Brodeau sur Louet, R. 17. & 18.

Pour rendre une renonciation valable, il faut que la fille ait été dotée par ceux à la succession desquels elle renonce, à moins que la coutume n'en dispose autrement : ainsi, le pere qui veut faire renoncer sa fille à sa succession future, ne doit pas seulement lui donner en dot ce qu'elle peut avoir de la succession échue de sa mere, ou d'ailleurs, mais il lui doit donner quelque chose du sien : il n'est pas nécessaire qu'il paie comptant ce qu'il promet, quand même il n'auroit point pris de terme pour payer par le contrat de mariage ; car c'est la faute du mari s'il ne se fait pas payer comptant, ou après le terme expiré, lorsqu'il y en a un ; & néanmoins si le pere n'avoit promis la dot à sa fille qu'après son décès, la renonciation ne seroit pas valable, parce qu'il faut que la fille ait quelque chose de certain pour pouvoir renoncer avec effet.

Ibidem.

Les enfans de la fille qui a renoncé, ne peuvent pas, non plus que leur mere, demander leur por-

tion dans la fucceffion de leur ayeul
ou de leur ayeule, foit qu'ils y viennent avec leurs oncles & leurs tantes
qui n'y ont pas renoncé, foit qu'ils
y viennent avec les enfans de leurs
oncles & de leurs tantes. La jurifprudence conftante des Arrêts de tous
les Parlemens du Royaume a ainfi
décidé cette queftion, qui a formé
de grandes difputes parmi les anciens
Docteurs.

Les filles mineures qui ont renoncé à la fucceffion future de leur pere
& de leur mere, ne peuvent jamais
être reftituées contre leur renonciation, quelque lézion qu'il y ait,
non pas même quand depuis leur
mariage le pere & la mere auroient
acquis des biens immenfes. Il fem- *Journal des*
ble par la même raifon que les filles *Aud. tom. 1.*
qui ont renoncé moyennant la dot *liv. 4. ch. 5.*
qui leur a été donnée, devroient au
moins être affurées qu'on ne pourroit, fous aucun prétexte, retrancher
aucune chofe de ce qui leur a été
donné, puifque c'eft le prix de leur
renonciation ; & néanmoins on juge
que quand les autres enfans ne peuvent pas trouver de quoi remplir leur

légitime dans la succession du pere ou de la mere, ils ont droit de faire rapporter à la fille qui a renoncé jusqu'à concurrence de ce qui est nécessaire pour remplir leur légitime. ¶ Telle est la disposition expresse de l'article 35 de l'Ordonnance des donations]].

Brodeau, sur Louet R. 17.

Mais les filles mineures ne peuvent pas renoncer valablement aux successions échues, parce que le droit leur est acquis, & que si on ne leur donne pas tout ce qui leur appartient, la lézion se trouve évidente dans l'instant même que la renonciation est faite; & comme il arrive quelquefois qu'un pere, en mariant sa fille, la fait renoncer à sa succession future, & à celle de sa mere déja échue, on a demandé si la renonciation étoit valable pour la succession du pere à écheoir, ou si elle étoit nulle pour toutes les deux. Voici la distinction que l'on fait ordinairement. Si le pere donne une somme à sa fille, tant pour la succession échue de sa mere, que pour la sienne, sans spécifier ce qu'il donne du sien, alors la renonciation est nulle à

l'égard des deux fucceffions, parce
que pour la validité d'une renonciation, il faut qu'au moment qu'elle
eft faite, il foit certain que celui à
la fucceffion duquel la fille renonce,
lui a donné quelque chofe en dot.
Or, quand la conftitution dotale eft
conçue de la maniere dont nous venons de l'expliquer, il eft incertain
fi le pere a donné, ou s'il n'a fait que
s'acquitter : mais fi le pere donne une
fomme certaine pour la fucceffion
échue, & une autre pour la fucces-
fion à écheoir, il n'y a aucune raifon
de douter que la renonciation ne foit
valable à l'égard de la fucceffion future. Il faut néanmoins avouer que
cette diftinction a plus de fubtilité
que de folidité, & qu'elle confifte
beaucoup plus dans les termes dont
le pere, ou pour mieux dire, dont le
Notaire s'eft fervi, que dans la chofe
même.

Les filles peuvent renoncer purement & fimplement aux fucceffions
futures de pere & de mere ; elles y
peuvent auffi renoncer au profit des
mâles feulement. Au premier cas, la
renonciation eft préfumée faite indif-

tinctement au profit de tous ceux qui font appellés à la fucceffion à laquelle les filles ont renoncé ; ainfi leur portion accroît à la fucceffion., dans laquelle elles ne peuvent rien prétendre tant qu'il y a d'autres enfans & defcendans, foit mâles ou filles. Au fecond cas, la portion des filles qui ont renoncé, n'accroît qu'aux mâles, puifqu'elles n'ont renoncé qu'en leur faveur; & les filles qui n'ont pas renoncé, n'y peuvent rien prétendre : de forte que fi les mâles viennent à déceder fans enfans, avant que la fucceffion à laquelle elles ont renoncé foit ouverte, elles rentrent dans tous leurs droits, & fuccedent avec leurs fœurs qui n'ont pas renoncé.

CHAPITRE XVIII.

Des secondes Noces.

QUoique les secondes noces soient permises, il y a néanmoins des peines établies contre les femmes qui se remarient dans l'an du deüil, & contre ceux qui ayant des enfans d'un premier lit, passent à de secondes noces.

La principale raison qui a porté les Législateurs à prononcer des peines contre les femmes qui font ces noces prématurées, a été l'incertitude des enfans, & le trouble que cela pouvoit apporter dans les familles.

Mais à l'égard de ceux qui se remarient ayant des enfans d'un premier lit, la loi a eu moins en vue de les punir, que de conserver aux enfans du premier lit les biens de leurs peres & de leurs meres prédécédés, & leur assurer une portion raisonnable dans la succession du survivant.

Les femmes qui se remarient dans

Cap. ult. de secund. Nupt.

l'an du deüil, sont déclarées infames par les Loix Romaines.

Elles ne peuvent apporter en dot à leur second mari plus du tiers de leurs biens, ni lui laisser davantage par leur testament.

Elles sont incapables de toutes successions testamentaires, legs, fidéicommis, & donations à cause de mort.

Elles perdent tous les avantages que leur premier mari leur a fait par son testament.

Elles sont privées de leur augment, & de tous leurs gains nuptiaux.

Enfin, elles sont incapables de succeder *ab intestat* à leurs parens qui sont au-delà du troisieme degré en collatérale, à compter suivant le droit civil.

Les femmes qui vivent impudiquement dans l'an du deüil, sont sujettes aux mêmes peines.

Tout cela n'est pas observé dans le ressort du Parlement de Paris ; mais dans les autres Parlemens de droit écrit, les femmes qui ont encouru ces peines, y sont rigoureusement condamnées. Il est vrai que celles qui ont

ont des enfans d'un premier lit, en
peuvent être dispensées par Lettres
du Prince, en donnant la moitié de
tout leur bien à leurs enfans du premier lit, & cette moitié est partagée
entr'eux par égales portions, auxquelles ils se succedent les uns aux autres, s'ils décedent sans enfans, à l'exclusion de la mere, qui n'y peut jamais revenir qu'en cas qu'ils soient
tous décédés sans en avoir disposé.
☞ L'Auteur dit que les peines établies par le droit contre les femmes
qui se remarient dans l'an du deüil,
font observées dans tous les Parlemens du droit écrit; il en faut excepter le Parlement de Bordeaux, où
elles n'on pas lieu, suivant le témoignage de Bechet, des secondes noces,
chap. 2, & chap. 15; & de Lapeirere, lettre N. nomb. 6. L'Auteur
confond les veuves qui se remarient
dans l'an du deüil, avec celles qui
vivent impudiquement pendant cette
année-là: cependant il y a une grande différence à faire. *Voyez Henrys,
tome premier, livre 4, chapitre 66*].

Les hommes & les femmes qui
convolent en secondes noces, ayant

Tome II. I

Mayn. l. 3, c. 92. & suiv.
Cambolas, des secondes noces.
Despeisses, t. 1, p. 308.
Basset, t. 1. liv. 4. tit. 4. chap. 1.
Boniface, tome 5, liv. 1, tit. 27, ch. 5.

Tot. tit. C. de secundis nuptiis &

Nov. 1. c. 22, 23, & seq.

des enfans d'un premier lit, suivant les Loix Romaines, qui sont observées dans tous les pays de droit écrit, perdent la propriété de tous les avantages qu'ils ont reçus de la premiere femme ou du premier mari, & n'en réservent que l'usufruit, la propriété passant dans l'instant même du second mariage en la personne des enfans du premier lit : & si le premier mari a laissé à sa femme l'usufruit de ses biens ou d'une partie, elle perd cet usufruit ; mais le pere qui se remarie ne le perd pas.

Ceux qui se remarient ayant des enfans, ne leur succedent *ab intestat* qu'en usufruit aux biens qui leur sont échus par la succession de leur pere ou de leur mere prédécédés, tant qu'il reste quelqu'un des enfans du premier lit ; mais lorsqu'ils sont tous décédés sans enfans, le pere ou la mere succedent au dernier décédé en propriété, nonobstant les secondes noces ; comme aussi ils succedent en propriété à ceux des enfans qui les ont institués héritiers, quoiqu'il reste d'autres enfans.

Ils ne peuvent donner au second

mari ou à la seconde femme une plus grande portion de leurs propres biens que celle du moins prenant des enfans du donateur. Par exemple, si un homme qui a dix mille écus & cinq enfans, ne laisse à un de ses enfans que la somme de 3000 livres, il ne pourra pas donner davantage à sa seconde femme.

Cela ne doit pas s'entendre des enfans deshérités, parce qu'ils sont retranchés de la famille, & ne sont pas comptés au nombre des enfans.

On ne doit pas aussi l'entendre des enfans à qui le pere a laissé moins que la légitime, parce qu'ils ont la faculté d'en demander le supplément; de sorte que s'ils n'ont pas la légitime entiere, c'est qu'ils ne veulent pas la demander. ☞ Au Parlement de Bordeaux, l'avantage du second conjoint est réduit à ce qui a été laissé à l'enfant le moins prenant *de facto*, sans que le second conjoint puisse obliger l'enfant de demander sa légitime. *Bechet, des secondes Noces, chapitre 30. Lapeirere, lettre N. nombre 9*].

Si celui qui se remarie donne au

I ij

second mari ou à la seconde femme
plus qu'au moins prenant des enfans,
la portion qui est donnée de trop est
retranchée de la donation, & ce
retranchement passe de plein droit
en la personne des enfans du premier
lit, pour être partagé entr'eux également, soit qu'ils se portent héritiers
du donateur, ou qu'ils renoncent à
sa succession, parce qu'ils ne le prennent pas dans la succession de leur
pere ou de leur mere, mais par bénéfice de la loi; de sorte que les filles
qui ont renoncé aux successions futures du pere & de la mere, ne laissent
pas d'avoir part à ce retranchement:
les enfans du second lit n'y ont aucune part. ☞ Il faut distinguer entre les pays du droit écrit & ceux
de coutume. Dans les premiers, le
retranchement appartient aux seuls
enfans du premier lit, & ceux du second n'y ont aucune part; mais dans
les pays de coutume les enfans du second lit y ont part. *Ricard, des Donations, partie* 3, *n°.* 1288. *Le
Brun, des Successions, l.* 2, *ch.* 6,
sect. 1, *distin.* 3, *n°.* 13 *&* 14. Le
second conjoint n'a point de part

dans le retranchement. *Henrys , tome 1 , l. 4 , quest. 59. Brodeau sur Louet, let. N. ch. 3 , n°. 21. Ricard , des Donations , partie 3 , n°. 1319.* Le Brun , ci-dessus n°. 19, est d'avis qu'il y doit avoir part ; mais son opinion est solitaire.

Il ne faut compter que les enfans qui sont vivans au jour du décès du pere ou de la mere qui se sont rema-riés , pour faire cette réduction. Par exemple , si le pere qui se remarie a quatre enfans , & qu'il donne par con-trat de mariage à sa seconde femme la moitié de son bien, la donation sera valable pour le tout , supposé que trois des enfans décedent avant leur pere , & ne sera réduite qu'à pro-portion des enfans qui auront survêcu leur pere.

Pour régler ce retranchement, il faut pareillement considerer les biens que le donateur a laissés au jour de son décès, & non pas ceux qu'il avoit lors de la donation.

En pays coutumier on ne suit pas exactement ces Loix Romaines , mais on se regle par l'Edit des secondes No-ces , qui n'est différent qu'en deux choses.

Edit de 1560.

La premiere, en ce que celui qui convole en secondes noces, ne perd pas la propriété des avantages qui lui ont été faits par le prédécédé ; il est seulement obligé de réserver cette propriété aux enfans du premier lit.

La seconde, en ce que l'Edit n'exclud pas les peres & les meres qui se remarient de succéder en propriété à leurs enfans, même aux biens qui leur sont échus par la succession du prédécédé : ce qui a sans doute été obmis à dessein, parce que les coutumes y avoient suffisamment pourvu, ayant affecté les propres paternels & maternels à la ligne dont ils sont venus, & en ayant exclu les peres & les meres ; & quoique le prédécédé puisse laisser des meubles à ses enfans, auxquels le pere ou la mere survivant succede, on n'a pas jugé que ces successions mobiliaires fussent assez considerables pour les en priver, d'autant plus qu'ils n'ont aucune part aux propres, pas même en usufruit.

Brodeau sur Louet, N. n. 5.

L'Edit porte que les peres & les meres ne pourront donner à leur seconde femme ou à leur second mari plus qu'au moins prenant de leurs en-

fans, en quelque maniere que ce foit :
c'eſt pourquoi on a jugé qu'une veuve ayant apporté dans une feconde
communauté tous ſes meubles, qui
compoſoient la meilleure partie de
ſon bien, ſans faire aucune ſtipulation de propre, c'étoit un avantage
indirect qui étoit réductible.

Mais le douaire coutumier n'eſt *Ibidem.*
point ſujet au retranchement, non
plus que le douaire préfix, excepté
lorſqu'il excede le coutumier. Il n'en
eſt pas de même de l'augment de dot
en pays de droit écrit. La raiſon de
cette différence vient de ce que les
coutumes ont réglé le douaire par
rapport au bien du mari, & l'ont diminué à proportion des divers mariages ; au lieu que l'augment de dot
étant réglé par rapport à la dot de la
femme, cette dot, & par conſéquent
l'augment, pourroit être ſi immenſe,
qu'il abſorberoit tous les biens du
mari.

La veuve qui ſe remarie peut ſtipuler qu'il n'y aura point de communauté, ou que le mari ſurvivant jouira de tous les effets de la communauté, ou en propriété, ou en uſufruit,

parce qu'en ce cas la veuve ne donne rien du ſien ; elle ceſſe ſeulement d'acquérir.

Il n'y a aucune prohibition, ni par les Loix Romaines, ni par l'Edit des ſecondes Noces, d'avantager les enfans du ſecond mariage au préjudice de ceux du premier.

Article 279. La coutume de Paris veut que la femme ne puiſſe diſpoſer des conquêts faits avec ſes précédens maris, au préjudice des portions dont les enfans des premiers mariages pourroient amender de leur mere ; & néanmoins les enfans des ſubſéquens mariages y ſuccedent avec les enfans des mariages précédens, également venans à la ſucceſſion de leur mere ; comme auſſi les enfans des précédens lits ſuccedent pour leurs parts & portions aux conquêts faits pendant les ſubſéquens mariages : toutefois ſi le mariage eſt diſſous, ou que les enfans du précédent mariage décedent, elle en peut diſpoſer comme de ſa choſe. Cette diſpoſition eſt particuliere à la coutume de Paris, & ne doit pas être étendue à celles qui n'en diſent rien, parce que la femme ne tient pas ſa

part des conquêts de la libéralité de
son premier mari, mais du bénéfice
de la coutume, qui a introduir la
communauté indépendamment de la
stipulation des conjoints; & même
quand la communauté ne lui seroit
acquise que par une stipulation expresse, comme dans les pays de droit
écrit, c'est une convention onéreuse, puisque la femme y apporte une
partie de ses deniers dotaux, tous les
fruits de ses biens adventifs & paraphernaux, & tout son soin & son
industrie.

Louet, A. t.
30.

CHAPITRE XIX.

De l'autorité du mari.

DÈs le moment que la femme
est mariée, elle tombe en la
puissance de son mari, & ne peut
contracter ni plaider, sans être de lui
autorisée, soit qu'il s'agisse d'une simple administration, d'une obligation
mobiliaire ou immobiliaire, ou de
l'aliénation de ses propres; & tous
les contrats qu'elle passe, & les juge-

Paris, article
223 & 224.

I v

mens rendus contr'elle sans être autorisée, sont nuls, tant à son égard, qu'à l'égard de son mari, à moins qu'elle ne soit séparée de biens, ou marchande publique. Il n'y a que la coutume de Bayonne qui porte qu'après le décès de l'un des conjoints, l'obligation de la femme non autorisée est bonne, & doit être exécutée sur ses biens.

Ibid. art. 234. Bayonne, tit. 9. art. 39.

La femme séparée de biens n'a pas une liberté indéfinie de s'obliger sans l'autorité de son mari ; elle n'a que la libre administration de ses biens pour poursuivre ses droits en justice, pour recevoir ses revenus, pour faire des baux à ferme de ses immeubles, pour emprunter jusqu'à concurrence de ce qui lui est nécessaire pour ses alimens ; mais elle ne peut pas aliéner ni hypothéquer ses immeubles, sans être autorisée par son mari, ou par justice, à son refus. La coutume de Montargis permet néanmoins à la femme séparée la disposition de ses biens, de la même maniere que si elle n'étoit pas mariée.

Montargis, ch. 8. art. 9.

La marchande publique se peut obliger, sans l'autorité de son mari,

pour le fait & dépendance de la marchandife dont elle fe mêle, & non
autrement : & pour être réputée marchande publique, il faut qu'elle faffe
marchandife féparée, & autre que
celle de fon mari.

Voyez ci-def-
fus, liv. 3. ch.
4. p. 35 & 36.

Par la coutume d'Auvergne, la
femme peut difpofer de fes biens paraphernaux & adventifs, fans le confentement de fon mari, au profit de
qui bon lui femble, hors en faveur
de fon mari ; & par la coutume de la
Marche, elle peut difpofer à titre onéreux, c'eft-à-dire, vente ou échange,
&c. mais non pas à titre lucratif, c'eft-
à-dire, par donation, fi ce n'eft par
contrat de mariage, ou par don
mutuel fait au profit de fon mari.
☞ Dans tous les Parlemens du
droit écrit, la femme peut difpofer de
fes biens paraphernaux, fans le confentement de fon mari. *Guypape, q.*
468. *Chorier fur Guypape, pag.* 229.
nombre 3].

Auvergne, ch.
14. art. 9.

La Marche,
art. 305.

En matiere criminelle, fi la femme
eft accufée, il n'eft pas néceffaire pour
la validité des procédures, qu'elle
foit autorifée ; mais elle ne peut point
intenter d'action criminelle fans l'au-

Ricard, fur
Paris, arti-
cle 224.
Poitou, arti-
cle 226.
Le Prêtre,
cent. 2. c. 45.
Bourbonnois,
art. 169.

I vj

torité de son mari, ou de justice à son refus ; & si la femme est condamnée à quelque amende, ou autre peine pécuniaire, la somme en laquelle elle aura été condamnée, ne pourra être exigée qu'après la dissolution de la communauté, non pas même sur les propres, ni sur la dot dont la jouissance appartient au mari, aux droits duquel la femme ne peut pas nuire.

Montargis, ch. 2. art. 7. Il y a néanmoins quelques coutumes qui permettent à la femme d'agir en réparation d'injures, sans l'autorité de son mari.

Angoumois, art. 79. Il y en a d'autres qui portent que la femme marchande publique ne peut former aucune demande en Justice, même pour le fait de sa marchandise, sans être autorisée par son mari ; mais elle ne peut être assignée & poursuivie par ceux avec qui elle a contracté, sans avoir besoin d'autorisation.

Lorsque le mari a autorisé sa femme pour l'aliénation de ses immeubles, ou pour emprunter de l'argent, il est obligé à faire le remploi de l'immeuble, & à indemniser la femme de l'obligation qu'elle a pas-

fée, parce qu'on préfume toujours
qu'il s'eft fervi de l'argent pour fon
utilité, à moins qu'il ne prouve qu'il
a été utilement employé aux affaires
de fa femme ; & lorfqu'il l'a autorifée pour la pourfuite de fes droits,
fi elle eft condamnée aux dépens,
c'eft au mari à les payer : c'eft pourquoi on en voit peu aujourd'hui qui
veuillent autorifer leurs femmes pour
plaider, foit en demandant, foit en
défendant ; ils les font prefque toujours autorifer par Juftice, à leur refus.

L'autorifation du mari eft tellement
néceffaire pour la validité de l'obligation de la femme, que quand il auroit
figné comme préfent au contrat, &
quand même il y auroit confenti, s'il
n'eft pas dit en termes exprès qu'il a
autorifé fa femme, l'obligation ne
peut pas fubfifter : c'eft aujourd'hui un
ufage conftant qui femble être fans
aucun fondement raifonnable ; car
c'eft s'attacher aux termes plutôt
qu'aux fens des coutumes.

Si néanmoins la femme avoit fait
un emploi utile de l'argent qu'elle
auroit emprunté fans l'autorifation de
fon mari, l'obligation ne feroit pas

caſſée, parce qu'alors il y auroit un dol évident de ſa part, ſi elle refuſoit de payer; c'eſt ſur ce fondement qu'on a jugé qu'une femme qui s'étoit obligée pour retirer ſon mari de priſon, ne pouvoit pas faire caſſer l'obligation, quoiqu'elle n'eût pas été autoriſée.

Lorſque le contrat eſt avantageux à la femme, celui qui a contracté avec elle ne peut pas le faire caſſer, ſous prétexte du défaut d'autoriſation, pourvu que le mari & la femme offrent de lui donner ſes ſûretés, & de ſuppléer ce défaut de formalité par une autoriſation poſtérieure, faite du conſentement de la femme, parce que l'autoriſation n'eſt requiſe que pour conſerver les droits du mari, & pour empêcher la femme de s'engager témérairement : or, la loi qui a été introduite en leur faveur, ne doit pas être interprétée à leur préjudice.

Louet, A. 9.

Ricard, ſur Paris, 223.

CHAPITRE XX.

Des Séparations de biens, & d'habitation.

NOus avons dit que quand le mariage avoit été valablement contracté, il ne pouvoit plus se dissoudre que par la mort de l'un des conjoints. Mais comme il peut arriver que le mari, par sa mauvaise conduite, ou par des malheurs qui lui arrivent sans sa faute, fasse mal ses affaires, il n'est pas juste que le bien de sa femme périsse avec le sien, & que sa ruine entraîne celle de sa famille; c'est pour cela que la séparation de biens a été introduite.

Tout de même, quand un mari maltraite sa femme, & qu'elle ne peut vivre avec lui sans être en quelque danger de sa vie, elle se peut faire séparer de corps & d'habitation. Dans l'usage, on ordonne assez souvent des séparations d'habitation, qu'on appelle autrement séparation de corps. Quoique les mauvais trai-

temens ne mettent pas la femme en
péril de la vie, il fuffit qu'ils foient
confiderables, eu égard à la qualité
des perfonnes; & ce qui ne fera pas
une caufe de féparation raifonnable
entre des perfonnes de baffe naiffan-
ce, pourra l'être entre les perfonnes
d'une qualité plus relevée : cela dépend beaucoup de la prudence des
Juges.

La féparation d'habitation emporte toujours féparation de biens, quoiqu'il n'y ait point de diffipation, parce qu'il n'eft pas jufte que le mari
jouiffe des biens de fa femme, lorfqu'il ne la traite pas maritalement,
la féparation d'habitation n'étant jamais ordonnée que par la faute du
mari.

Il faut que l'une & l'autre féparation foit ordonnée en Juftice : elles
font contre l'honnêteté publique,
quand elles font purement volontaires : d'ailleurs, elles pourroient être
faites en fraude de la coutume; car,
quand il y a une ample communauté, la femme qui voudroit avantager fon mari, n'auroit qu'à confentir
une féparation : c'est pourquoi on

Louet, & Bro-
deau, S. 16.

juge que les séparations qui sont faites par une transaction, ou même
consenties en Justice, sont nulles; il
faut qu'elles soient ordonnées en connoissance de cause.

Si la femme demande seulement
une séparation de biens, il faut qu'elle
prouve la dissipation par des titres, si
elle en peut trouver, comme des obligations contractées par le mari, des
contrats de vente de ses immeubles,
des saisies de ses biens à la requête
de ses créanciers, & autres de cette
nature : mais comme il est souvent
difficile à une femme d'avoir des
preuves par écrit de la dissipation de
son mari, elle peut, au défaut de titres, en faire la preuve par témoins;
& quand le mari ne convient pas de
la dissipation, il lui est libre de produire les preuves de sa bonne conduite, en faisant voir un emploi utile
des deniers qu'il a empruntés, ou de
ceux qui proviennent de la vente qu'il
a faite de ses immeubles, &c.

Quant à la séparation d'habitation,
comme elle n'est fondée que sur les
mauvais traitemens articulés par la
femme, il faut nécessairement or-

donner une information ou une enquête, parce que la féparation dépend abfolument de la dépofition des
témoins.

Quand il y a preuve de la diffipation, on ordonne toujours la féparation de biens fans aucun jugement
interlocutoire. Il n'en eft pas de
même de la féparation d'habitation.
Les Juges fouverains ont coutume
de faire entrer dans la Chambre du
Confeil le mari & la femme, & de
les entendre enfemble pour tâcher
de les réconcilier ; & même avant
que de prononcer diffinitivement
fur la demande en féparation, ils
ordonnent prefque toujours que la
femme fe retirera durant fix mois ou
dans un couvent, ou chez quelque
parente où le mari aura la liberté de
la voir. Enfin, quand les efprits font
tellement aigris, que toutes ces précautions ne peuvent pas les adoucir,
la Cour prononce alors une féparation, fi elle trouve les preuves des
févices & mauvais traitemens affez
fortes.

Les féparations du mari & de la
femme emportent la diffolution de

la communauté, avec cette différence, que la fimple féparation de
biens n'étant jamais ordonnée que
quand il y a une preuve évidente de
la diffipation, & le mari ne pouvant
pas être accufé de diffipation, tant
que la communauté eft avantageufe,
la femme féparée de biens eft obligée
de renoncer à la communauté, pour
pouvoir reprendre franchement &
quittement tout ce qu'elle a apporté en mariage, même ce qui eft entré de fes biens dans la communauté, lorfqu'elle a ftipulé la claufe de
reprife par fon contrat de mariage ;
de forte que la féparation de biens
emporte une diffolution de la communauté, tant pour le paffé que pour
l'avenir.

Il n'en eft pas de même de la féparation d'habitation. Un mari violent
& emporté peut être bon économe,
& avoir une communauté riche &
opulente. Or, il ne feroit pas jufte
que la femme qui fe trouve dans la
malheureufe néceffité de demander
une féparation d'habitation, perdît
le droit qui lui eft acquis dans la communauté, par la feule faute de fon

mari : c'eſt pourquoi, quand la ſéparation a été prononcée, la communauté ceſſe à la vérité pour l'avenir ;
mais cette diſſolution n'a pas un effet
rétroactif, & la femme eſt en droit de
demander le partage de la communauté en l'état où elle ſe trouve.

L'effet de la ſéparation de biens
eſt de rendre à la femme tout ce
qu'elle a apporté en mariage ; quelquefois même on lui donne une penſion ſur les biens de ſon mari, en attendant que le douaire ait lieu, ¶ qui
eſt ordinairement de la moitié du
douaire, & que l'on appelle le mi-
douaire ; mais cela n'a lieu que quand
la femme n'a pas d'ailleurs de quoi
vivre]].

Elle demeure autoriſée par Juſtice à la pourſuite de ſes droits ; elle a
la libre adminiſtration de ſes biens,
indépendamment de ſon mari : ce
qui ne s'entend néanmoins que de
la jouiſſance de ſes revenus, & de la
pourſuite de ſes droits en Juſtice ; car
elle ne peut s'obliger, ni faire aucune aliénation de ſes immeubles,
ſans être autoriſée de ſon mari, à
moins qu'il n'y en eût une cauſe très-

urgente & très-nécessaire ; auquel cas
la Justice la peut autoriser en connoissance de cause, au refus de son
mari.

Lorsque la femme a obtenu sentence de séparation de biens contre
son mari, elle a coutume de se faire
vendre & adjuger les meubles par
une vente judiciaire, dans les formes ordinaires, sur & tant moins
de ce qui lui est dû par son mari,
car elle est obligée de faire exécuter
la sentence de séparation ; autrement
elle ne lui serviroit de rien contre
les créanciers du mari, qui seroient
toujours en droit de faire saisir les
revenus des biens de la femme, si
le mari en étoit demeuré en possession.

Il y a des coutumes qui ne se con-
tentent pas que la sentence de sépa- *Orléans, ar-*
ration ait été exécutée pour avoir son *ticle 198.*
effet ; elles veulent de plus que la
sentence ait été publiée en jugement
à jour ordinaire, ou au prône de la
Paroisse.

La femme séparée de biens ne laisse
pas d'être obligée d'employer ses revenus à l'entretien & à l'éducation des

enfans communs, & même de fournir les alimens à son mari, lorsque
d'ailleurs il n'a pas de quoi vivre.

L. 22. C. de jur. dot.
Après les sentences de séparation
de biens & d'habitation, le mari &
la femme peuvent se remettre ensemble, & même en communauté,
comme ils étoient auparavant; mais
pour rentrer en communauté après la
séparation de biens, il faut qu'il y
ait un acte par écrit précis & formel,
* dont il y ait minute]; car quand la
femme, après la séparation exécutée,
auroit laissé l'administration de ses
revenus à son mari durant un très-
long-tems, cela ne suffiroit pas pour
en induire un retour à la communauté: on suppose en ce cas que le mari
a agi comme procureur de sa femme,
non pas comme associé.

A l'égard de la séparation d'habitation, il n'est pas nécessaire qu'il y
ait un acte par écrit pour la faire
cesser; on présume facilement la réconciliation, dès le moment que la
femme est retournée avec son mari.

Il ne reste plus qu'à observer qu'à
l'égard des marchands & banquiers,
qui sont séparés de biens d'avec leurs

femmes, soit par leur contrat de mariage, soit par ordonnance de Justice, la séparation doit être publiée à l'audience de la Jurisdiction confulaire, s'il y en a, finon dans l'affemblée de l'hôtel commun des villes, & inférée dans un tableau expofé en lieu public, à peine de nullité.

Ord. 1673, tit. 8. art. 1,

CHAPITRE XXI.

De l'éducation des enfans, & des alimens.

LA nature oblige les peres & les meres de pourvoir à la nourriture & à l'éducation de leurs enfans, même des bâtards, & de ceux qui font nés d'une conjonction illicite, jufqu'à ce qu'ils foient en âge de pouvoir s'entretenir eux-mêmes; & quand les peres & les meres refufent de s'acquitter de ce devoir, les loix les traitent de meurtriers, & obligent les Juges de les y contraindre en connoiffance de caufe: ce foin appartient principalement au pere; mais

De alend. lib.

L. 1. §. & L. 8. ff. eod.

quand il eſt mort, ou qu'il n'eſt pas
en état d'y ſatisfaire, cette charge
retombe ſur la mere, & ſur tous les
autres aſcendans.

Les enfans ſont obligés réciproquement à fournir les alimens néceſſaires à leurs peres & à leurs meres, & à tous leurs aſcendans, lorſqu'ils ſont dans la néceſſité, & que
leur condition, leur âge trop avancé, ou leur ſanté ne leur permet pas
de travailler, ou que leur travail ne
peut pas leur fournir de quoi ſubſiſter.

L. 22. §. 7.
ff. ſolut. ma-
trim. L. 28.
ff. de relig. &
ſumpt. fun. &
ibi doct.

Le mari eſt tenu de nourrir & entretenir ſa femme, quoiqu'elle ne
lui ait point apporté de dot; & lorſque la femme a du bien, elle eſt obligée de fournir des alimens à ſon mari
lorſqu'il n'a pas de quoi vivre : le
beau-pere & la belle-mere ſont pareillement obligés de fournir les alimens à leur gendre & à leur brû; &
le gendre & la brû ſont réciproquement tenus d'en fournir au beau-pere & à la belle-mere, tant que l'al-
liance dure, parce qu'on les conſidere
de la même maniere que les peres &
les enfans.

Les

Les Docteurs étendent cette obligation de fournir les alimens aux freres & aux sœurs, aux oncles & aux neveux ; ils veulent que les héritiers du mari soient obligés d'en fournir à la veuve après l'an du deüil ; que les héritiers de la femme soient obligés d'en fournir au mari, & que les donataires soient engagés à la même obligation ; ce qui s'entend toujours dans les cas de nécessité : mais quoique toutes ces personnes y dussent contribuer volontairement, c'est plutôt par honnêteté & par bienséance, que par aucune injonction de la Loi : c'est pourquoi, parmi nous, on ne les y peut pas condamner en Justice. Il est vrai que lorsque des personnes de ce caractere plaident ensemble, & que l'un est en possession des choses contestées, & que l'autre est dans une grande nécessité, ces considérations contribuent quelquefois à déterminer les Juges à accorder des provisions alimentaires : ainsi, lorsque tous les biens de la succession du pere sont en décret, on donne souvent de ces sortes de provisions aux enfans qui n'ont pas de quoi vivre d'ailleurs,

Surdus, de alim. tit. I. *qu.* 24, 25, 43 , 46 , 47.

Louet & Brodeau, n. 17.

Tome II. K

quoiqu'il foit incertain s'il y aura affez de bien pour payer les créanciers.

Dans les cas où le pere peut deshériter fes enfans, il n'eft pas obligé de leur fournir des alimens, parce que l'exhérédation a fuccédé à l'abdication, par laquelle un pere mettoit fes enfans hors de fa famille, & ne les reconnoiffoit plus pour fes enfans : mais comme le pere ne peut pas deshériter fes enfans fans une des caufes exprimées par la Loi, les enfans font toujours obligés de pourvoir eux-mêmes à leur fubfiftance, quand ils font en état de pouvoir être deshérités. Il faut néanmoins obferver que l'ayeul n'eft pas obligé de nourrir fes petits-enfans, quand fon fils s'eft marié fans fon confentement, à moins qu'il n'ait obfervé toutes les formalités requifes par l'ordonnance.

La caufe des alimens eft toujours très-favorable. Les Loix ont introduit plufieurs privileges pour les conferver à ceux à qui ils ont été laiffés à titre d'alimens, foit par les perfonnes qui étoient obligées de les fournir, foit par des étrangers.

Premierement, celui à qui on a

Ordonn. de 16,9.

L. S. ff. de transact.

laiſſé un certain revenu pour ſes alimens, ne peut, ſans ordonnance du
Juge rendue en connoiſſance de cauſe, tranſiger ſur les revenus qui n'en
ſont pas encore échus, pour les éteindre ou pour les diminuer. La prévoyance de la Loi a été très-ſage en
cela. Un diſſipateur pourroit conſumer en très-peu de tems ce qui lui a
été laiſſé pour ſubſiſter, même le
reſte de ſes jours, & retomber par
ce moyen dans la miſere dont on
l'a voulu tirer. D'ailleurs, la libéralité ne ſeroit pas employée ſuivant
l'intention de celui qui l'a faite, ſi
on permettoit à un prodigue de dé-
penſer par avance ce qui doit ſervir
à ſes alimens pour toute ſa vie. Mais
on peut bien tranſiger ſur les revenus échus, quoiqu'ils ayent été deſ-
tinés pour des alimens, parce que celui à qui ils ont été laiſſés ayant vêcu ſans ce ſecours, les revenus paſſés
ne doivent plus ſervir aux alimens,
ni par conſéquent en avoir la faveur :
ce qui ſe doit néanmoins entendre
avec un juſte tempérament ; car ſi
celui qui doit les alimens avoit été en
demeure de les payer, & que celui

à qui ils font dûs eût été obligé d'emprunter pour vivre, les arrérages paffés devroient alors conferver tout leur privilege.

L. in ea. C. de compenf. En fecond lieu, on ne peut pas admettre la compenfation en matiere d'alimens. Si celui qui doit les alimens eft d'ailleurs créancier de celui auquel ils font dûs, ils faut qu'il les paie, fauf à fe pourvoir fur les autres biens de fon débiteur, s'il en a; & quand il n'en auroit point, la compenfation n'auroit pas lieu, parce qu'il faut que les alimens foient employés, fuivant leur deftination, à l'entretien de celui à qui ils ont été affignés.

Surdus, de alim. tit. 8, privil. 24. En troifieme lieu, quand il y a conteftation au fujet des alimens, la caufe doit être jugée fommairement, & le jugement qui intervient doit être exécuté nonobftant l'appel, du moins en donnant bonne & fuffifante caution; car il n'eft pas jufte de laiffer périr celui à qui les alimens font dûs pendant le cours d'une longue procédure, ni de lui faire effuyer des frais qu'il n'a pas moyen de fupporter.

En quatrieme lieu, quand les alimens ont été légués par teftament, fi l'héritier eft abfent, ou qu'il differe d'accepter la fucceffion, le juge doit cependant ordonner que les alimens feront payés par provifion, parce qu'ils ne peuvent pas fouffrir aucun retardement.

En cinquieme lieu, quand le Prince accorde des lettres de furféance à un débiteur, il en excepte toujours les dettes qui font dûes pour alimens, & même celles qui tiennent lieu d'alimens, comme les légitimes dûes aux enfans, les reftitutions de deniers dotaux, les arrérages de douaire, & autres de cette nature.

En fixieme lieu, fi le teftateur a légué les alimens jufqu'à la puberté, quoiqu'elle commence régulierement aux mâles à quatorze ans, & aux filles à douze, néanmoins, en faveur des alimens, l'âge de puberté ne commence qu'à dix-huit ans aux mâles, & à quatorze aux filles. *L. 14. §. 1. ff. de alim. &c.*

En feptieme lieu, tous ceux qui ont fourni les chofes néceffaires aux alimens du défunt, comme le boulanger, le boucher. * On ne donne point ce privilege au boucher, ni au *Louet & Pecadeau, C. 29.*

K iij

boulanger, au Châtelet ; mais au Parlement, dans la discussion générale des meubles des grands Seigneurs décédés, on donne un privilege à ceux qui ont fourni les alimens pour les six derniers mois ou la derniere année]. Les médecins, chirurgiens & apothicaires qui l'ont traité dans sa derniere maladie, sont préférés à tous les autres créanciers sur les deniers provenans de la vente des meubles de la succession, même à la veuve pour la restitution de ses deniers dotaux. * La veuve qui a renoncé n'est point à présent tenue des dettes causées pour alimens. Il a même été jugé que la veuve, quoiqu'elle renonce à la communauté, est tenue des dettes qui sont causées pour alimens fournis à la maison durant la vie du mari. En pays de droit écrit, la femme est préférée au boucher, boulanger, & autres. *Henrys, tom. 2, liv. 4, q. 44*].

Comme la Loi n'a pas prévu tous les cas où il est nécessaire de contraindre quelqu'un à fournir les alimens à un autre, les Juges accordent souvent en connoissance de cause des

provisions alimentaires , sur - tout
quand la partie qui est en possession
retarde le jugement du procès ; cela
est arbitraire, & dépend de la qualité des parties qui plaident, & de la
matiere dont il s'agit.

Ceux qui veulent laisser des alimens, ou même une certaine somme
à un homme accablé de dettes, peuvent ordonner que la somme qu'ils
donnent ne pourra être saisie par les
créanciers du donataire ou légataire ;
car comme il leur étoit libre de ne
point donner au débiteur, il leur est
libre aussi d'imposer à leur libéralité
telle condition que bon leur semble.

CHAPITRE XXII.

Du Don mutuel.

QUoique la plûpart des Coutumes défendent au mari & à la
femme de s'avantager directement
ou indirectement durant le mariage,
elles leur permettent presque toutes
de se faire un don mutuel, pourvu
qu'ils n'ayent point d'enfans ni de ce

mariage, ni d'autres précédens. Les
coutumes n'ont pas voulu défendre
cet avantage, parce qu'il eſt égal &
réciproque de part & d'autre, qu'il
dépend d'un événement incertain, &
que les héritiers collatéraux du prédécédé n'ont pas ſujet de ſe plaindre
que leur parent ait laiſſé au ſurvivant
la jouiſſance d'un bien qui avoit été
acquis en commun, & où tous les
deux conjoints avoient contribué,
l'un par ſon travail & ſon induſtrie,
& l'autre par ſon économie.

Nous ne parlerons point ici des
donations mutuelles qui ſont faites
entre d'autres perſonnes que le mari
& la femme, ni de celles qu'ils ſe
peuvent faire par leur contrat de
mariage, parce qu'elles ſont de la
nature de toutes les autres donations ; nous parlerons ſeulement des
donations mutuelles que le mari &
la femme ſe peuvent faire depuis la
célébration du mariage, parce qu'elles ſont ſujettes à d'autres regles que
les autres donations, & nous nous
tiendrons aux coutumes qui défendent tous les autres avantages entre les deux conjoints, parce que

celles qui les permettent ne font point affujetties aux regles du don mutuel.

La premiere condition requife pour la validité du don mutuel, eft que dans le moment qu'il eft fait, les deux conjoints foient en fanté ; car fi l'un des deux étoit malade, le don mutuel ne vaudroit rien, à caufe de l'inégalité qui s'y rencontreroit, toute l'efpérance apparente ayant été du côté du furvivant, dans le tems même que le don a été fait. *Paris, 282.*

Il y a quelques coutumes qui demandent une fi grande égalité dans le don mutuel, qu'elles veulent que les deux conjoints foient d'un âge égal, ou du moins que l'un n'ait que dix ans plus que l'autre. *Nivernois, ch. 23. article 27.*

La deuxieme condition eft, qu'il n'y ait point d'enfans au moment du décès du premier mourant des deux conjoints, ni de leur mariage, ni d'autre précédent. Il ne fuffit pas, pour la validité du don mutuel, que le prédécédé n'ait point d'enfans : fi le furvivant en a de fon côté, le don ne vaudra rien, parce que le don mutuel doit être réciproque ; *Paris, 280.*

K v

& il ne peut pas être bon pour le furvivant, s'il ne le pouvoit pas être pour le prédécédé, en cas qu'il eût furvécu.

Bretagne, 210, 211 & 213.

Il y a néanmoins quelques coutumes qui admettent le don mutuel, foit qu'il y ait des enfans, ou qu'il n'y en ait point; elles chargent feulement le furvivant d'entretenir les enfans du donateur, s'ils n'ont pas de quoi vivre d'ailleurs.

Paris, 280.

La troifieme condition eft, que le don mutuel foit égal; c'eft pourquoi la coutume de Paris, & beaucoup d'autres, ne permettent de difpofer par don mutuel que des meubles & conquêts immeubles de la communauté : d'où il réfulte qu'il faut que les deux conjoints foient en communauté pour fe pouvoir faire un don

D'Argentré fur Bretagne, art. 221.

mutuel; & s'il étoit porté par le contrat de mariage qu'il y aura communauté, & néanmoins qu'en cas de prédécès de la femme, fes héritiers n'auront point de part dans la communauté, ou que le mari furvivant aura le choix de les en exclure, en leur donnant une certaine fomme; en ce cas il ne peut pas y avoir de don mutuel,

parce qu'il ne peut pas être réciproque
de part & d'autre ; car la femme ne
peut rien donner au mari survivant,
qui auroit eu la totalité des effets de la
communauté, indépendamment du
don de sa femme, en vertu de son
contrat de mariage.

De cette nécessité d'égalité il ré-
sulte aussi que l'un des conjoints ne
peut pas se réserver la faculté de disposer par testament, ou autrement,
d'une partie des effets de la communauté, à moins que cette faculté ne
soit aussi expressément réservée à l'autre : c'est pourquoi, si l'un des deux
conjoints ne veut donner que la moitié de la part qu'il a dans la communauté, l'autre n'en peut pas donner
davantage.

Dumoulin, sur l'ancienne cou- tume de Paris, art. 125.

Il y a quelques coutumes dans lesquelles, outre les meubles & acquêts,
les conjoints peuvent se donner par
don mutuel l'usufruit de tous leurs
propres ; mais d'autres ajoutent en
même tems, jusqu'à l'égalité d'iceux :
de sorte que si celui qui a plus de
propres que l'autre décede le premier, le survivant ne jouira pas de
tous les propres du prédécédé, mais

Loudunois, tit. 8. art. 3. Montargis, ch. 21. art. 4.

K vj

feulement jufqu'à concurrence de ce qu'il a lui-même de propres.

La coutume de Paris ne permet la donation mutuelle que par forme d'ufufruit, & charge le furvivant qui veut jouir du don mutuel, de donner bonne & fuffifante caution : de forte que le don mutuel n'étant permis qu'à cette condition, les deux conjoints ne peuvent pas par le contrat de donation fe décharger de cette caution.

Vitry, 315. Mais il y a des coutumes où l'on peut donner par don mutuel la propriété des meubles, & l'ufufruit feulement des immeubles : d'autres où *Blois, 168.* l'on peut donner les meubles & conquêts, s'il n'y a point d'enfans ; & s'il y en a, en ufufruit feulement ; & le furvivant n'eft chargé de donner caution qu'en cas qu'il fe remarie ou qu'il foit diffipateur.

Reims, 234. Dans les coutumes où le don mutuel n'eft qu'en ufufruit, il faut que le furvivant faffe faire inventaire, afin que fes héritiers puiffent, après fa mort, rendre un compte exact aux héritiers du prédécédé de la propriété qui leur doit revenir.

Dans quelques coutumes, le don *Paris, 284 &* mutuel ne faisit point, le survivant *285.* doit en demander la délivrance aux héritiers du prédécédé, jusqu'à ce qu'il ait formé la demande, & qu'il ait présenté la caution : dans les cas où il est obligé de la donner, il ne fait pas les fruits siens. Dans plusieurs autres, le don mutuel saisit de plein droit, & donne la possession au donataire, comme toutes les autres donations entre-vifs.

Il faut que le don mutuel soit insi- *Paris, art.* nué ; & avant l'insinuation, chacun *284.* des deux conjoints le peut révoquer, si bon lui semble ; mais après l'insinuation il ne peut plus être révoqué, si ce n'est du consentement de tous les deux.

Le donataire mutuel est tenu d'a- *Paris, 286.* vancer & payer les frais funéraires du prédécédé, & la totalité des dettes de la communauté ; sçavoir, la moitié de son chef, à cause de la part qu'il prend dans la communauté, & l'autre moitié du chef du prédécédé ; mais les héritiers du donataire, en rendant compte du don mutuel, retiennent par leurs mains, ou se font rembourſer les frais funéraires & la moitié des dettes qui a été payée du chef du prédécédé, parce que le donataire mutuel étoit ſeulement obligé d'en faire les avances, & non pas d'en acquitter entierement les héritages du donateur ; mais le donataire n'eſt pas tenu d'avancer le paiement des legs faits par le prédécédé, ni le paiement des dettes qui n'étoient point entrées dans la communauté : autrement il n'y auroit point d'égalité dans le don mutuel ; car il arrive tous les jours que l'un des conjoints a beaucoup de dettes contractées avant le mariage, & que l'autre n'en a point, ou très-peu : & pour les diſpoſitions teſtamentaires, ſi le donataire étoit tenu d'en avancer le paiement, ce ſeroit une voie indirecte de révoquer le don mutuel, puiſque le donateur pourroit diſpoſer par teſtament de tous les effets de la communauté, & rendre par ce moyen le don mutuel inutile.

Paris, 287.

Le donataire mutuel eſt tenu de jouir en bon pere de famille : c'eſt pourquoi il eſt tenu comme tout autre uſufruitier, de faire faire toutes les réparations viageres qui font à faire fur les héritages fujets au don mutuel, & de payer les cens & charges annuelles, & les arrérages des rentes foncieres, même ceux des rentes conftituées durant la communauté, avec cette diftinction, que s'il y a des arrérages de toutes ces charges & rentes qui foient échus durant la communauté, il eft feulement tenu d'en faire les avances, fauf à répéter quand le don mutuel fera fini; mais pour les arrérages échus durant la jouiffance du don mutuel, il les doit entierement acquitter, fans efpérance de les recouvrer.

Le donataire n'eft pas obligé de *Paris, 28t.* faire vendre les meubles fujets au don mutuel; mais comme ils feroient confumés par l'ufage, qu'ils ne pourroient pas être rendus de la valeur dont ils étoient, d'ailleurs comme ils ne font pas ordinairement prifés par l'inventaire à leur jufte valeur, l'héritier du prédécédé peut demander que nouvelle prifée foit faite des meubles par experts dont les parties conviendront; & les héritiers du donataire en ce cas, feront tenus de rendre le prix de cette nouvelle eſtimation , après que le don mutuel ſera fini.

Ricard, ſur Paris, article 280.

Il n'eſt pas néceſſaire que les deux conjoints ſoient majeurs pour faire un don mutuel ; il ſuffit qu'ils ſoient mariés, la coutume ne demande pas autre choſe. Il y en a deux grandes raiſons. La premiere, que le don mutuel eſt très-favorable lorſqu'il n'y a point d'enfans, & qu'il ne contient que la jouiſſance des effets de la communauté. Et la ſeconde eſt, que le don mutuel contient un avantage réciproque, dont l'événement dépend du hazard, & le plus jeune des deux conjoints a vraiſemblablement plus d'eſpérance d'en profiter que le plus âgé.

Chauny, article 14.

Quelques coutumes n'admettent pas le don mutuel, ou pour mieux dire, le défendent expreſſément ; mais elles ſont très-rares, & contraires à l'eſprit général des pays coutumiers.

CHAPITRE XXIII.

Du Contrat de Vente.

ON peut définir la vente, une convention de donner certaine chofe pour un certain prix. Ainfi, trois chofes concourent à la perfection de ce contrat; la chofe vendue, le prix & le confentement.

La chofe doit être certaine : ce qui eft bien facile quand on vend un corps déterminé, comme un cheval, une maifon, &c. mais quand il s'agit d'une quantité de bled, de vin, ou de quelque autre chofe femblable qui fe vend au poids, au compte, ou à la mefure, la vente n'eft point parfaite, que la marchandife ne foit mefurée, pefée, ou nombrée, à caufe de l'incertitude, à moins que le vendeur n'ait vendu tout fon bled, tout fon vin en bloc & en tâche, fans le vendre à la mefure.

L. 35. §. 5. ff. de contrah. empt.

On ne peut pas vendre les chofes qui ne font pas dans le commerce, comme les chofes facrées : néanmoins, fi l'acquéreur eft dans la bonne foi, le contrat fubfifte, à l'effet de lui donner des dommages & intérêts contre le vendeur. Il y en a d'autres dont le trafic eft défendu par les loix, comme dans la plûpart des villes du Royaume, le fel ; comme avec les étrangers, les armes, les munitions de guerre, les grains, &c. dont le tranfport hors du Royaume eft défendu : hors cela, toutes chofes peuvent être vendues, même les droits, même l'efpérance d'une chofe incertaine, comme de la dépouille d'un jardin, de l'événement d'une négociation, d'une pêche, d'une chaffe, parce que ce n'eft pas la chofe incertaine qui eft vendue, mais c'eft l'efpérance, laquelle eft certaine.

Le prix de la vente doit confifter en argent monnoyé ; autrement ce feroit un échange, & on ne pourroit pas diftinguer le prix d'avec la chofe vendue : néanmoins, dans notre ufage, lorfqu'un héritage eft échangé contre des chofes mobiliaires qui peuvent être facilement eftimées, comme des grains, du vin,

L. 4. de contrah. empt.

Confer. des Ordon. liv. 4. tit. 11.

L. 18. §. 7. ff. de contrah. empt.

Inftit. de empt. & vend. §. 2.

de l'argent en maſſe, &c. cela produit le même effet qu'une véritable
vente, tant à l'égard des droits ſeigneuriaux, que du retrait lignager :
autrement il n'y auroit rien de plus
facile que de commettre des fraudes ;
car, pour éviter les droits ſeigneuriaux & le retrait, on ne verroit plus
que des échanges contre des choſes
mobiliaires, qu'il ſeroit facile de revendre du ſoir au lendemain.

Le prix de la vente doit être certain ; de ſorte que ſi on s'en rapporte
à l'eſtimation d'un tiers, la vente n'eſt
point parfaite, que ce tiers n'ait fait
l'eſtimation.

L. 15. de con-trah. empt. & vend.

Comme le conſentement eſt le
point le plus eſſentiel de la vente,
il doit être également exempt d'erreur & de violence. A l'égard de l'erreur, elle ne vicie le contrat de
vente, que quand elle ſe rencontre
dans la ſubſtance de la choſe ache-
tée ; elle rend le contrat nul. Autre
choſe ſeroit ſi l'erreur ne ſe rencon-
troit que dans les qualités de la choſe
vendue ; car alors elle ne donne pas
lieu à la réſolution du contrat, s'il
n'y a point de dol perſonnel de la

L. 9 & 10. ff. de contrah. empt.

part du vendeur. Par exemple, fi je veux acheter de l'or, & qu'on ne me vende que du cuivre, la vente ne vaudra rien, parce que je fuis trompé dans la fubftance même de la chofe que je veux acheter; mais fi je crois acheter une pendule jufte, & qu'elle ne le foit pas, la vente fubfifte, parce que je ne fuis trompé que dans les qualités de la chofe.

La vente peut être pure & fimple, ou fous condition. Lorfque la vente eft pure & fimple, elle eft parfaite & fubfifte, quoiqu'il n'y ait point de contrat par écrit; car l'écriture en cette matiere n'eft point de l'effence du contrat, & ne fert que pour en faire la preuve, à moins que les parties n'ayent voulu faire un contrat par écrit; auquel cas la vente n'eft point parfaite, que le contrat ne foit figné; de forte que dès le moment que les parties demeurent d'accord d'avoir vendu & acheté, le contrat n'eft plus néceffaire à leur égard.

Inftit. de empt. & vend. in princip. §. 4.

Il eft vrai qu'à l'égard des tierces perfonnes qui peuvent y avoir intérêt, la vente des immeubles n'eft prouvée, & par conféquent n'a fon

effet, que lorfqu'il y en a un contrat
paffé pardevant Notaires : c'eft pourquoi, fi je vends une maifon aujour-
d'hui, quoiqu'il n'y en ait point de
contrat par écrit, la vente eft bonne,
& doit avoir tout fon effet entre l'acquéreur & moi.

Mais fi j'emprunte demain de l'argent, par une obligation ou par un
contrat pardevant Notaires, ma maifon, quoique vendue avant l'obligation, ne laiffera pas d'y être hypothéquée, parce que nous fommes tellement accoutumés à faire tous les
contrats de vente pardevant Notaires, qu'on ne préfume pas, au préjudice d'un tiers, qu'il y ait en effet un
contrat de vente, s'il ne paroît dans
la forme dans laquelle on a coutume
de les faire. Une raifon oblige à faire
toujours les contrats de vente par
écrit, du moins fous feing privé ; c'eft
que quand le vendeur & l'acquéreur
auroient affez de confiance l'un à
l'autre pour n'avoir pas befoin d'é-
crit, il en faut néceffairement pour
prouver le contrat contre leurs héritiers, qui fouvent ignorent ce qui
s'eft paffé avec leur prédéceffeur. Or,

la preuve par écrit est la seule qui soit reçue en France, quand il s'agit d'un contrat qui excede la somme de cent livres.

L. 10 ff. de peric. & commod. rei vend.

La vente sous condition est suspendue jusqu'à ce que la condition soit arrivée ; mais aussi elle est accomplie par l'événement de la condition, sans qu'il soit besoin d'un nouveau consentement des parties ; & même l'événement de la condition a un effet rétroactif, c'est-à-dire, que lorsque la condition est arrivée, on présume que la vente a été aussi parfaite dans le moment du contrat, que si elle avoit été pure & simple, & sans condition.

Henrys, tom. 1, l. 4, tit. 6, qu. 39.

Il faut observer qu'il y a grande différence entre la vente & la promesse de vendre. La vente parmi les Romains obligeoit le vendeur à la tradition. Parmi nous elle transfere la propriété, si le vendeur est propriétaire : mais la promesse de vendre n'oblige qu'à des dommages & intérêts, si on ne veut pas la tenir.

L. 6. §. ff. de contract. emption.

Quoique le vendeur ait stipulé que si le prix n'étoit pas payé dans un certain tems, la vente seroit nulle, il ne laiffe pas, après le tems paffé, d'avoir action pour fe faire payer ; & cette claufe s'entend toujours que la vente fera nulle, fi bon femble au vendeur, parce que la claufe n'a été mife qu'en fa faveur ; autrement il ne tiendroit qu'à l'acquéreur de faire fubfifter ou d'anéantir le contrat ; ce qui ne doit pas dépendre de la volonté d'un feul des contractans.

Lorfque le vendeur n'a point don-né de terme pour le paiement du prix, l'acquéreur n'a point la propriété de la chofe vendue, jufqu'à ce qu'il ait payé le prix. *L. 19. ff. eod. Inftit. de rer. divif. §. 41.*

Lorfqu'il y a des claufes obfcures dans le contrat de vente, il les faut toujours interpréter contre le ven-deur ; il fe doit imputer de ne s'être pas expliqué plus clairement. *L. 21. & l. 33. ff. eod.*

La vente eft un contrat où la bon-ne foi eft tellement requife, que fi le vendeur a caché à l'acquéreur les vices de la chofe vendue, qui vrai-femblablement l'auroient détourné de l'acheter, il eft tenu des dommages & intérêts. *L. 35. §. 8. & l. 43. §. 2. ff. eod. L. 39. de act. empt.*

Celui qui acquiert l'héritage qu'il fait n'appartenir pas au vendeur, ne *Louet, A. 137.*

peut, en cas d'éviction, demander aucuns dommages & intérêts; mais il peut seulement se faire rendre le prix qu'il a payé.

Tot. tit. ff. de act. empt. & vend.

Le vendeur a une action personnelle contre l'acquéreur pour l'obliger à payer la chose vendue; mais il faut distinguer entre les meubles & les immeubles vendus. A l'égard des meubles, l'intérêt du prix n'en est dû que du jour de la demande qui en est faite en justice: & à l'égard des immeubles, l'intérêt du prix en est dû du jour que la chose vendue a été livrée ou offerte.

Tot. tit. de empt.

En matiere d'immeubles, l'acquéreur n'est point présumé avoir payé le prix, s'il ne rapporte les quittances; mais en matiere de meubles, on présume qu'ils ont été payés lors de la délivrance, à moins que le vendeur ne prouve le contraire : ce qui reçoit néanmoins une exception à l'égard des marchands vendans en gros & en détail, les boulangers, pâtissiers, apothicaires, dont les uns ont la faculté de demander le paiement de leur marchandise dans les six mois, à compter du jour de la délivrance ; & les autres

autres dans l'an, quoiqu'il n'y ait ni promesse par écrit, ni parties arrêtées. * Quoique les marchands & artisans ayent un an ou six mois pour demander le paiement de leurs marchandises, cela n'empêche pas que ceux à qui les marchandises ont été livrées, n'en soient crus à leur affirmation, quand il n'y a ni promesse, ni parties arrêtées].

Paris, article 125, 126 & 127.

Le vendeur d'un immeuble a un privilege sur la chose vendue pour le paiement du prix qui lui est dû, en vertu duquel il est préféré à tous les créanciers de l'acquéreur, excepté au Seigneur, qui est toujours le premier payé de ses droits seigneuriaux.

A l'égard des meubles, comme ils n'ont point de suite par hypotheque, le vendeur n'a son privilege sur la chose vendue, que quand elle est encore entre les mains de son débiteur; mais dès le moment qu'elle est passée en main tierce, il n'y peut plus rien prétendre, à moins qu'il ne l'ait vendue sans jour & sans terme, espérant d'être payé promptement ; auquel cas il la peut poursuivre en quelque lieu qu'elle soit transportée, pour

Ibid. art. 175, 176. 177.

Tome II.   L

être payé du prix qu'il l'a vendue.

Il y a des marchandifes fi privilé-giées, comme le bled, le vin, & au-tres vivres, que quelques coutumes permettent de contraindre par corps d'en payer le prix, après une fimple ordonnance du juge.

Niver. Bour-bonn. Berry.

Quand la vente eft entierement parfaite, le vendeur eft déchargé du péril de la chofe, quoiqu'elle foit en-core entre fes mains, parce que l'a-cheteur femble être en demeure de prendre la chofe, en payant le prix, fi-tôt que la vente eft parfaite : mais s'il y manque la moindre chofe ; par exemple, fi la vente eft fous une con-dition qui n'eft pas encore arrivée ; fi la chofe qui eft vendue au poids ou à la mefure, n'eft encore ni pefée ni mefurée ; même à l'égard du vin, s'il n'eft pas rempli & marqué, le danger regarde le vendeur, quoiqu'il n'y ait point de fa faute ; car s'il y en avoit, quelque légere qu'elle fût, il en feroit tenu, même après la per-fection de la vente.

Inftit. de empt. & vend. §. 3°

L. 35. §. 7. ff. de contrah. empt.

L'acquéreur en matiere de meu-bles n'a qu'une action perfonnelle contre le vendeur pour l'obliger à

Tot. tit. de act. empt.

lui livrer la chofe vendue, le fimple contrat ne donnant pas la propriété à l'acquéreur, s'il n'eft fuivi d'une tradition réelle. D'où il réfulte que, fi après avoir vendu mon cheval à Jacques fans le lui avoir livré, je vends & livre le même cheval à Pierre, c'eft Pierre qui en eft le véritable propriétaire, & Jacques n'a contre moi qu'une action en dommages & intérêts, faute de lui pouvoir livrer la chofe vendue. Il en étoit de même par le droit Romain, en matiere d'immeubles ; mais comme parmi nous on met toujours une claufe dans les contrats de vente, par laquelle le vendeur fe dépouille & fe démet de la propriété & de la poffeffion de la chofe vendue pour en faifir l'acquéreur, ce qu'on appelle tradition feinte ; dès le moment que le contrat eft parfait & accompli, tous les droits qui appartiennent au vendeur paffent en la perfonne de l'acquéreur ; de forte que fi le vendeur étoit propriétaire, l'acquéreur devient auffi propriétaire.

Il n'eft pas néceffaire, pour la validité d'un contrat de vente, que le ven-

L. 25. §. 1. ff. de contrah. empt.

L ij

deur foit propriétaire de la chofe vendue ; il fuffit même au vendeur, pour
fe liberer de l'obligation par lui contractée, de mettre l'acheteur en pai-
fible poffeffion, & promettre de l'y
maintenir ; car tant que l'acquéreur
n'eft point troublé dans cette poffeffion, il eft cenfé le véritable propriétaire.

Mais fi l'acquéreur eft troublé par
quelqu'un pour une caufe légitime
qui précede le contrat de vente ; par
exemple, s'il vient un homme qui fe
dife propriétaire en tout ou partie de
la chofe vendue, qui prétende qu'elle
eft fujette à des fervitudes qui étoient
cachées, & que le vendeur n'a pas
déclarées, s'il furvient un créancier
du vendeur, qui agiffe en déclaration d'hypotheque contre l'acquéreur ;
en tous ces cas l'acquéreur a fon action
en garantie contre le vendeur, laquelle produit différens effets. Si l'action intentée contre l'acquéreur va
à le priver de la totalité de la chofe
vendue, le vendeur doit rembourfer
le prix, & doit, outre cela, des dommages & intérêts, qui font parmi
nous très-arbitraires. Mais fi cette ac-

tion ne va qu'à priver l'acquéreur
d'une partie de la chose, ou à le charger d'une servitude que le vendeur
n'avoit pas déclarée, cela n'empêche
pas la validité du contrat pour le surplus; & la garantie en ce cas ne produit que des dommages & intérêts.

Dans la plûpart des coutumes de
Picardie, pour se pouvoir dire propriétaire de l'héritage vendu, il faut
se faire nantir, c'est-à-dire, se faire
mettre en possession de l'héritage par
les Officiers du Seigneur dont il est
mouvant, avec de certaines formalités qui sont différentes, suivant les
diverses coutumes. Ce nantissement
est de si grande importance, que les
créanciers du vendeur, quoique pos-
térieurs au contrat de vente, ont
néanmoins leur hypotheque sur l'héritage vendu, s'ils se trouvent nantis sur ce même héritage avant l'acquéreur.

Le vice de la chose vendue qui n'est
pas apparent, & que l'acheteur ne peut
pas connoître, fait résoudre certaines
sortes de ventes, comme des chevaux
que le vendeur doit garantir de morve, pousse, & courbature. * Mais en

*Tot. tit. de
edict. ædil.*

L iij

ce cas il faut agir dans les neuf jours de la tradition du cheval].

Lorſque le vendeur d'un immeuble a promis garantir une qualité qui ne ſe trouve point dans la choſe vendue, on demande ſi ce défaut donne lieu à la réſolution du contrat, ou ſeulement à des dommages & intérêts. Comme cette queſtion n'a été décidée par aucune loi, elle eſt très-arbitraire, & dépend des diverſes circonſtances, s'il paroît évidemment que l'acquéreur n'eût pas voulu acheter la choſe ſans la qualité promiſe. Par exemple, ſi le vendeur a déclaré que la terre étoit en fief dans la mouvance du Roi, qu'elle avoit la haute, moyenne & baſſe juſtice, & que l'acquéreur, qui étoit un Seigneur qui ne poſſédoit que des terres de cette qualité, ne trouve qu'une ſimple roture, &c. Si le vendeur a ſu que la terre n'avoit pas les qualités qu'il a exprimées dans le contrat, il eſt juſte, en ces ſortes de cas, de réſoudre la vente.

Il faut néanmoins obſerver que les Juges panchent toujours à faire valoir le contrat, & ſe contentent de donner des dommages & intérêts, à moins qu'ils ne voyent une fraude noire ou une lézion énorme.

Quand il y a lézion d'outre moitié du jufte prix, c'eft à-dire, quand le vendeur a donné la chofe pour la moitié moins qu'elle ne valoit, il peut obtenir des lettres en Chancellerie, pour demander la réfolution du contrat ; mais ces lettres doivent toujours contenir cette alternative, fi mieux n'aime l'acquéreur payer le fupplément du jufte prix. *L. 2. C. de refcind. vend.*

Il faut pour cela que le vendeur prouve que l'immeuble vendu valoit la moitié plus dans le tems que la vente en a été faite ; l'augmentation qui furvient depuis le contrat de vente, n'eft comptée pour rien à cet égard, parce que, comme l'acquéreur auroit fupporté la perte, s'il en étoit furvenu, il eft jufte auffi qu'il profite de tout le gain qui arrive après le contrat.

Il n'y a que la vente des immeubles qui puiffe être réfolue, pour lézion d'outre moitié du jufte prix.

Il n'y a que le vendeur qui puiffe alléguer cette lézion, parce qu'on préfume volontiers que la néceffité *Louet, L. 10.*

L iiij

l'a contraint de vendre à vil prix; mais rien ne force personne d'acheter trop cher.

Outre les ventes volontaires que les particuliers font avec un consentement libre, & de leur propre mouvement, il y en a qui se font par autorité de Justice, & publiquement. Elles sont de trois sortes; l'encan, la licitation, & le décret.

On appelle encan, la vente qui se fait en place publique des meubles saisis sur un débiteur, par un Sergent qui reçoit les encheres.

Lorsqu'un immeuble ne peut pas être commodément partagé entre des co-héritiers, ou autres à qui il appartient par indivis, on le fait vendre par autorité du Juge au plus offrant & dernier enchérisseur; c'est ce qu'on appelle licitation.

Lorsqu'un débiteur ne veut pas payer ses dettes, on fait saisir réellement ses immeubles; & après plusieurs publications, affiches, encheres, & autres formalités, on les fait adjuger en Justice au plus offrant & dernier enchérisseur; c'est ce qu'on appelle décret.

Les licitations & les décrets ne peuvent pas être caſſés pour lézion d'outre moitié du juſte prix, comme les ventes volontaires, parce qu'on préſume que ce qui a été vendu publiquement par autorité de Juſtice, a été vendu ſon juſte prix. ☞ Cela eſt vrai au Parlement de Paris; mais dans les Parlemens de droit écrit, l'on diſtingue entre les majeurs & les mineurs. L'on accorde aux derniers le bénéfice de reſtitution contre les ventes faites par décret de leurs immeubles, quand il y a lézion d'outre moitié du juſte prix. *Voyez l'obſervation ſur le Plaidoyer 7. d'Henrys, 3. Prop.*].

Quoique la vente ſoit parfaite, les Parties peuvent par un conſentement mutuel s'en déſiſter, & convenir que les choſes ſoient remiſes au même état que s'il n'y avoit point eu de vente ; mais pour faire que la réſolution du contrat opere ſon effet à l'égard des tierces perſonnes qui peuvent y avoir intérêt, comme du Seigneur pour ſes droits ſeigneuriaux, & des créanciers du vendeur ou de l'acquéreur, il faut que quand on ſe déſiſte du contrat, les choſes ſoient

L. 3. ff. de reſcind. vend.

L v

entieres de la part du vendeur, de la part de l'acquéreur, & de la part du tiers qui y a intérêt.

Il faut, de la part du vendeur, qu'il n'ait pas reçu le prix; de la part de l'acquéreur, qu'il ne se soit pas mis en possession réelle & actuelle de la chose vendue; & de la part du tiers, qu'il n'ait pas encore exercé ses droits. Par exemple, que le Seigneur n'ait point demandé ses droits seigneuriaux, & que les créanciers du vendeur ou de l'acquéreur n'ayent point fait saisir le prix ou la chose vendue.

Louet M. 15.

On ne peut pas faire vendre les immeubles d'un mineur, même pour le paiement de ses dettes, sans avoir auparavant discuté ses meubles, pour savoir s'ils sont suffisans pour payer; l'usage est de faire donner un bref-état au tuteur de son administration. Il faut aussi, pour la validité de la vente, qu'elle soit faite publiquement *C. de bon. mi-* au plus offrant, & qu'elle soit ordon-*nor. sine decr.* née par Justice. Il est vrai que c'est au mineur qui se plaint du défaut de discussion, à prouver qu'il avoit des meubles lors de la vente.

Lorsque les Officiers de Judicature

ont vendu leurs charges, s'ils viennent à se repentir avant que l'acquéreur ait fait sceller ses provisions, on les maintient dans leurs offices, nonobstant la vente, en payant quelques dommages & intérêts à l'acquéreur. Cette révocation de la vente d'un Office est appellée regrès; quand le regrès est fait dans les vingt-quatre heures, il n'y a d'autres dommages & intérêts que le coût du contrat de vente, & des provisions s'il y en a. Quoique cet usage paroisse contraire aux regles, il est néanmoins trèséquitable; car il seroit bien dur de réduire à une vie privée un homme qui a été élevé dans les fonctions de la magistrature.

L vj

CHAPITRE XXIV.

Du Remeré, ou du Retrait conventionnel.

Tiraq. de re-
tract. confang.
§. 1. glof. 10.
n. 21. & feq.

LOrfqu'un homme fe trouve preffé de vendre pour avoir de l'argent, il peut ftipuler qu'il lui fera permis de rentrer dans l'héritage vendu, en rembourfant dans un certain tems le prix avec les frais & loyaux-coûts : c'eft ce qu'on appelle Retrait conventionnel ou faculté de Remeré, du mot *Reemere*. Le tems du Remeré eft arbitraire, & dépend abfolument de la volonté des parties, qui peuvent même ftipuler le rachat à perpétuité ; mais en ce cas on ne peut exercer la faculté de Remeré que pendant trente ans contre l'acquéreur ou fes héritiers, & dix ans entre préfens, & vingt entre abfens contre le tiers détenteur, cette action n'ayant aucun privilege qui la puiffe faire durer plus que les autres.

La vente à faculté de Remeré eft une véritable vente, qui ne dépend

point de l'événement du rachat ; elle
est parfaite dès le moment que le
contrat est passé : c'est pourquoi, durant le tems du Remeré , l'acquéreur
jouit des fruits , comme étant le véritable propriétaire. Il est vrai que
tant que la faculté dure, il ne doit
rien empirer, & ne peut faire que les
réparations nécessaires ; s'il en faisoit
d'autres , le vendeur ne seroit pas obligé de les rembourser, comme étant
faites en fraude du Retrait.

Lorsqu'il y a un tems limité pour
exercer le Remeré , il est certain que
dans les regles le vendeur ne devroit
plus être reçù au retrait lorsque le
terme est expiré ; mais depuis plusieurs années il s'est glissé un grand
abus, non-seulement à cet égard,
mais à l'égard de tout ce qu'on nomme clauses comminatoires dans les
contrats. On juge donc que la faculté de Remeré , quand elle seroit
restreinte à six mois par le contrat,
dure néanmoins trente ans, à moins
que l'acquéreur n'ait fait déclarer en *Henrys, tom.*
Justice le vendeur déchu du Re- *2. l. 3. q. 4.*
trait ; c'est ce que l'on appelle une
Sentence de purification, & encore

fi le jugement n'eft pas en dernier reffort, le vendeur peut en interjetter appel durant les trente ans ; de forte qu'un vendeur habile peut toujours faire durer la faculté pendant trente ans, fans que l'acquéreur y puiffe apporter aucun remede ; car il n'a qu'à fe laiffer condamner par les premiers Juges, & ne point interjetter appel de la fentence, qu'il n'ait fon argent tout prêt. * Il y a un remede à cet inconvénient ; car l'acquéreur n'a qu'à former fon action fi-tôt que le délai eft expiré, les premiers Juges accordent toujours un nouveau délai d'un an ou de fix mois ; de forte que l'acquéreur interjettant appel de la fentence, en ce qu'elle a prorogé le délai, cela donne lieu à un Arrêt, qui fixe un délai certain]. De même lorfque par une tranfaction il eft porté que faute de payer une telle fomme, ou de faire telle chofe dans un certain tems, la tranfaction demeurera nulle, ou qu'il y a une autre peine ftipulée, les Juges n'ont point d'égard aujourd'hui à ces fortes de ftipulations ; ils autorifent, par ce moyen, la mau-

Brodecu fur Louet, let. R. fom. 12.

vaife foi, & réduifent par-là les contractans à ne pouvoir prendre aucunes
mefures certaines pour l'exécution des
chofes dont on eft convenu, & dont le
tems fait fouvent la principale partie.

La faculté de Remeré ne produit
pas feulement une action perfonnelle
contre l'acquéreur, mais encore une
action réelle pour retirer la chofe, en
quelque main qu'elle ait paffé depuis. Il en eft de même de l'action
refcifoire pour lézion d'outre moitié
du jufte prix ; & généralement tout
ce qui câffe la vente, produit deux
actions au moins, la perfonnelle,
pour les dommages & intérêts, &
les autres preftations ; & la réelle,
pour recouvrer la chofe, qui revient
à fon premier maître par la réfolution du contrat.

L. 18. §. 1.
ff. de pignor-
act.

Les engagemens du domaine ont
quelque rapport avec le Remeré ;
mais il differe en ce point effentiel, que la vente avec la faculté de
Remeré, eft une véritable vente, qui
transfere la propriété de la chofe
vendue ; au lieu que les engagemens
du domaine n'en transferent pas la
propriété en la perfonne de l'engagif-

Ordonn. de
1566.

te; car comme le domaine eſt inaliénable par les loix de l'Etat, quand
la néceſſité des affaires a obligé de
le vendre, ç'a toujours été après des
Lettres patentes vérifiées au Parlement & à la Chambre des Comptes,
avec deux conditions; la premiere,
de pouvoir être racheté perpétuellement, ſans que la preſcription de
trente ans ait lieu : la ſeconde, de
pouvoir être revendu de tems en tems
à des particuliers, qui ſe chargent de
rembourſer les premiers engagiſtes,
& de payer encore une augmentation
de finance au Roi.

CHAPITRE XXV.

Des Rentes foncieres.

LEs Rentes foncieres font des redevances impofées à perpétuité fur un certain héritage, & qui le fuivent par-tout, en quelques mains qu'il paffe. Ces rentes peuvent être créées en plufieurs manieres.

La premiere & la plus ordinaire eft le contrat de bail à rente, par lequel on transfere la propriété d'un immeuble, à la charge d'une certaine fomme, ou d'une certaine quantité de fruits, que le poffeffeur doit payer perpétuellement tous les ans.

La feconde maniere eft, lorfque dans un partage les lots font inégaux, ou lorfqu'on échange un héritage contre un autre de moindre valeur. Alors on peut charger les immeubles qui compofent le lot le plus fort, ou l'héritage qui vaut le plus, de payer une rente fonciere

Loifeau, du Déguerp. l. 1. ch. 5.

par maniere de foute de partage ou d'échange.

Loyfeau, du Déguerp. l. 1. ch. 7.

Les rentes de don & legs, lorf-qu'un homme donne ou legue une certaine rente à prendre à perpétuité fur un héritage qui lui appartient, font une efpece affez irréguliere de rentes foncieres.

Ibid. ch. 5.

Quand il y a contestation entre deux perfonnes pour la propriété d'un héritage, les parties peuvent par une tranfaction abandonner l'hé-ritage à l'un, & le charger en même tems envers l'autre, d'une rente fon-ciere, qui tient lieu de la propriété cedée.

Il peut auffi y avoir d'autres cas où il eft permis de créer une rente fonciere fur un héritage; mais il faut obferver qu'un homme ne peut ja-mais créer fur l'héritage qui lui ap-partient, une rente fonciere au pro-fit d'un autre, moyennant une fom-me payée comptant pour le fort prin-

Confér. des Ordonn. l. 4. tit. 7. §. 36.

cipal. Une telle rente feroit une vé-ritable rente conftituée, & non pas fonciere : elle feroit rachetable à tou-

M. Louet, let. R. n. 10.

jours, fuivant la nature des rentes conftituées; & fi elle avoit été conf-

tituée en grains ou en autres especes, il faudroit en ce cas la réduire en argent, parce que les grains
n'ayant point de prix fixe, il se pourroit faire que le prix en augmenteroit
tellement avec le tems, qu'il excederoit de beaucoup l'intérêt légitime
que le sort principal de la rente devroit produire : ce qui seroit une véritable usure.

Les rentes de bail d'héritage different du cens & de l'emphytéose en
plusieurs choses. La premiere est, que
celui qui donne à titre de cens ou
d'emphytéose, se réserve une espece
de propriété qu'on appelle directe,
& qui ordinairement emporte lods
& ventes en matiere de cens, &
commise ou perte de l'héritage, faute
de paiement de la redevance durant
trois ans en matiere d'emphytéose.
La seconde différence est, que la redevance en matiere de cens ou d'emphytéose, est ordinairement très-mo-
dique, eu égard à la valeur des fruits
de l'héritage, parce qu'elle est plutôt
créée pour une marque de reconnois-
sance & de seigneurie, que pour un
profit utile ; au lieu que la rente fon-

Dumoulin,
Paris, tit. de
Censiv. n. 21.
& seq.
Loyseau, du
Déguerp. l. 1.
chap. 4 & 5.

ciere emporte presque toujours la plus grande partie des revenus de l'héritage. La troisieme est, que dans l'emphytéose le preneur donne souvent des deniers d'entrée, & s'oblige de faire des bâtimens ou autres réparations de cette importance ; comme planter des bois, des vignes, &c. ce qui n'arrive que rarement dans les baux à rente. La quatrieme différence est, que l'emphytéose finit souvent après un certain tems, comme de quatre - vingt - dix - neuf ans, & de deux ou trois générations ; & le bail à rente de sa nature doit durer à perpétuité. Il y a encore quelques différences qui sont plus curieuses qu'utiles.

Il y a deux especes de rentes foncieres : celles qui sont les premieres après le cens, qu'on appelle gros cens, surcens, & les simples rentes foncieres. * Une rente fonciere peut être la premiere après le cens, sans être dûe au Seigneur].

Les premieres ne peuvent être réservées que par un Seigneur de fief, qui en baillant quelques héritages à titre de cens, se réserve, outre le cens, une rente plus forte en grains ou en argent.

Les rentes de la seconde espece font celles qui font impofées par le propriétaire qui n'eft point Seigneur, dans l'aliénation qu'il fait de fon héritage.

Il arrive fouvent que, quoiqu'un propriétaire fe réferve une rente fur l'héritage qu'il aliene; ce n'eft pas néanmoins une rente fonciere, mais feulement une rente conftituée : ce qui eft très-important à bien diftinguer. Il faut donc obferver que celui qui aliene fon héritage à la charge d'une rente, le peut faire de trois manieres différentes.

Loyfeau, du Déguerp. l. 2. ch. 5.

Il peut abandonner fon héritage à la charge d'une rente purement & fimplement; & alors c'eft une véritable rente fonciere non rachetable, dont l'héritage demeure chargé à perpétuité, à moins qu'il ne revienne entre les mains du bailleur, ou qu'il ne veuille confentir le rachat de la rente.

Il peut donner fon héritage à la charge d'une rente rachetable moyennant une certaine fomme; & c'eft encore une véritable rente fonciere, mais qui eſt rachetable ; auquel cas, la faculté de rachat qui eſt accordée par le contrat, ſe preſcrit par trente ans, après leſquels le détenteur de l'héritage ne peut plus racheter la rente.

*Paris , arti-
cle 120.*

Il peut enfin vendre ſon héritage moyennant une certaine ſomme, pour raiſon de laquelle l'acquéreur lui conſtitue une rente ; & alors cette rente n'eſt pas fonciere, mais conſti-tuée, & par conſéquent rachetable à perpétuité.

La raiſon de différence de ces deux derniers contrats, vient de ce que dans le premier des deux les parties n'ont point ſongé à acheter ni à ven-dre, mais ſeulement à faire un bail à rente, & de ce que le prix qui eſt ex-primé dans le contrat, n'eſt que pour fixer le rembourſement de la rente que le bailleur a bien voulu permet-tre de racheter. Au contraire, dans le dernier contrat les parties ont com-mencé par une véritable vente, & ont enſuite converti le prix dé la ven-te en un contrat de conſtitution ; de ſorte que le dernier contrat en contient deux, favoir, un contrat de vente, & un contrat de conſtitution.

Souvent on convient par le même contrat qu'une partie du prix ſera payée comptant, & que pour le ſurplus de valeur de l'héritage, l'acquéreur payera une rente : cela ne change rien à la nature de la rente, qui ſera fonciere ou conſtituée, ſuivant la diſtinction qui vient d'être expliquée.

La rente fonciere eſt une charge qui ſuit l'héritage, qui a été donnée à cette condition, en quelques mains qu'il paſſe. Elle a cela de particulier, que le preneur qui a conſenti à la création de la rente, ayant aliéné l'héritage, n'eſt plus tenu que des arrérages échus avant l'aliénation, ſi ce n'eſt que par le contrat il eût promis de faire quelque amendement ou amélioration, comme bâtimens, plant d'arbres, &c. & qu'il ne l'eût pas fait; ou qu'il eût promis fournir & faire valoir la rente, & qu'il y eût obligé tous ſes biens ; auquel cas il demeure toujours perſonnellement obligé à la rente, indépendamment de l'héritage.

Paris, article 99.

Paris, article 109.

Paris, article 210. Celui qui a acquis du preneur à la charge de la rente feulement, fans faire mention d'autres charges, comme de mettre amendement, fournir & faire valoir, eft tenu perfonnellement des arrérages échus de fon tems; mais il n'eft plus tenu de continuer la rente dès le moment qu'il n'eft plus détenteur de l'héritage, à moins qu'il ne fe fût obligé d'acquitter fon vendeur, perfonnellement obligé à la continuation de la rente.

Paris, article 102. . Celui qui a poffédé l'héritage, & qui ne s'eft point engagé à payer la rente, ne laiffe pas d'être tenu perfonnellement des arrérages échus du tems de fa poffeffion, fuppofé qu'il ait perçu les fruits, & qu'il ait eu quelque connoiffance de la rente; par exemple, fi le preneur qui lui a vendu lui a remis entre les mains le contrat de bail à rente : mais fi le tiers détenteur a ignoré la rente, il n'eft tenu d'aucuns arrérages, pourvu que lorf-qu'il eft pourfuivi, après avoir fait appeller fon vendeur en garantie, il renonce à l'héritage avant contefta-tion en caufe; car s'il n'y renonçoit qu'après, il feroit tenu de payer les
arrérages

arrérages échus de ſon tems, juſqu'à concurrence des fruits par lui perçus, ou de rendre les fruits, à ſon choix.

De-là il réſulte qu'il y a trois actions pour les rentes foncieres : la pure perſonnelle contre celui qui ne poſſede plus, pour les arrérages de ſon tems; l'hypothéquaire contre celui qui poſſede, pour les arrérages précédens; & l'action mixte, en partie réelle, en partie perſonnelle, pour l'obliger à paſſer titre nouvel, & payer les arrérages de la rente, non pas indéfiniment, mais ſeulement tant qu'il poſſedera l'héritage qui en eſt chargé.

Paris, article 203.

CHAPITRE XXVI.

Des Rentes conſtituées.

LEs contrats de conſtitution ſont de véritables contrats de vente, où le ſort principal qui eſt payé par l'acquéreur de la rente, tient lieu du prix; & le droit de percevoir tous les arrérages de la rente, tient lieu de la chose vendue.

Cette espece de contrat n'étoit pas tout-à-fait inconnue dans le Droit Romain, quoiqu'on s'en servît très-rarément, parce que les Loix Romaines permettoient de stipuler l'intérêt de l'argent que l'on prêtoit : ce qui paroissoit plus commode pour la faculté que l'on avoit de retirer le principal quand on vouloit, qui n'est pas accordée dans les contrats de constitution.

Molin. de usur. qu. 37. & Nov. 160.

Mais dans la suite des tems les tribunaux de la Justice ayant réprouvé les stipulations d'intérêts, comme des conventions usuraires, l'on commença à faire plus fréquemment des contrats de constitution; & parce que plusieurs personnes doutoient encore s'il n'y avoit point d'usure mêlée, ils furent enfin approuvés par Martin V. en 1424, & par Calixte III. en 1455.

Extravag. Regimini, 1. & 2. de e npt. & vend.

Quelques-uns vouloient d'abord que ces contrats ne fussent permis que lorsque le débiteur de la rente possédoit des immeubles, dont les fruits étoient affectés au paiement de la rente, afin qu'il y eût plus de rapport à une vente de fruits qu'à des intérêts de la somme donnée pour le sort principal : mais cette opinion a été rejettée ; & si l'on est aujourd'hui si exact à ne donner son argent à constitution de rente qu'à ceux qui possedent des immeubles, ce n'est pas par principe de conscience, mais seulement pour avoir des hypotheques qui rendent la rente plus assurée.

Voici donc les conditions essentielles & nécessaires pour la validité d'un contrat de constitution. 1. Que le sort principal soit aliéné pour toujours, c'est-à-dire, qu'il ne puisse jamais être répété par le créancier de la rente. 2. Que la rente ne puisse pas être constituée à un plus haut pied que celui de l'Ordonnance, qui étoit autrefois le denier douze, le denier seize, le denier dix-huit, & aujourd'hui le denier vingt ; c'est-à-dire, que de 20000 livres de sort principal, on peut constituer 1000 l. de rente ; & si on en prenoit davantage, la rente seroit usuraire. Il faut néanmoins observer que quand une fois la rente a été valablement cons-

Molin. de usur. quæst. 30.

tituée fur un certain pied, elle demeure toujours fixe fur le même pied,
quelque changement qui arrive à l'Ordonnance, à moins qu'elles ne foient
réduites fur le pied de l'Ordonnance,
par le confentement mutuel des parties. Ainfi, les rentes conftituées au
denier dix-huit avant l'année 1665,
font toujours payées au denier dix-
huit, quoiqu'elles ayent été depuis ce
tems-là réduites au denier vingt, parce que l'Ordonnance ne change rien
au droit qui eft avant qu'elle ait été
faite. 3. Il faut, pour la validité d'un
contrat de conftitution, que le débiteur de la rente ait la faculté perpétuelle de la racheter, en rembourfant
le fort principal.

Les claufes qui donnent atteinte
à une de ces trois conditions, rendent le contrat nul & ufuraire ; &
s'il y a eu des arrérages payés, ils
doivent être imputés fur le fort principal.

De-là il réfulte qu'on ne peut pas
créer une rente en grains, ou autres
fruits, pour un fort principal payé en
argent, parce que les fruits n'ayant
point d'eftimation fixe & permanen-

te, leur valeur pourroit augmenter, & par conſéquent les arrérages pour-toient excéder le denier de l'Ordonnance : ce qui eſt contraire à la ſeconde condition. On ne peut pas ſtipuler que le débiteur ne pourra racheter que dans un certain tems, ni l'engager de racheter après un certain tems.

On ne peut demander que cinq années d'arrérages des rentes conſtituées : ſi on paſſe les cinq années ſans faire faire une ſommation ou interpellation de payer, les arrérages du paſſé demeurent preſcrits ; mais pour interrompre la preſcription à cet égard, il ſuffit d'un ſimple commandement, & il n'eſt pas néceſſaire de donner une aſſignation en juſtice.

Louis XII. 1510, *art.* 71.

M iij

CHAPITRE XXVII.

Du Louage, ou Bail à loyer.

LE Bail à loyer, ou Louage, est une convention par laquelle on donne l'usage & la jouissance d'une chose, ou par laquelle on promet faire de certains ouvrages pour un certain prix. Il y a différentes especes de louage : on les peut rapporter à trois, qui renferment toutes les autres. On peut donner la jouissance d'une chose qui rapporte des fruits ou des revenus aux fermiers, comme une terre, un greffe, &c. On peut donner l'usage d'une chose qui naturellement ne produit aucuns fruits, comme les meubles, les maisons. On peut donner son tems & son industrie, comme les serviteurs domestiques, les ouvriers, les commis, & autres qui sont employés pour le service ou pour les affaires d'autrui.

Le bail des choses qui produisent des fruits, & même celui des immeubles qui n'en produifent point, comme les maifons, peut être fait pour un tems modique, au-deffous de dix ans : c'eft ce qu'on appelle proprement bail à ferme, ou bail à loyer. Il peut auffi être fait à longues années, de dix ans, & au-delà : c'eft ce qu'on appelle bail emphytéotique, qui forme une autre efpece de contrat.

Tous ceux qui ont la libre adminiftration de leurs biens, en peuvent faire des baux à ferme pour tel tems que bon leur femble; cela ne reçoit aucune difficulté : mais il y a des perfonnes qui ont l'adminiftration, & même la jouiffance des biens dont ils ne font pas propriétaires, comme les tuteurs des biens de leurs mineurs, les maris des biens de leurs femmes, les bénéficiers, les douairieres, & autres ufufruitiers, dont l'adminiftration ou la jouiffance ne doit pas toujours durer. Il n'y a point auffi de doute que toutes ces perfonnes ne puiffent faire des baux à ferme; mais on demande fi les baux qu'ils ont faits doivent finir dès le moment que cette adminiftration ou cette jouiffance finiffent.

M iiij

À l'égard du tuteur, comme le bail qu'il fait n'eft qu'un fimple acte d'adminiftration pour & au nom du mineur, cette adminiftration lui étant déférée par la loi, le bail doit durer après la tutelle finie, pourvu qu'il n'y ait ni dol, ni fraude, ni lézion énorme. Les tuteurs néanmoins qui ne veulent donner aucun foupçon de leur conduite, ne font gueres de baux au-delà de fix ans, fur-tout lorfque la fin de leur tutele approche, à moins qu'il n'y ait une utilité très-évidente pour le mineur.

La coutume de Paris permet au mari de faire des baux des héritages de fa femme, fitués à Paris, pour fix ans; & à l'égard des héritages fitués aux champs, pour neuf ans & au-deffous, fans fraude : & ces baux ainfi faits, durent même après la diffolution du mariage, fans que la femme y puiffe donner atteinte.

La coutume de Blois, au contraire, porte, que le mari ne pourra faire bail à ferme, ou moiffon, outre le tems du mariage, fans le confentement de fa femme.

Mais comme il y a beaucoup de

Du Louage, ou Bail à loyer. 273

coutumes qui n'en parlent pas, la
plûpart des auteurs sont d'avis que la
femme doit entretenir le bail qui a
été fait par son mari pour un tems
modique, & sans fraude : ce qui est
très-équitable, quoique par le droit
Romain la femme ne soit pas préci-
sément obligée d'entretenir le bail
que son mari a fait. Mais si le bail
n'est que pour cinq ans, & qu'ils ne
soient pas expirés dans le tems de
la dissolution du mariage, la femme
peut, à la vérité, chasser le fermier ;
mais elle est obligée d'indemniser le
mari ou ses héritiers des dommages
& intérêts que le fermier pourroit
prétendre.

Dumoulin, in ant. consuet. Par. §. 30. n. 106. Pontan. in consuetud. Blef. art. 179. L. 55. §. ult. ff. solut. matrim. Dionys. Gothof. in l. 9. C. de locat.

Régulierement le bénéficier n'est
pas obligé d'entretenir le bail qui a
été fait par son prédécesseur, par quelque genre de vacance que le bénéfice
ait vaqué ; néanmoins dans quelques
tribunaux on ne suit pas l'Ordonnance à la rigueur, & l'on juge que le
pourvu par résignation ou par per-
mutation doit se tenir au bail qui
a été fait par son résignant ou co-
permutant.

Ordonn. du 7 Sept. 1468. Brodeau sur Louet, §. 11.

Henrys, tom. 1, l. 4, qu. 4.

Les baux faits par la femme douai-
L. 9. §. 11. ff. locat.

M v

riere & par les autres ufufruitiers, finiffent avec le droit d'ufufruitier, quoique le tems porté par le bail ne foit pas encore expiré. Quand l'ufufruitier eft éteint, le fermier ne peut demander aucuns dommages & intérêts aux héritiers du défunt ufufruitier, parce que le fermier a dû prévoir que l'ufufruit pourroit finir avant la fin de fon bail : ce feroit autre chofe, fi celui qui a fait le bail n'y avoit pas exprimé fa qualité d'ufufruitier, parce qu'en ce cas il auroit trompé le fermier.

Louet, & Bro-
deau, E. 5.

Mais il faut obferver que tous ces adminiftrateurs & ufufruitiers ne peuvent pas faire des baux par anticipation de tems, c'eft-à-dire, avant que les baux précédens foient prêts à expirer ; de forte que fi le bail d'une maifon étoit fait ou renouvellé plus de fix mois avant l'expiration du premier, le mineur devenu majeur, & la femme après la mort de fon mari, ne feroient pas obligés de l'entretenir, parce qu'il peut y avoir de la lézion, n'étant pas poffible de favoir précifément la valeur des chofes dans le tems que le bail commencera. Il eſt vrai qu'à l'égard des terres & fermes de la campagne, le bail peut être fait par anticipation d'un an & demi ou de deux ans, parce que le fermier eſt obligé de faire ſes préparatifs & ſes labours avant que d'entrer en jouiſſance.

Par le droit Romain, il étoit dé-fendu ſous de grandes peines à toutes ſortes de perſonnes de donner leurs biens à ferme à des ſoldats, & aux ſoldats de les prendre, parce que cela les pouvoit détourner du ſervice mi-litaire qu'ils doivent à l'état. Parmi nous, il eſt défendu aux Gentilshom-mes de tenir les fermes des bénéfices & des dixmes, à peine d'être privés du privilege de nobleſſe. Il eſt auſſi défendu aux étrangers pourvus de bénéfices en ce Royaume, d'avoir d'autres fermiers que des François naturels, à peine de ſaiſie de leur temporel, & de perte des fruits.

L. 31. & l. ult. C. de loc. & Nov. 116. Ordonn. de 1568. Blois, art. 43.

Blois, art. 4.

L'obligation de celui qui fait le bail eſt de faire jouir le fermier de la choſe donnée à ferme, ou de lui payer les dommages & intérêts, qui indemniſent le fermier de toute la perte qu'il ſouffre pour l'inexécution

L. 7. & S. ff. locat. & ibi Cujac.

M vj

du bail. L'exemple que la loi en donne, est d'un locataire qui a loué une maison cinquante livres, & qui en fait un sous-bail moyennant soixante livres : celui qui a fait le bail, est obligé de lui donner les dix livres par an qu'il perd par l'inexécution du bail ; mais cette alternative des dommages & intérêts n'a lieu qu'en cas que celui qui a fait le bail, ne soit pas en état de faire jouir le fermier ; car s'il peut entretenir le bail, il ne lui est pas permis de le résoudre, quand même il offriroit des dommages & intérêts, si ce n'est dans les cas suivans.

L. 54. parag. 1. ff. loc. cond.

Le premier est, quand le fermier ou le locataire ont été deux ans sans payer le prix de leur bail, les loix permettent en ce cas de leur ôter la ferme ou la maison qu'ils occupent, & cela est très-juste & très équitable. De quel front peuvent-ils demander que le propriétaire soit obligé d'entretenir un bail auquel ils ne satisfont pas eux-mêmes ? Cependant on trouve quelquefois des Juges qui prorogent ce tems, & qui ne permettent au propriétaire de fai re fortir un fermier ou un locataire, qu'après une infinité de procédures & de chicanes : c'eft un abus manifefte qui tend à ruiner également ceux qui ne peuvent pas payer, & ceux qui ne peuvent pas être payés.

Le fecond cas eft, quand le fermier ou le locataire abufent de leur bail pour détruire ou dégrader les lieux dont ils ont le bail, par exemple, quand ils abattent les bois de haute futaye, les arbres fruitiers, les couvertures des maifons, ou qu'ils arrachent les vignes, &c. Ces deux premiers cas font communs aux fermiers des terres, & aux locataires des maifons. Dans l'un ni dans l'autre il ne faut ni dommages & intérêts, ni remifes des loyers échus, parce que le bail n'eft réfolu que par leur propre faute. *L. 3. C. de locat.*

Le troifieme cas eft, quand le propriétaire d'une maifon qui menace ruine, la veut rebâtir ; en ce cas, s'il y a une néceffité évidente de rétablir la maifon, le propriétaire ne doit au locataire, pour tous dommages & intérêts, que la remife des loyers du tems que le locataire n'a pas pu *L. 30. ff. loc. cond.*

y habiter : mais s'il n'y avoit point
de nécessité pressante, & que le
propriétaire ne fît rebâtir sa maison
que pour la rendre plus commode,
il lui doit des dommages & intérêts, outre la remise des loyers du
tems que la maison n'a pas été oc-
cupée.

L. 3. C. de locat.   Le quatrieme cas est particulier
pour les maisons des villes, & ne
peut pas être appliqué aux fermes de
la campagne. La loi permet au propriétaire qui veut occuper sa maison
en personne, de donner congé au
locataire avant que le bail soit expiré : mais comme les propriétaires
Soefve, to. 1. pourroient abuser de ce privilege, on
cent. 2. c. 18. a jugé que le propriétaire ne pouvoit
pas faire sortir le locataire pour oc-
cuper une très-petite portion de la
maison, & louer le reste à d'autres,
le locataire ayant offert de donner
un appartement commode au propriétaire qui n'étoit pas en état d'occuper toute la maison.

Brodeau sur   Ce privilege n'est accordé qu'à ce-
Louet, l. 6. lui qui est propriétaire du total de la
som. 4. n. 4. maison, & non pas à celui qui n'est
propriétaire que d'une partie, à

moins qu'il n'ait le confentement par écrit de tous les autres co-proprié- taires.

On a étendu avec raifon ce privi- *Ibidem.* lege à la mere tutrice de fes enfans, pour les maifons qui leur appartien- nent , & au mari pour les maifons dont fa femme a la propriété , par- ce que la mere tutrice logeant avec fes enfans , & la femme logeant avec fon mari , ce font effectivement les propriétaires qui vont loger dans leur maifon.

L'ufage en ce cas eft de donner *Ibidem.* un tems raifonnable au locataire pour chercher une autre maifon, comme de trois mois ou de fix mois, fui- vant la qualité des maifons , & celle des locataires. On adjuge auffi ordi- nairement des dommages & intérêts, qui font liquidés à un, deux ou trois termes , fuivant les circonftances : *Louet & Bro-* * on n'en donne point; autrement *deau , lett. L,* ce ne feroit plus un privilege]. *ch. 4.*
Ibidem.

Quand le propriétaire a renoncé par le bail à fon privilege, il ne peut plus s'en fervir ; cette renonciation le regarde feul, & n'a rien qui foit contre le droit public, ni contre les bonnes mœurs.

L. 9. C. de locat.

L'action que le fermier ou le locataire ont contre le propriétaire pour l'obliger à les faire jouir, n'engage pas celui qui acquiert de lui la chofe à titre fingulier; de forte que le tiers acquéreur en peut faire un nouveau bail, ou en jouir par fes mains, fans s'expofer à aucuns dommages & intérêts, à moins que par fon contrat d'acquifition il ne foit chargé d'entretenir le bail, ou qu'il ne l'ait approuvé par quelque acte; mais le fermier dépoffédé a fon recours contre celui qui lui a fait le bail, pour fes dommages & intérêts; & fi le bail eft pardevant Notaires, il y a hypotheque fur la chofe, comme ayant appartenu à fon débiteur. ☞ Quoique par le bail la chofe foit fpécialement hypothéquée pour l'exécution & entretenement d'icelui, le locataire ou fermier peut être dépoffédé par l'acquéreur. *Voyez les Obfervations fur les œuvres pofthumes d'Henrys, queft.* 8].

L. 25. parag. 3. ff. locat.

Les fermiers ou locataires font obligés de leur côté à trois chofes: premierement, à jouir en bons peres de famille, à ne point faire de

dégradation dans les lieux dont ils
ont la jouissance. Les fermiers des
terres doivent les cultiver dans les
tems & les saisons accoutumées, en
sorte que les fonds soient toujours
en bon état, ou du moins qu'ils n'empirent par leur fait. Ils doivent faire
toutes les réparations auxquelles ils
sont obligés par leur bail, ou par
l'usage des lieux, soit dans les terres, soit dans les bâtimens; & s'il y
a des réparations à faire auxquelles ils
ne soient pas obligés, ils doivent
en avertir les propriétaires. Ils sont
tenus de tous les accidens qui arrivent par leur faute; & si le feu brûle
une maison, on présume que l'incendie est arrivé par la faute de celui
qui l'habite, à moins qu'il ne prouve
le contraire.

*L. 5. §. 1. ff.
de offi. præf
vig.l.*

La seconde chose à quoi les fermiers ou locataires sont obligés, c'est
de payer le prix de leur bail : mais
comme il se peut faire que les fermiers des terres de la campagne n'en
tirent certaines années aucuns revenus, à cause des accidens imprévus,
comme la grêle, les inondations, les
guerres, &c. ce qu'on appelle *Vi-*

maires, du mot latin *vis major*, on
demande si, lorsque ces accidens arrivent sans le fait du propriétaire,
le fermier doit payer le prix entier
de son bail, ou si on lui doit faire
diminution. Voici les distinctions
que les loix ont faites sur cette matiere.

L. 15. §. 6.
& l. 51. §. 6.
ff. locat.

Le fermier ne peut point demander de diminution, sous prétexte que
l'année n'est pas si abondante que les
autres ; pourvu qu'elle ait produit
quelque chose au-delà des labours &
semences, quand les fruits ne suffi-
roient pas pour payer tout le prix du
bail, il ne laisse pas d'en être chargé.
La raison est, que s'il y a une ferti-
lité extraordinaire, c'est lui seul qui
en profite, sans que le propriétaire
puisse demander une augmentation
du prix de la ferme.

Ibid. §. 2.

Les accidens qui arrivent sur les
fruits qui ont été recueillis; par exemple, quand les bleds & les vins sont
corrompus dans les greniers & les
caves; ces accidens, dis-je, tombent
en pure perte sur le fermier; car il
est propriétaire des fruits, dès le moment qu'ils ont été séparés du fonds ;

& c'eſt un principe en droit, que la
perte d'une choſe doit toujours tomber ſur celui qui en eſt le propriétaire, lorſque la perte arrive par un pur
hazard, qui n'a été ni précedé ni
cauſé par la faute d'autrui.

Mais ſi les fruits qui n'ont pas en- *Ibid. §. 4.*
core été recueillis ſont entierement
abſorbés par un cas fortuit, ou ſi la
terre n'en a point produit, ou ſi peu,
qu'ils n'excedent pas la valeur des labours & ſemences, il faut encore diſ-
tinguer : ou cette perte eſt ſurvenue
dans les dernieres années d'un bail,
dont les premieres récoltes ont été
très-fertiles, & en ce cas il eſt juſte
de compenſer le profit précédent
avec la perte préſente ; & par ce
moyen le fermier ne peut point demander de diminution : ou les premieres récoltes n'ont pas aſſez produit pour égaler le profit avec la
perte, & alors il faut faire une diminution au fermier. Que ſi la ſtérilité
a commencé dans les premieres années du bail, alors il faut attendre
l'événement des années ſuivantes,
pour ſavoir s'il y aura lieu à la diminution ; & dans l'incertitude il faut

donner la provision au fermier, & suspendre le paiement du prix de l'année, ou du moins d'une certaine partie.

S'il est porté par le bail, que le fermier ne pourra demander aucune diminution, pour quelque cause que ce soit, cela n'empêche pas qu'on ne lui en doive faire pour raison des vimaires. Comme ce sont des cas extraordinaires, on présuppose que les parties ne les ont pas prévus, & qu'elles n'y ont pas porté leur pensée. Mais si la clause du bail porte expressément qu'on ne pourra demander diminution pour toutes sortes de vimaires, prévus & non prévus, alors il la faut suivre à la lettre, parce qu'il est à présumer que le propriétaire a diminué le prix courant du bail, en considération de ce que le fermier a bien voulu s'engager à une obligation aussi dure & aussi extraordinaire.

Tout ce que nous avons dit à l'égard des diminutions que le fermier peut demander pour cause de stérilité, n'a lieu que pour les baux qui font faits pour un prix en argent, ou

l. 7. §. 2. ff. eod.

une certaine quantité de grains ou autres fruits, qu'on appelle baux à moisson. Mais si le bail est fait à condition que le fermier fournira seulement la culture nécessaire, & que les fruits seront partagés entre le propriétaire & lui, alors il n'y a point de diminution à demander ; car ce contrat n'est pas, à proprement parler, un simple bail, c'est une espece de société, dans laquelle chacun a le profit ou la perte de la portion qui lui est destinée.

L. 25. §. 6. ff. eod.

La troisieme chose à laquelle le fermier ou le locataire sont obligés, c'est d'entretenir le bail qui leur a été fait, durant tout le tems porté par le contrat ; de sorte que si le locataire abandonnoit la maison, ou si le fermier cessoit de cultiver les terres, à moins qu'ils n'y fussent contraints par une force majeure, ou par une juste crainte, ils ne seroient pas moins obligés de payer le prix entier de leur leur bail.

L. 17. §. 1. ff locat.

Les fermiers des terres de la campagne peuvent s'obliger par corps au paiement du prix de leur ferme ; ils ne sont pas même recevables à faire

Ordonn. de 1667, tit. 34. art. 7. Louet, C. 57.

cession de biens, parce qu'ils commettent une espece de larcin, en confumant les fruits qui naissent fur le fonds du propriétaire, fans lui en payer le prix.

Si le bail est fait pardevant Notaires, le propriétaire a parmi nous une hypotheque générale fur tous les immeubles du fermier ou du locataire; mais, foit que le bail ait été passé pardevant Notaires, ou fous feing privé, la loi donne une hypotheque tacite, ou pour mieux dire, un privilege au propriétaire, pour l'entiere exécution du bail; favoir, à l'égard des maifons qui font louées, ou pour l'habitation, ou pour le plaifir, le propriétaire a un privilege & une préférence à tous autres créanciers fur le prix de tous les meubles qui ont été mis dans la maifon par le locataire : c'est pourquoi dans la plûpart des baux on met que le locataire fera tenu de garnir la maifon de meubles exploitables; c'est une claufe de style que les Notaires n'oublient jamais.

A l'égard des fermes de la campagne, le propriétaire est préféré à tous les autres créanciers, pour l'entiere

L. 4. & 6. ff. in quib. cauf. pign. vel hypoth. fac.

L. 7. ff. eod.

exécution du bail , fur les fruits qui ont été recueillis par le fermier ; mais pour les meubles & uftenfiles que le fermier a mis dans la ferme, la loi ne donne de privilege au propriétaire, que quand il a eu connoiffance que ces meubles & uftenfiles y ont été mis. On préfuppofe parmi nous que le propriétaire a toujours cette connoiffance, parce que dans notre ufage, c'eft prefque toujours le fermier qui doit fournir tous les inftrumens du labourage ; & c'eft fans doute fur ce principe que la coutume de Paris, après avoir dit que les meubles n'ont point de fuite par hypotheque, ajoute que les propriétaires des maifons fifes ès villes & fauxbourgs , & fermes des champs, peuvent fuivre les biens de leurs locatifs ou fermiers exécutés , encore qu'ils foient tranfportés , pour être premiers payés de leurs loyers ou moiffon. ☞ Cette difpofition de la coutume de Paris eft finguliere, & contraire à la difpofition du droit. Ainfi, les Arrêts ont jugé qu'elle ne doit pas être étendue dans les autres coutumes. *Ricard & Auzanet fur l'arti-*

L. 5. C. de locat.

Paris, 170 & 171.

cle 171 de la coutume de Paris.

Il faut néanmoins obferver que par un ufage conftant, le propriétaire des maifons louées n'a fon privilege que pour les trois derniers quartiers, & pour le refte de l'exécution du bail, parce que les loyers des maifons étant payables de quartier en quartier, le propriétaire doit s'imputer la négligence d'en avoir laiffé accumuler plus de trois quartiers ; à quoi on peut ajouter, que fi on étendoit ce privilege à tous les loyers échus durant le cours du bail, cela pourroit donner lieu à une infinité de fraudes. * Il faut faire une diftinction : fi le bail eft fous feing privé, le propriétaire n'a privilege que pour trois termes & le courant, & non pour le reftant du bail ; mais fi le bail eft paffé devant Notaires, alors le propriétaire a privilege pour tous les loyers échus & à écheoir indéfiniment.

L. 11. §. 5. ff de pign. act. Paris, 162.

Il faut encore obferver que les meubles des fous-locataires ne font obligés envers les propriétaires, que pour le loyer de la portion qu'ils occupent, & non pas pour la totalité du prix

Les héritiers du locataire & du propriétaire font également obligés, d'entretenir le bail dont le terme n'est
point encore expiré ; & le proverbe
François qui dit, que *mort & mariage
rompent tout louage*, est absolument
faux, & n'a aucun fondement, ni
dans le droit, ni dans l'usage.

*Inflitut. de lo-
cat. C. ult. l.
10. C. eod.
Loysel, inst.
cout. l. 3. tit.
6. art. 3.*

Lorsque le terme du bail est expiré, si le locataire continue à occuper la maison, ou le fermier à ex-
ploiter la ferme, quoiqu'il n'y ait
point de nouvelle convention entre
les parties, le silence du propriétaire
fait présumer un consentement de sa
part ; & cela forme un contrat entre les parties, qu'on appelle tacite
reconduction, qui n'a d'autre effet
que de continuer le bail pour le même prix, & de donner le même privilege sur les meubles qui appartiennent au locataire ; car s'ils apparte-
noient à un tiers qui eût consenti qu'ils
fuffent hypothéqués au premier bail,
cette hypotheque ne continueroit pas,
à moins que le tiers n'y eût donné un
nouveau consentement. * Ce consentement est inutile, d'autant qu'un
propriétaire a privilege sur les meu-

*L. 13. 11. &
l. 4. ff. locat.*

Tome II.   N

bles étant dans sa maison, qui appartiennent à un tiers subsidiaire-
ment, quand les meubles qui appartiennent au locataire ne suffisent pas].
Et si le premier bail est passé pardevant Notaires, l'hypotheque qu'il
donne respectivement sur les immeubles du bailleur & du preneur, ne
continue point durant la tacite reconduction. ☞ Cette proposition a
besoin d'explication. Dans le droit,
il est certain que l'hypotheque stipulée par le bail, dure pendant la tacite reconduction. Cela est expressément décidé dans la Loi, *Item quæ-*
ritur 13. §. 11. *ff. locat. cond. qui*
impleto tempore conductionis reman-
sit, in conductione non solùm recon-
duxisse videbitur, sed etiam pignora
videntur durare obligata. La même
chose est décidée dans la Loi, *Le-*
gem 16. *cod. de loco & cond. Sin*
autem tempus in quo locatus fundus
fuerat, sit exactum, & in eadem lo-
catione conductor permanserit, tacito
consensu eamdem locationem unà cum
vinculo pignoris renovare videtur. Or,
en droit le mot *pignus* se prend indifféremment pour gage & hypothe-

que ; il faut pourtant diftinguer entre le locataire & fa caution : à l'égard du premier, l'hypotheque dure toujours ; mais à l'égard du fecond, l'hypotheque ne fubfifte plus après le bail expiré, ainfi que cela eft décidé dans le même §. *Sed hoc ità verum eft, fi non alius pro eo in priore conductione res obligaverat, hujus enim novus confenfus erit neceffarius :* cela a même lieu à l'égard des cautions des fermiers du public ou du fifc. *Eadem caufa erit, etfi reipublicæ prædia locata fuerint. dicto. §. & l. 7. Cod. eodem.*

Il y a plus de difficulté dans le droit François, parce qu'en France l'hypotheque ne fe conftitue pas par le fimple confentement des parties, foit exprès ou tacite, il faut qu'elle foit établie par un acte public : ainfi, quand le bail eft fini, il femble que l'hypotheque eft finie auffi ; cependant il eft certain que l'hypotheque fubfifte en vertu du premier bail. La tacite reconduction eft une efpece de prorogation du bail avec les mêmes claufes & conditions que le premier ; mais la difficulté confifte à favoir de quel jour cette hypotheque doit commencer : il est certain qu'elle prend naissance du bail ; ainsi il semble qu'elle doit aussi prendre sa date du jour du bail : cependant la plus commune opinion du Palais est qu'elle n'a lieu que du jour de la tacite reconduction. Cela est vrai à l'égard des créanciers intermédiaires qui ont contracté entre le bail & la reconduction. L'auteur dit qu'il a été jugé par un Arrêt du 22 Août 1604, rapporté par M. Louet, lett. H. chap. 22 ; & par un autre du 27 Février 1606, remarqué par Brodeau au même endroit, & dans son commentaire sur la coutume de Paris, art. 161, n. 18].

¶ Il faut aussi observer que, quoiqu'on puisse, suivant l'Ordonnance de 1667, tit. 34, art. 7, stipuler la contrainte par corps, pour les fermes des champs, & qu'elle l'ait été dans le bail, néanmoins elle n'est point censée renouvellée par la tacite reconduction. *Quia est præter naturam contractus,* & que les peines ne s'étendent point.

Cette tacite reconduction ne dure qu'un an dans les fermes de la cam-

pagne, & recommence toujours d'u-
ne année à l'autre, jufqu'à ce qu'il y
ait un nouveau bail, ou que le fermier ait quitté la ferme. * La tacite
reconduction des fermes de la campagne dure trois ans, à caufe des folles, & parce que les terres qui les
compofent, font une année chargées
de bled, une autre année, d'avoine,
& une troifieme en repos, que l'on
nomme en jachere; tellement que le
fermier payant le loyer. des terres
qui font en repos une année, il faut
qu'il en foit récompenfé les années *Louet & Bro-*
fuivantes]: & pour les maifons, elle *deau, H. 22.*
ne dure qu'autant que l'habitation du
locataire.

Lorfque les biens d'un débiteur
font faifis réellement à la requête de
fes créanciers, l'Ordonnance veut
qu'il en foit dépoffedé; & pour cet
effet on a créé des Officiers nommés
Commiffaires aux faifies réelles, qui
reçoivent les revenus des biens faifis,
& qui en font faire des baux par autorité de Juftice, qu'on appelle baux
judiciaires. ¶ Lorfqu'il y a des baux
conventionnels fubfiftans, on les convertit en baux judiciaires. Ces fortes

de baux ne font ordinairemen faits
que pour trois ans, & finiffent dans
le moment que la vente & adjudication a été faite en Juftice : * cela fe
pratique ainfi au Châtelet ; mais au
Parlement & autres Sieges, on donne au fermier la jouiffance du refte
de l'année, en laquelle l'adjudication a été faite] ; fans que le fermier
qui a dû prevoir cette vente, puiffe
demander des dommages & intérêts
pour l'inexécution de fon bail. Le
fermier judiciaire eft obligé de donner caution ; s'il ne la donne pas,
on doit proceder à un nouveau bail,
à fa folle enchere ; c'eft-à-dire, que
fi on ne trouve point de nouveau fermier judiciaire qui en offre le même
prix, on ne laiffe pas d'adjuger le
bail à plus vil prix ; & le premier
fermier qui n'a pas donné caution,
demeure obligé à parfaire le prix qu'il
avoit offert, quoique la jouiffance lui
foit ôtée.

Si le Commiffaire aux faifies réelles
manque à exiger la caution du fermier
judiciaire, ou s'il ne fait pas les pourfuites néceffaires contre eux pour les
faire payer, il eft refponfable du prix
du bail.

Les contrats qu'on fait avec la juſtice étant toujours préſumés être faits de la maniere la plus avantageuſe dont on puiſſe contracter, les baux judiciaires emportent de leur nature la contrainte par corps contre les fermiers & contre leurs cautions.

Les héritages ſaiſis réellement ſont ſouvent ſujets à de grandes & preſſantes réparations : c'eſt pourquoi la juſtice ordonne quelquefois, en connoiſſance de cauſe, qu'une partie du prix ſera employée en réparations. Les fermiers judiciaires tâchent auſſi fort ſouvent de conſumer le prix de leurs baux en réparations imaginaires, afin de jouir des fruits en ne payant rien, ou du moins très-peu de choſe. Cet abus a donné lieu à pluſieurs Arrêts de Réglement, qui preſcrivent certaines formalitées pour faire faire effectivement les réparations néceſſaires, & qui reglent le prix qui pourra y être employé à proportion du revenu des baux judiciaires.

Arrêts de Réglement , 12 Août 1664. & 23 Juin 1668.

Il y a une eſpece de bail à loyer qui eſt ordinaire dans les pays où il y a beaucoup de pâturages, & par

Nivernois, tot. tit. des c oîts & chaptes de bêtes, & Coquille, 161.

N iiij

conféquent beaucoup de beftiaux : on
l'appelle bail à cheptel ou chaptel.
C'eft un contrat qui eft mixte, &
qui participe du louage & de la fociété. Celui qui a des troupeaux de
moutons & de brebis, ou de bœnfs
& de vaches, les donne au preneur,
après en avoir fait faire l'eftimation.
La propriété en demeure au bailleur,
jufqu'à concurrence de l'eftimation
feulement ; & le profit, qu'on appelle
le croît, fe partage entr'eux, hors les
fumiers, les labeurs & le laitage, qui
appartiennent entierement au preneur, qui de fon côté eft chargé de
nourrir & garder les beftiaux à fes
dépens, & d'en avoir foin comme un
bon pere de famille.

Si le bétail meurt, s'il fe perd, s'il
diminue de valeur par la faute du
preneur, il en eft feul refponfable ;
mais fi c'eft par cas fortuit, la perte
tombe fur tous les deux. Ce contrat
eft fufceptible de toutes les autres
conventions que les parties y veulent
inférer.

A l'égard du louage de meubles,
de chevaux, & autres chofes de cette nature, c'eft un contrat fort fim-

ple, qui confiste ordinairement dans le prix du loyer, le tems dont les parties conviennent, & la destination de l'usage. Je loue un cheval pour deux jours, pour aller & revenir de Pontoise ; je suis obligé de payer le prix convenu, de le rendre dans deux jours, & je ne dois pas le mener ailleurs, à peine de répondre des dommages & intérêts au propriétaire. Comme ce contrat regarde également l'utilité des deux parties, je suis obligé d'avoir le même soin de la chose louée, que j'aurois de la mienne propre ; mais on n'exige pas de moi une exactitude aussi réguliere, que si la chose m'avoit été prêtée gratuitement ; & si la chose vient à périr entre mes mains, la perte tombe toute entiere sur le propriétaire, à moins qu'il n'y ait de ma faute. Le propriétaire de son côté est responsable des dommages & intérêts qui sont causés par le vice de la chose louée. La loi donne pour exemple des tonneaux loués pour mettre du vin, ou quelque autre liqueur ; si les tonneaux sont en mauvais état, & que la liqueur s'écoule & se perde, le

L. 30. §. 1. ff. locat.

L. 2. §. 1. ff. commod.

L. 19. C. ff. locat.

N v

propriétaire des tonneaux doit payer cette perte : on présume qu'elle est arrivée par sa faute, puisqu'il devoit connoître le vice d'une chose qui étoit à lui.

L. 38. ff. locat.

Il reste à parler de la troisieme espece de louage, qui est celle des domestiques, des ouvriers, &c. Celui qui les employe est obligé de payer le salaire qu'il a promis, lorsque le travail & l'ouvrage a été fait, ou que l'ouvrier s'est mis en devoir de le faire ; car encore qu'il ne l'ait pas fait, s'il n'a pas tenu à lui, & que celui qui l'a employé l'ait empêché, il ne laisse pas de lui devoir la récompense promise, pourvu que l'ouvrier n'ait pas travaillé pour d'autres personnes, pendant le tems qu'il devoit employer pour celui qui l'avoit loué.

L. 9. par. 3. ff. eod.

L'ouvrier de son côté qui a entrepris quelque ouvrage que ce soit, est responsable de toutes les fautes qu'il commet, soit par son ignorance, soit par sa négligence ; car il ne lui est pas permis d'entreprendre témérairement un ouvrage qu'il ne sait pas faire, & de tromper ainsi ceux à qui

il s'eſt vanté d'un art dont il étoit in-
capable.

Quand un ouvrier s'eſt obligé, ſous *L. 51. par. 1.*
une certaine peine, d'achever dans un *eod.*
certain tems l'ouvrage qu'il a entrepris , les Loix Romaines décident,
que ſi les experts jugent qu'il a pu
achever ſon ouvrage dans le tems
qu'il avoit promis, & qu'il ne l'ait
pas fait , il ſoit én ce cas obligé de
payer la peine. Si, au contraire, le
tems étoit ſi court, qu'un autre ouvrier n'eût pas pu achever ſon ouvrage, il ne la doive point.

Cela paroît bien judicieux, & bien
favorable en même tems pour l'ouvrier qui a eu l'imprudence de promettre ce qu'il ne pouvoit pas tenir.
Je n'ai jamais pu comprendre pourquoi dans notre uſage on répute toujours ces peines comminatoires ; n'eſt-
ce pas autoriſer trop ouvertement les
tromperies des ouvriers ?

CHAPITRE XXVIII.

Du Bail emphytéotique.

LE Bail emphytéotique, ou l'emphytéofe, à le prendre dans fon
véritable fens, eft un contrat par lequel le propriétaire d'un héritage ou
d'une maifon en cede à un autre la
propriété utile, à la charge que l'emphytéote y fera des améliorations, &
payera outre cela une redevance an-
nuelle au bailleur, en reconnoiffance
de la feigneurie directe qu'il s'eft ré-
fervée. Cette rente ou redevance eft
appellée penfion, ou canon emphytéotique.

Ce contrat eft fufceptible de toutes les conventions que les parties y
veulent inférer; mais il y a trois claufes que les loix y fuppléent, quand
les parties n'ont point fait de conventions contraires.

L. 1. C. de
j re en phyt.   1. L'emphytéote ne peut jamais
demander aucune diminution de la
redevance, quand tous les fruits auroient été abforbés par des cas impré-

vus, parce qu'il n'eſt pas un ſimple fermier ; il a la propriété utile, tant que l'emphytéoſe dure : mais ſi l'héritage ſur lequel la redevance eſt dûe, vient à périr entierement par un tremblement de terre, un changement de lit d'une riviere, ou par quelque autre accident que ce ſoit, la perte tombe alors ſur les deux propriétaires : l'un perd la propriété utile, & ne reçoit plus de fruits ; l'autre perd la propriété directe, & ne peut plus exiger la penſion.

2. Si l'emphytéote laiſſe écouler *L. 2. C. eod.* trois années entieres ſans payer la redevance, il perd non-ſeulement l'héritage donné à emphytéoſe, mais auſſi toutes les améliorations qu'il y a faites, & le Seigneur direct peut rentrer dans la choſe, quand même il n'auroit fait aucune ſommation de payer. Mais ſi le Seigneur direct refuſe le paiement quand les trois années approchent, afin de faire tomber l'héritage en commiſe par de mauvaiſes voies, l'emphytéote doit offrir le paiement en préſence de témoins, & conſigner la redevance entre les mains d'une perſonne publique,

après quoi il n'a plus rien à craindre.

L. 3. C. eod.

3. L'emphytéote ne peut pas vendre la chose donnée à emphytéose,
sans en avertir le Seigneur direct, &
sans lui dénoncer le prix; & si l'emphytéote avoit vendu sans le dénoncer au Seigneur, il y auroit lieu au
droit de commise. Le Seigneur a
deux mois, à compter du jour de la
dénonciation, pour retenir la chose
en payant ce prix : c'est ce qu'on appelle droit de Prélation. Après les
deux mois, le Seigneur ne peut plus
empêcher que la chose ne soit vendue à un tiers; mais il est dû au Seigneur, pour reconnoître le nouvel
emphytéote, la cinquantieme partie
du prix. ☞ Cela est ainsi décidé
par la loi 3, vers la fin, *Cod. de jur.
emphyt.* mais cette quotité n'est pas
observée en France en cas de vente
du fonds emphytéotique; le bailleur
ou Seigneur a droit de demander des
lods & ventes, dont la quotité est
différente, suivant les différens pays.
Dans la coutume de Paris, c'est le
douzieme du prix de la vente; en
d'autres le huitieme, en quelques-

unes le fixieme ou cinquieme].

L'emphytéofe peut durer à perpétuité; elle peut finir après un tems certain, comme de 99 ans, 50 ans, 30 ans, &c. Elle peut être limitée à une ou plufieurs vies, celle du preneur, de fes enfans, de fes petits-enfans, &c. cela dépend de la convention des parties.

Nous avons peu parmi nous de véritables emphytéofes, à moins qu'on ne veuille comprendre fous ce nom les rentes foncieres non rachetables, dans lefquelles il y a claufe que le preneur fera tenu de faire des améliorations ou amendemens. Dans ce cas, on n'adjuge point au Seigneur la commife, faute de paiement des arrérages du cens durant trois ans; l'emphytéote peut vendre fans le confentement du Seigneur, & fans être obligé de lui payer aucune chofe.

Si l'emphytéofe a fait des bâtimens *Louet, C. 23.* ou autres améliorations auxquelles il n'étoit pas obligé, on juge au Parlement de Paris, qu'il ne peut en demander aucune récompenfe quand le bail eft fini, & qu'il ne lui eft pas même permis d'enlever les matéreaux.

Loyfeau, du Déguerp. l. 4. chap. 6 n. 6.

Dumoulin, in confuet.

Parif. §. 1. gl.
§. n. 80.

Cette jurifprudence eft fondée fur ce que l'emphytéote a fu qu'il bâtif- foit fur le fonds d'autrui : il faut néan- moins avouer qu'elle eft très-rude, & contraire au fentiment de la plûpart des Auteurs qui ont traité cette ma- tiere.

Louet, L. 12.

Quand l'emphytéofe eft finie, l'em- phytéote ou fes héritiers font tenus de rendre en bon état, non-feulement les lieux tels qu'ils leur ont été don- nés, mais auffi les bâtimens, ou autres améliorations qu'ils étoient obligés de faire par le contrat, parce que c'eft en vue de ces améliorations que l'héritage leur a été donné à la charge d'une re- devance modique.

Louet, B. 2.
Clement.1 de
reb. eccl. non
alien.

Les baux emphytéotiques font tou- jours confidérés comme une efpece d'aliénation, quand même ils ne fe- roient faits que pour vingt ans ; c'eft pourquoi les bénéficiers & les com- munautés eccléfiaftiques doivent y obferver toutes les formalités requifes pour l'aliénation des biens d'Eglife, à peine de nullité.

Louet, B. §.
3.

Ceux qui n'ont qu'un fimple ufu- fruit ou une fimple adminiftration, comme les Eccléfiaftiques, les tuteurs,

&c. ne peuvent pas renouveller par anticipation de tems les anciens baux emphytéotiques ; ces nouveaux baux qui ont été faits avant que les premiers foient expirés, font toujours caffés, quand même l'emphytéote auroit commencé la jouiffance du fecond bail.

L'emphytéote ne peut jamais preſcrire la propriété directe par quelque laps de tems que ce foit, parce qu'à cet égard il eft confidéré comme un fermier qui poffede pour le propriétaire.

Il faut obferver que dans la plûpart des pays de droit écrit, on confond la véritable emphytéofe avec les cenfives, les cenfitaires y font appellés emphytéotes ; & l'on y voit plufieurs Seigneurs, qui par leurs titres ont le droit de Prélation, non pas tel qu'il eft établi par les loix Romaines ; leur droit eft proprement un droit de retrait cenfuel à l'égard des cenfives, comme dans les coutumes, le retrait féodal à l'égard des fiefs. ☞ L'Auteur dit ici, que dans les pays de droit écrit, les Seigneurs ont droit de retrait des héritages tenus en emphy-

Maynard, liv. 6. ch. 56.

téose ou censive. Il faut distinguer : ce genre de retrait ou prélation n'a lieu qu'en Languedoc & en Guyenne ; mais il n'est pas reçu dans la Provence, ni dans le Dauphiné, ni dans le Lyonnois, Forez & Beaujolois. *Voyez l'Observation sur la question 22 d'Henrys, liv. 5, tom. 2*].

CHAPITRE XXIX.

De l'Echange.

L'Echange est un contrat très-ordinaire & très-connu parmi nous, par lequel on donne une chose pour en avoir une autre.

Il se peut faire de trois manieres différentes ; car on peut changer un meuble contre un autre meuble, ce qu'on appelle plus ordinairement troc : on peut échanger un meuble contre un immeuble, ce qui passe souvent pour vente, lorsque le meuble donné en échange peut être facilement estimé : on peut enfin échanger un immeuble contre un autre immeuble, & c'est proprement ce qu'on entend quand on parle d'un contrat d'échange. Ce contrat parmi nous est parfait par le seul consentement, aussi-bien que la vente : de sorte que dès le moment que le contrat est passé, les deux parties se peuvent mutuelle-ment mettre en possession des choses échangées ; & si l'une des deux est troublée par l'autre, elle se peut pour-voir en justice pour se faire mettre en possession, sans que celui des deux qui se repentiroit d'avoir fait l'échange, puisse le révoquer en offrant des dom-mages & intérêts, parce qu'en effet tous les contrats parmi nous ont la force des stipulations du droit Romain.

L. 2. C. rerum permut.

En matiere d'échange, les choses échangées sont tellement affectées à la garantie l'une de l'autre, que si je suis évincé de la chose qui m'a été donnée en échange, je puis rentrer dans la chose que j'ai donnée de mon côté, parce qu'en matiere d'échange, l'éviction résout le contrat de plein droit, & réduit les choses au même état que s'il n'y avoit jamais eu d'é-change.

L. 5. C. eod.

Ce contrat contient encore une garantie personnelle pour les restitu-

L. 1. C. eod.

tions de fruits, les réparations, les dommages & intérêts, quand le cas y échet. Autrement il arriveroit qu'après avoir souffert l'éviction de ce qui m'a été donné en échange, je ne ferois pas suffisamment indemnisé, si je n'avois d'autre recours que de rentrer dans la chose par moi donnée en contr'échange. Je puis avoir fait des impenses dans la chose dont je suis évincé ; on peut avoir fait des dégradations dans celle que j'ai donnée en échange. Il est juste en ce cas & dans tous les autres de cette nature, que celui qui par imprudence ou par mauvaise foi m'a donné une chose qui ne lui appartenoit pas, ou qui étoit hypothéquée à des créanciers antérieurs à l'échange, m'indemnise de tout ce que j'ai souffert à cette occasion.

Comme il est difficile de trouver deux choses différentes qui soient de pareille valeur, il n'y a presque point d'échange qui soit sans retour ; & alors le contrat est mêlé de vente & d'échange.

❧

CHAPITRE XXX.

Des deux especes de Prêt, & du Precaire.

NOus n'avons dans notre langue que le mot de prêt, pour exprimer deux contrats bien différens, & qui ont aussi deux noms différens dans le droit Romain.

Pour bien expliquer la nature de ces deux contrats, il est nécessaire d'observer qu'il y a de certaines choses dont on ne sauroit se servir qu'en les consumant, comme l'argent monnoyé, le vin, le bled, l'huile, &c. Il y a d'autres choses dont on se peut servir sans les consumer, comme un cheval, de la vaisselle, des meubles, &c.

Le prêt que les loix Romaines appellent *commodatum*, est quand on prête à quelqu'un une chose qui ne se consume pas par l'usage, pour s'en servir gratuitement, à la charge de rendre, après un certain tems, la même chose qui a été prêtée : ainsi la

chofe prêtée ne change point de maître ; & fi elle périt par accident, elle
eft perdue pour celui qui l'a prêtée.
Mais comme le prêt eft gratuit, &
prefque toujours en faveur feulement
de celui qui emprunte , il doit avoir
grand foin de la chofe qu'il a empruntée ; & fi elle périt par fa faute,
quelque légere qu'elle puiffe être , il
en eft refponfable ; & le maître de fon
côté lui doit rembourfer tout ce qu'il
a employé pour la confervation de la
chofe, à l'exception des impenfes,
fans lefquelles il ne pouvoit fe fervir
de la chofe par lui empruntée. Par
exemple, il doit nourrir le cheval
qu'il emprunte ; mais fi ce cheval tombe malade fans qu'il y ait de fa faute,
le propriétaire du cheval le doit rembourfer de tous les frais qu'il a faits
pour fa guérifon.

Il y a un cas où celui qui emprunte
eft refponfable, même des cas fortuits, c'eft quand il fe fert de la chofe
empruntée à d'autres ufages qu'à ceux
pour lefquels elle lui a été prêtée :
Par exemple, j'emprunte un cheval
pour aller à deux lieues, & je le mene
à trente lieues ; il eft volé en chemin ,

L. 23. ff. com-
mod. vel con-
trah.

L. 5. parag.
5. ff. eod.

L. 18. ff. eod.

L. 1. §. 7. ff.
eod.

j'en fuis refponfable, parce qu'en effet le cas fortuit a été précédé de la faute que j'ai faite, fans laquelle le cheval n'auroit peut-être pas été volé.

Ce contrat ne differe du precaire qu'en ce que le prêt a un tems limité, & le précaire n'en a point d'autre que la volonté de celui qui laiffe jouir precairement.

Cette premiere efpece de prêt ne produit guere de procès; car il ne fe fait ordinairement qu'entre amis, qui fe font juftice de bonne grace, quand il leur arrive quelque malheur.

L. 17. §. 21. ff. eod. Tot. tit. de precar.

L'autre efpece de prêt, que les loix Romaines appellent *mutuum*, eft celui qui fe fait de l'argent comptant & des autres chofes qui fe confument par l'ufage. La différence effentielle qui fe rencontre entre cette feconde efpece de prêt & la premiere, c'eft que dans la feconde celui qui emprunte, devient propriétaire de la chofe empruntée ; ainfi il n'eft pas obligé de rendre la même chofe, mais feulement la même quantité, le même poids, ou la même mefure ; & de-là il réfulte que fi la chofe em-

L. 3. ff. de reb. cred.

pruntée vient à périr de quelque maniere que ce soit, même par cas fortuit, elle est perdue pour celui qui l'a empruntée, parce que la perte d'une chose tombe toujours sur celui à qui elle appartient.

La premiere espece de prêt, de sa nature, doit être toujours gratuite ; car autrement ce ne seroit plus un prêt, mais une autre espece de contrat, appellé par les loix Romaines *locatio & conductio :* contrat qui est très-ordinaire parmi nous, car tous les jours on loue des meubles, des chevaux, &c.

Tot. tit. ff. de reb. cred.

La deuxieme espece de prêt, est pareillement gratuite de sa nature : mais par le droit Romain il étoit permis de stipuler une récompense qu'on appelloit usure, laquelle est défendue parmi nous. ☞ Il faut distinguer les différens pays ; il y a plusieurs Provinces dans le Royaume où il est permis de stipuler les intérêts de l'argent prêté : cela est licite en Provence, en Dauphiné, en Béarn, en Franche-Comté, en Alsace, & même à Lyon, pour l'argent prêté aux Marchands. *Voyez les Observations*

sur

fur Henrys, tome 1, l. 4, q. 110 *; & fur les queſtions poſthumes, Conſulta- tion* 4]. Il eſt vrai que quand celui qui a emprunté eſt en demeure de payer, le créancier peut lui faire une demande judiciaire du principal & des intérêts, & obtenir une ſentence conforme à ſa demande.

Ordonnance d'Orléans, ar- ticle 60.

CHAPITRE XXXI.

Du Sénatuſconſulte Macédonien.

LE plus grand écueil de la jeuneſ- ſe, eſt la facilité qu'elle trouve à emprunter de l'argent pour fournir au jeu & à la débauche. Tant que les peres vivent, ils donnent toujours au moins le néceſſaire à leurs enfans : c'eſt pour cela que les loix Romaines ne permettent pas aux enfans de fa- mille de contracter une obligation valable pour prêt d'argent ; & s'ils trouvent des perſonnes aſſez faciles pour leur prêter de l'argent, au mé- pris de la loi, non-ſeulement ceux qui ont prêté follement ne peuvent pas contraindre le fils à payer durant la vie du pere, mais la loi ne leur donne aucune action après sa mort contre le fils, non pas même sur le pécule dont le pere lui laisse la libre disposition.

La premiere loi qui fut faite sur cette matiere, fut un décret du Sénat, rendu sur la remontrance de l'Empereur Vespasien : ce décret fut nommé le Sénatusconsulte Macédonien, du nom d'un fameux usurier de ce tems-là, qui ruinoit beaucoup de jeunes gens par les usures énormes qu'il exigeoit d'eux, en leur prêtant de l'argent sans le consentement de leurs peres.

Ce Sénatusconsulte ne parle que des enfans de famille, & non pas des enfans émancipés, parce que ces derniers avoient un consentement général de leur pere, s'il étoit vivant, lequel en les émancipant, témoignoit publiquement qu'ils étoient capables de se conduire eux-mêmes, puisqu'il leur laissoit l'administration de leur bien ; & à l'égard de ceux qui n'avoient plus de pere, comme ils avoient la libre jouissance de leurs

Sueton. de Vespas. l. 1. ff. Senat, Macedon.

biens après un certain âge, ils n'é-
toient pas si sujets à emprunter ; &
s'ils étoient prodigues & dissipateurs,
la loi se servoit d'un autre remede,
qui est l'interdiction.

Ceux qui prêtent aux enfans de fa-
mille sont si odieux, que la loi ne se *L. 9. §. 3. ff.*
contente pas de décharger le fils de *eod.*
famille qui a emprunté, mais elle décharge aussi ses cautions.

La prohibition de la loi cesse, si le
créancier qui a prêté son argent avoit *L. 3. ff. eod.*
juste raison de croire que le débiteur
n'étoit pas un fils de famille, parce
qu'il passoit publiquement pour être
hors de la puissance paternelle, &
faisoit publiquement des fonctions
incompatibles avec la qualité de fils
de famille.

Elle cesse aussi à l'égard des sol- *L. ult. §. 1.*
dats : on présuppose que tout ce qu'ils *C. eod.*
empruntent est pour employer aux
dépenses qui regardent la profession
militaire ; & l'intérêt du public qui
s'y trouve mêlé, l'emporte alors sur
l'intérêt des particuliers.

Il n'y a que l'emprunt d'argent *L. 3. §. 1. &*
monnoyé qui soit défendu aux enfans *l. 7. §. 3. ff.*
de famille ; ils peuvent valablement *eod.*

s'obliger par toutes fortes d'autres contrats, ils peuvent vendre, ils peuvent faire des baux à loyer, ils peuvent même emprunter des meubles, des grains & autres chofes, pourvu que ces obligations ne foient point contractées pour frauder la loi : ainfi quand un fils de famille achete des meubles, des étoffes, &c. pour fon ufage, ou pour une négociation utile, l'obligation qu'il contracte eft valable ; mais s'il achete pour revendre à l'inftant au même prix, ou à plus vil prix, il eft aifé de voir que fon intention eft de déguifer fon emprunt fous le nom de vente.

L. 5. C. eod. L'argent qui eft prêté au fils de famille dans le cours d'un voyage, pour des dépenfes néceffaires qu'un bon pere n'a pas accoutumé de refufer à fon fils, ne tombe point dans la prohibition de la loi.

L. 7. §. 12. ff. eod. l. ult. C. eod. Quand le fils emprunte pour employer aux affaires de fon pere, & que l'emploi en eft fait, fi le pere confent à l'emprunt, ou s'il l'a ratifié après coup, l'obligation eft valable ; & par cette même raifon, fi le pere confent que le fils faffe un certain commerce, ou qu'il entre en quelque société où il soit nécessaire de faire des avances, les Docteurs tiennent que l'obligation est valable, parce que le pere ayant consenti au négoce ou à la société, est censé avoir consenti à toutes les choses nécessaires pour y parvenir.

En un mot, le véritable esprit de la loi n'est que d'empêcher la dissipation & la débauche des enfans de famille. Ces emprunts, dit le Sénatusconsulte, fournissent aux esprits mal tournés de la matiere pour faire du mal. C'est pourquoi dès le moment qu'il paroît que l'argent prêté a été employé utilement, on ne doit pas anéantir l'obligation.

Cette prohibition de prêter aux enfans de famille, est si exactement observée dans tous les Parlemens de droit écrit, que l'on voit dans tout le Languedoc, où le mariage n'émancipe pas des hommes de 50 & 60 ans, qui ayant encore leur pere, ne sçauroient trouver la moindre somme à emprunter, sans avoir le consentement de leur pere. On ne sçauroit comprendre les bons effets

que cette fage loi produit dans toutes
les provinces où elle eft obfervée,
les enfans font beaucoup plus foumis
à leurs peres ; ils ne fe trouvent point
obérés avant que d'avoir eu la jouiffance de leur bien ; ils ne font point
incommodés toute leur vie par les
dépenfes fuperflues d'une jeuneffe
emportée ; de forte qu'il feroit à
fouhaiter pour le repos des peres,
pour l'éducation des enfans, & pour
la confervation de leur bien, qu'on
pût étendre ces défenfes dans tous les
pays coutumiers, non pas avec la
même exactitude que dans les pays
de droit écrit, mais du moins jufqu'à
ce que les peres euffent pourvu leurs
enfans par mariage, ou autrement ;
enforte qu'un fils ne pût jamais emprunter valablement, que quand il
feroit lui même le chef de famille.
☞ Le Sénatufconfulte Macédonien
a lieu dans les pays de droit écrit du
reffort du Parlement de Paris, jufqu'au jour du mariage des enfans de
famille, parce que par le mariage
dans ces provinces les enfans font
émancipés. *Voyez l'Obfervation fur la
queftion* 13 *d'Henrys, tome* 2, *liv.* 4].

CHAPITRE XXXII.

De la Société.

LA Société eſt un contrat par lequel deux ou pluſieurs perſonnes conviennent enſemble de ſe communiquer tout le gain & toute la perte des affaires pour leſquelles la ſociété eſt contractée. Ce contrat, ſuivant le droit Romain, ne deſire point d'autre ſolemnité que le ſeul conſentement des parties ; l'uſage néanmoins parmi nous eſt de le rédiger par écrit, tant pour en avoir la preuve, que pour en régler toutes les conditions.

Tous ceux qui ont la libre adminiſtration de leurs biens, ſont capables de contracter une ſociété ; mais dès le moment qu'elle eſt contractée, l'un des aſſociés ne peut pas y admettre un tiers ſans le conſentement des autres aſſociés. Il eſt bien permis à un aſſocié de ceder la moitié, le tiers, ou une autre portion de la part qu'il a dans la ſociété ; mais il n'ad-

Ordonn. de 1673. tit. 4. art. 1. L. 20, 21 & 22. ff. pro ſocio.

O iiij

met pas pour cela ſon ceſſionnaire dans l'ancienne ſociété ; c'eſt une nouvelle ſociété qu'il contracte avec lui, par laquelle il s'oblige de lui rendre le même compte que ſes premiers aſſociés lui auront rendu : c'eſt pourquoi on dit communément que l'aſſocié de mon aſſocié n'eſt pas mon aſſocié.

L. 1. & l. 5,
ff. eod.

Le contrat de ſociété eſt ſuſceptible de toutes les conventions que les parties veulent y inſérer ; on peut en fixer la durée à un certain tems, ou pour toute la vie ; on peut la faire pure & ſimple, ou ſous de certaines conditions ; on peut faire une ſociété univerſelle de toutes ſortes de biens préſens & à venir ; on peut la faire d'un certain bien ſeulement, ou d'un certain commerce ; il n'y a point à cela d'autres regles que la volonté des parties.

L. 7, 8, 10,
11, 12 & 13;
& l. 71, pa-
ragr. ult. ff.
eod.

Lorſque la ſociété eſt contractée ſimplement de tous biens, ſans s'expliquer davantage, elle ne comprend que le gain que les aſſociés peuvent faire par leur travail & par leur induſtrie, & non par leurs ſucceſſions, les donations, & les legs qui arrivent à l'un ou à l'autre des affociés ; comme aufli les dettes particulieres que chacun des affociés aura contractées pour autre chofe que pour la fociété, n'y entrent pas. Mais fi la fociété eft contractée de tous les biens qui arriveront aux affociés, alors les fucceffions, les donations ou les legs entrent dans la fociété.

Il faut que l'objet de la fociété foit une chofe honnête & permife ; car fi l'on avoit fait une fociété d'une chofe qui feroit contre les bonnes mœurs ou contre les loix, elle feroit nulle de plein droit : par exemple, fi la fociété étoit contractée du gain & de la perte que les affociés pourroient faire à des jeux défendus, elle ne produiroit aucune action à l'un ni à l'autre affocié.

Lorfque les affociés n'ont point exprimé dans l'acte de fociété les portions que chacun d'eux y doit avoir, ni les avances qu'ils doivent faire, par la nature même de la fociété, tout y doit être égal, foit pour le gain, foit pour la perte, ou pour les avances ; mais il eft permis de ftipuler que l'un des affociés fera toutes les avan-

Q v

ces ; & alors l'induſtrie, le travail, le crédit, & les autres avantages que l'autre apporte dans la ſociété, lui tiennent lieu d'avances.

Par cette même raiſon, il eſt permis de ſtipuler que les portions du gain ſeront inégales ; que l'un en aura le quart, & l'autre les trois quarts ; que l'un participera au gain, & qu'il ne ſera pas tenu de la perte, s'il y en a, pourvu qu'on ne compte pour gain de ſociété, que ce qui ſe trouve après les pertes & les dépenſes déduites : mais il ne ſeroit pas permis de ſtipuler que l'un des aſſociés prendra tout le profit, & que l'autre ſouffrira toute la perte ; ce ſeroit ce qu'on appelle la ſociété du Lion, ou ſociété léonine, par rapport à la fable.

L. 52. C. 2.
ff. eod.

Lorſqu'un aſſocié a mis de l'argent dans la ſociété, & que l'autre n'y a mis que ſon travail & ſon induſtrie, cet argent n'eſt conſideré que comme une avance ; il ne fait point partie des effets communs, & doit être repris tout entier par celui qui l'a avancé : ainſi celui qui donne un troupeau à chaptel, ou une terre à cultiver, partage les profits & les fruits avec le berger ou le fermier, & reprend après cela le troupeau ou la terre toute entiere : mais comme il pourroit arriver que l'induſtrie de l'un des aſſociés vaudroit autant à la ſociété que le capital des avances de l'autre, les parties peuvent convenir que l'un des aſſociés fournira un fonds qui demeurera à la ſociété, & qui ſera partagé comme ſi c'étoit un gain & un profit de la ſociété. Il n'y a rien en cela qui ſoit contre les bonnes mœurs, ni contre la nature de la ſociété, car c'eſt une juſte compenſation qui ſe fait de l'argent de l'un des aſſociés avec l'induſtrie de l'autre.

Nous venons de dire que l'induſtrie des aſſociés eſt une eſpece de fonds qu'ils apportent dans la ſociété, les uns plus, les autres moins : de-là il réſulte qu'ils doivent apporter une grande diligence & une grande exactitude dans les affaires de la ſociété, & qu'ils doivent répondre de toutes les fautes qu'ils font, & qui cauſent des pertes à la ſociété ; & quand même ils auroient procuré par leur adreſſe de grands avantages à la ſociété, cela ne les diſpenſeroit pas de

L. 52. C. & 5.
L. 23. C. 2.
ff. eod.

O vj

porter la perte qu'elle a soufferte par leur négligence ; les loix n'admettent point de compensation de l'un à l'autre.

L. 4. §. 1. l. 5.
§. l. 14. ff.
eod.

Comme la société se contracte par le consentement des parties, elle se dissout aussi par le seul consentement ; elle finit par la mort naturelle ou civile d'un des associés, ou quand l'un d'eux perd tout son bien, ensorte qu'il n'ait pas de quoi fournir aux dépenses de la société, ni de quoi répondre des pertes dont il pourroit être tenu. On peut aussi demander la dissolution de la société avant le terme porté par le contrat, si l'un des associés n'exécute pas les conditions de la société, s'il est de si mauvaise humeur, que les autres ne puissent pas raisonnablement vivre avec lui, ou si sa conduite est si déreglée, qu'elle puisse causer de grands dommages à la société.

L. 19. ff. eod.

Les associés ne peuvent pas stipuler que la société continuera avec leurs héritiers, si ce n'est dans la société des fermes publiques, parce que l'une des choses des plus essentielles de la société, c'est le choix des perfonnes, & leur induſtrie. Or, on ne connoît pas des héritiers qui ſont toujours incertains juſqu'à la mort de l'aſſocié; c'eſt pourquoi on ne peut ni les choiſir, ni avoir aucune confiance en eux.

Il y a peu de contrats où la bonne foi ſoit ſi néceſſaire que dans la ſociété : les loix prononcent la nullité des ſociétés qui ſont contractées de mauvaiſe foi & à deſſein de tromper; & anciennement ceux qui étoient convaincus de fraude dans la geſtion d'une tutele, dans le dépôt, & dans la ſociété, étoient déclarés infames. Ne ſeroit-il pas à ſouhaiter qu'ils fuſſent traités aujourd'hui avec la même rigueur ?

L. 3. *par* 2. *ff. cod.*

Les ſociétés les plus ordinaires parmi nous ſont celles qui ſont contractées entre marchands, négocians & banquiers, & celles qui ſont contractées entre les fermiers & traitans des affaires du Roi. Nous ne parlerons point de ces dernieres ; elles regardent les finances, & font une partie du droit public.

Cicero pro Roſc. cont.

Les ſociétés entre marchands ſont ſujettes aux mêmes regles que toutes les autres fociétés; elles en ont aufli de particulieres que l'Ordonnance a introduites pour la facilité & pour l'utilité du commerce.

Il y a deux fortes de fociétés entre marchands; la fociété générale, & la fociété en commandite.

La fociété générale eft celle qui fe fait entre deux ou plufieurs affociés, qui agiffent tous également pour les affaires de la fociété, & qui font le commerce fous leurs noms collectifs, Pierre, François & Paul en compagnie.

La fociété en commandite eft celle où l'un des affociés ne fait que mettre fon argent dans la fociété, fans faire aucune fonction d'affocié; & l'autre donne fon induftrie, & fait fous fon nom le commerce des chofes dont ils font convenus.

Nous ne parlerons point ici d'une efpece de fociété, qu'on appelle anonyme, qui ne fe fait fous aucun nom; mais tous les affociés travaillent chacun fous leur nom particulier, fans que le public foit informé de leur fociété, & ils fe rendent enfuite compte les uns aux autres des profits & des

pertes qu'ils ont faites dans leur négociation : elles font réprouvées par
l'Ordonnance, à caufe des abus qu'elles caufent dans le commerce.

L'Ordonnance veut non-feulement
que toutes les fóciétés foient rédigées
par écrit, mais auffi que l'extrait de la
fociété foit regiftré au Greffe de la Jurifdiction confulaire, s'il y en a, finon
en celui de l'Hôtel-de-Ville ; & s'il
n'y en a point, au greffe des Juges
royaux des lieux, ou de ceux des
Seigneurs, & l'extrait inféré dans un
tableau expofé en lieu public, à peine de nullité, &c. figné de tous les
affociés, contenant leurs noms, fur-
noms & demeures, les claufes extraordinaires, s'il y en a, pour la fignature des actes, le tems auquel elle
doit commencer & finir : la fociété
ne fera réputée continuée, s'il n'y en
a un acte par écrit enregiftré & affi-
ché ; que tous actes portant changement d'affociés, nouvelles ftipulations ou claufes pour la fignature,
feront auffi enregiftrés & publiés,
& n'auront lieu que du jour de la
publication.

Tous les affociés font obligés fo-

Ordonn. de 1673, tit. 4, art. 1, 2, 3, 4.

Ibid. art. 7 & 8.

lidairement aux dettes de la fociété, quoiqu'il n'y en ait qu'un qui ait figné, pourvu qu'il ait figné pour la compagnie, & non autrement : ce qui n'a pas lieu pour les affociés en commandite, lefquels ne font obligés que jufqu'à concurrence de leur part.

Ibid. art. 9. Enfin, pour éviter les procès qui caufent fouvent la ruine des marchands, l'Ordonnance veut que dans toutes les fociétés il y ait une claufe par laquelle les affociés fe foumettent à des arbitres, pour terminer les conteftations qui furviendront entr'eux ; & fi la claufe a été omife, l'un des affociés en pourra nommer, & au refus des autres, le Juge en nommera d'office.

Nivernois, ch. 22. Nous avons outre cela en plufieurs coutumes des communautés & affociations coutumieres, de tous meubles, & de toutes les acquifitions qui font faites durant la fociété ; ces communautés ne font point préfumées par un confentement tacite, il faut qu'elles foient par écrit, fi ce n'eft entre freres. Il y a un maître de toute la fociété ou communauté qui gouverne toutes les affaires, & qui oblige tous les autres associés : elles durent entre les enfans, après la mort des peres, jusqu'à ce qu'il y ait inventaire ou partage ; & dès le moment que l'un des associés a demandé sa part, la communauté cesse à l'égard de tous les autres. Ces associations étoient autrefois très fréquentes & très-utiles. Les associés s'excitoient les uns les autres au travail, pour accroître le fonds de la communauté ; mais aujourd'hui la misere des habitans les a rendus si rares, qu'il y a sujet de craindre que dans la suite des rems elles ne soient entierement abolies.

CHAPITRE XXXIII.

Du Dépôt.

LE dépôt est un contrat par lequel on donne une chose à garder gratuitement, à condition qu'elle sera rendue dès le moment que celui qui a fait le dépôt la redemandera, ou qu'elle sera rendue aux perfonnes, & dans le tems qu'il aura indiqué.

Nous difons que le dépôt doit être fait gratuitement ; car fi le dépofitaire fe faifoit payer des falaires pour la garde du dépôt, ce feroit plutôt une efpece de louage qu'un véritable dépôt.

L. 19. ff. de-pof.

Le dépofitaire n'a que la garde du dépôt ; en quoi il differe des deux efpeces de prêt, où l'on peut fe fervir de la chofe prêtée pour fes propres ufages ; au lieu que le dépofitaire ne peut pas fe fervir de la chofe dépofée fans commettre une efpece de larcin, en difpofant d'une chofe qui ne lui appartient pas, contre l'intention du propriétaire : d'ailleurs, il faut que le dépofitaire foit toujours en état de rendre la même chofe qui lui a été dépofée, auffi-tôt qu'elle lui eft redemandée ; il eft obligé de rendre les mêmes deniers, le même bled, le même vin, & il ne s'acquitteroit pas fidelement du dépôt, quand il rendroit la même fomme ou la même quantité ; il faut que ce foit la chofe même qui lui a été dépofée.

L. 32. ff. de-pof.

Le dépôt étant un contrat gratuit,

il n'eft pas jufte que le dépofitaire foit
refponfable des cas fortuits qui arrivent à la chofe dépofée ; il n'eft pas
même obligé d'y employer une exactitude auffi grande qu'un pere de famille diligent a coutume d'avoir pour
la confervation de ce qui lui appartient ; mais auffi la bonne foi l'engage à ne laiffer pas périr la chofe
par une négligence trop groffiere, &
qui puiffe être comparée au dol & à
la fraude.

Le dépofitaire doit rendre la chofe
dépofée fans aucun retardement ; &
quand celui qui a fait le dépôt feroit
d'ailleurs fon débiteur d'une fomme
beaucoup plus confiderable que celle
qui a été dépofée, il ne peut pas lui
oppofer la compenfation.

Il ne doit pas même, fuivant le
droit Romain, retenir le dépôt fous
prétexte des faifies qui pourroient
avoir été faites entre fes mains par les
créanciers du dépofant ; mais comme les débiteurs abufoient de la loi
pour fruftrer les créanciers, & qu'ils
mettoient leurs effet en dépôt pour
empêcher les faifies, on oblige avec
raifon dans notre ufage les dépofi-

taires de garder le dépôt jufqu'à ce que le débiteur ait obtenu main-levée des faifies. On ne peut jamais prévenir tous les abus : il fe trouve quelquefois des dépofitaires infideles, qui, pour avoir occafion de retenir le dépôt, font rechercher des créanciers véritables ou apparens de celui qui a fait le dépôt, & leur font faire des faifies mendiées ; mais en ce cas c'eft à celui qui en fouffre à s'imputer le mauvais choix qu'il a fait.

Il arrive fouvent que deux ou plufieurs perfonnes dépofent une certaine fomme, des papiers, ou autres chofes, entre les mains d'un tiers, pour les rendre aux uns ou aux autres fous de certaines conditions : le dépofitaire doit exactement fuivre la loi & la condition fous laquelle le dépôt a été fait ; mais il en eft toujours cru à fon ferment, lorfqu'il n'y en a point de preuve par écrit.

La condamnation qui intervient contre le dépofitaire qui refufe de rendre le dépôt, ou qui en a manifeftement abufé, emporte la peine d'infamie, parce que c'eft une perfidie & une infidélité qui eft toujours accompagnée de fraude & de mauvaife foi.

Le dépôt étant purement gratuit de la part du dépofitaire, qui ne fait en cela qu'un office d'ami, il eft jufte qu'on lui rende tous les frais qu'il a faits, foit pour la confervation ou pour le tranfport de la chofe d'un lieu à un autre.

Il y a deux fortes de dépôts ; le volontaire, & le néceffaire : le dépôt volontaire eft celui que l'on fait à loifir, enforte que l'on ait le tems de choifir la perfonne à qui l'on veut confier le dépôt : le néceffaire eft celui qu'on eft obligé de faire à la hâte fans délibération & fans choix, en cas d'incendie, de ruine, de naufrage, &c. On ne reçoit point parmi nous la preuve par témoins d'un dépôt volontaire : celui qui le fait doit prendre fes fûretés par écrit ; ou s'il fe confie à un homme qui viole le dépôt, il fe doit imputer d'avoir fait un mauvais choix ; mais en matiere de dépôt néceffaire, la même raifon ne s'y rencontre pas : c'eft pourquoi l'ufage eft de recevoir la preuve par témoins. Les dépôts que les voyageurs font de leurs hardes entre les mains des hôtes & des hôteffes, font du nombre des dépôts néceffaires, parce que l'on eft dans la néceffité de loger chez eux, & qu'on n'a pas accoutumé dans des occafions d'en prendre un reçu par écrit.

Il y a outre cela des dépofitaires nommés par la Juftice, pour recevoir & garder les deniers provenans des baux judiciaires des terres qui font en criées, des adjudications par décret, des fruits des terres qui font conteftés entre plufieuts perfonnes. Ils gardent les deniers qui font dépofés entre leurs mains, jufqu'à ce que la Juftice ait décidé à qui ces deniers doivent être diftribués. Ces dépofitaires font de deux fortes. Il y en a qui font officiers publics, & dont les charges leur attribuent le droit de recevoir ces dépôts, comme les receveurs des confignations, les commiffaires aux faifies réelles. Ces officiers peuvent être contraints par corps à payer les deniers confignés à ceux à qui il leur eft ordonné par Juftice. D'ailleurs, s'ils les avoient diffipés, & qu'ils n'euffent pas de quoi payer, leur charge y eſt affectée par privilege & par préférence à tous autres créanciers, même à ceux qui ont vendu la charge, ou qui ont prêté l'argent pour en payer le prix.

A l'égard des particuliers commis pour dépoſitaires des fruits conteſtés entre pluſieurs perſonnes, on les appelle proprement ſequeſtres : ils ſont obligés par corps à la reſtitution du dépôt, auſſi-bien que les officiers publics ; mais leurs biens ne ſont hypothéqués au dépôt, que du jour du jugement qui les a nommés pour ſequeſtres.

CHAPITRE XXXIV.

Des ſimples Conventions.

PAr le Droit Romain les ſimples conventions, qu'ils appelloient *nuda pacta*, ne produiſoient point d'actions, à moins qu'elles ne fiſſent partie de certains contrats dans leſquels elles étoient inſérées, ou qu'elles ne fuſſent confirmées par les ſolemnités de la ſtipulation, qui ſe fai-

soit par une interrogation précéden-
te, & une réponse subséquente en ces
termes, *Promettez-vous de faire*, *ou
de donner une telle chose? Je le promets;* ou enfin qu'elles n'eussent une
cause certaine, qui fît de ces conventions des contrats innommés. Par
exemple, j'ai donné une chose, &
vous m'avez promis de m'en donner
une autre, &c.

Mais les simples conventions pro-
duisoient toujours une exception qui
faisoit cesser l'action qu'on pouvoit
avoir d'ailleurs. Ainsi, quand mon
créancier d'une somme de 10000 l.
m'avoit fait une remise de la moitié,
& m'avoit promis par une simple
convention de ne me demander que
5000 livres, la convention étoit valable; de sorte que si le créancier me
demandoit après cela la somme entiere, j'avois une exception qui ré-
duisoit son action à la moitié.

Parmi nous, toutes les conventions
qui ne sont ni contre les loix, ni contre les bonnes mœurs, & qui ne sont
fondées ni sur le dol, ni sur la surprise de celui au profit duquel elles
sont faites, doivent être exécutées
dans

dans toute leur étendue, soit pour fonder une action légitime, soit pour produire une exception. Ainsi, lorsqu'après avoir acheté une terre moyennant le prix de 30000 livres, je promets liberalement au vendeur, par une simple convention séparée du contrat de vente, & qui est faite quelques jours après le contrat, de lui payer encore la somme de 3000 livres, cette convention, qui n'auroit produit aucune action par le droit Romain, si elle n'avoit pas été conçue en forme de stipulation, en produit une parmi nous, en vertu de laquelle je puis être contraint au paiement de la somme de 3000 livres.

CHAPITRE XXXV.

Des clauses & conditions des Contrats.

ON peut dans tous les contrats inferer des clauses qui ne sont point de la nature du contrat. Comme il est permis aux parties de mettre dans les contrats toutes les clau-

ſes & toutes les conditions que bon
leur ſemble, à moins qu'elles ne
ſoient contre les loix, ou contre les
bonnes mœurs, il eſt impoſſible de
ſpécifier toutes ces clauſes & conditions, ni même de les réduire à de
certaines eſpeces. Tout ce qu'on peut
faire, c'eſt d'en donner quelques
exemples dans différens contrats; &
cela ſuffira ſans doute pour en donner
l'idée que l'on doit en avoir.

Dans un contrat de vente, on peut
ſtipuler que le prix ne ſera payé qu'à
certains termes; on peut ſtipuler que
le vendeur jouira un certain tems de
la choſe vendue, avant que de la livrer, &c. Dans les baux à ferme, on
peut ſtipuler la contrainte par corps
pour le paiement du prix : on peut
convenir que le fermier, en entrant,
fera de certaines réparations à ſes dépens, &c. Dans la plûpart des contrats, on prend ſouvent des ſûretés,
qui ſont, ou des co-obligés, ou des
cautions, ou des gages & des hypotheques.

Il faut obſerver que quand il y a
des clauſes pénales dans un contrat,
c'eſt-à-dire, quand on oblige l'un des

contractans à faire une certaine chofe
fous une certaine peine ; par exemple, s'il eft dit dans une fociété, que
tous les affociés feront obligés de
faire leurs avances dans un certain
tems, à peine d'être déchus de la fociété ; fi un Maçon s'oblige de rendre
le bâtiment parfait dans un certain
tems, à peine de 3000 livres ; ces fortes de claufes font appellées en Juftice
peines comminatoires, & ne font
jamais exécutées à la rigueur. On
donne toujours un ou plufieurs termes au-delà de celui qui eft porté par
le contrat, avant que de confirmer
la peine qui a été ftipulée : ce qui eft
très-injufte, & ne fert qu'à autorifer
la mauvaife foi.

Il y a quelque différence entre les
conditions inférées dans les teftamens, & celles qui font oppofées
dans les contrats.

Les conditions impoffibles ou contre les bonnes mœurs rendent le contrat nul, parce que l'on fuppofe que
les parties n'ont pas voulu contrac- *L. 137. §. 6.*
ter, lorfqu'elles ont appofé ces for- *ff. de verb.*
tes de conditions ; mais au contraire *oblig.*
les conditions poffibles ne font pas

plus confidérées dans les teftamens, que fi elles n'y étoient pas écrites, parce qu'on fuppofe qu'élles font *L. 1. ff. de* échappées au teftateur par inadver-
cond. inft. tence. Il n'importe pas que la condition arrive du vivant du contractant pour faire valoir le contrat; il fuffit qu'elle arrive, en quelque tems que ce foit, pour obliger les contractans & leurs héritiers, & pour leur acqué-rir le droit qui réfulte du contrat. Ainfi, les contractans tranfmettent à leurs héritiers, non-feulement les droits qui leur font acquis par le con-trat, mais même l'efpérance incertaine qui dépend d'une condition, laquelle *L. 41. ff. de* peut ne pas arriver; mais en matiere
oblig. Leg. 59. de legs, la mort du légataire avant
ff. de cond. & l'échéance de la condition, rend le
demonft. legs caduc. La raifon de cette diffé-rence vient de ce que ceux qui con-tractent font préfumés contracter, tant pour leurs héritiers que pour eux-mêmes; au lieu que le teftateur ne confidere ordinairement que la perfonne du légataire, fans porter fa penfée plus loin.

L. 2. ff. de Il faut bien prendre garde de quel-
in diemadicti. le maniere font écrites les conditions

dans les contrats ; car il ſe peut faire
que la condition ſoit miſe pour ſuſ-
pendre l'effet du contrat juſqu'à ce
qu'elle ſoit arrivée ; par exemple, je
vous vends ma maiſon pour la ſomme de 30000 livres, en cas que vous
m'en payiez le prix convenu dans un
tel tems. Il ſe peut faire auſſi que la
même condition ne ſuſpendra pas
l'effet du contrat ; mais ſi elle vient
à manquer, elle le réſoudra entierement. Par exemple, je vends ma
maiſon pour le prix de 30000 livres ;
& en cas que ce prix ne ſoit pas payé
dans un tel tems, la vente ſera réſo-
lue. Cette différence eſt de grande
conſéquence ; car au premier cas, le
contrat eſt imparfait juſqu'à ce que la
condition ſoit arrivée, & ne commence à produire ſon effet que de ce
jour-là ; de ſorte que ſi c'eſt une vente, & que la choſe vendue vienne à
périr avant l'exiſtence de la condition, elle eſt perdue pour le vendeur
qui en eſt toujours demeuré le propriétaire. Au ſecond cas, le contrat
eſt parfait dans le commencement,
& produit les mêmes effets que s'il
n'y avoit point de condition.

P iij

CHAPITRE XXXVI.

Des quaſi-Contrats.

Inſtit. de oblig. quæ ex quaſ. contr. IL y a quelques faits qui produiſent une obligation, & qu'on ne peut pas nommer contrats, parce que la convention expreſſe ou tacite, qui eſt l'ame du contrat, ne s'y rencontre point : on les appelle quaſi-contrats dans le Droit Romain.

La premiere eſpece du quaſi-contrat eſt la tutele, qui oblige le tuteur envers ſon mineur, quoiqu'ils n'ayent point contracté enſemble. Il en eſt de même du protuteur, c'eſt-à-dire, de celui qui adminiſtre les biens du mineur, & fait la fonction du tuteur ſans en avoir la qualité ; comme auſſi du curateur, & de tous les autres adminiſtrateurs ſemblables.

Celui qui ſe ſert de la choſe commune eſt obligé perſonnellement à récompenſer les autres, & ils ſont tous obligés de ſe rembourſer mutuellement de ce qu'ils ont dépenſé pour la conſervation de la choſe commune, quoique souvent ils n'ayent pas contracté ensemble, comme il arrive entre co-héritiers ou co-légataires, qui font en communauté sans leur participation.

Lorsqu'un homme est absent, & qu'il n'a point laissé de procuration pour agir dans ses affaires, ses parens, ses amis en prennent quelquefois le soin, de crainte qu'elles ne périssent. Ce quasi-contrat produit une action en faveur de celui qui a geré les affaires de l'absent, pour le faire rembourser de ses frais ; ce qui a été très-justement ordonné pour empêcher que les affaires des absens & de ceux qui n'y peuvent pas pourvoir, ne demeurent abandonnées : mais il faut, pour exercer cette action, que celui qui a geré prouve que ce qu'il a fait étoit nécessaire, ou du moins utile pour les affaires de l'absent ; & cette utilité doit être considérée dans son principe, & non pas par l'événement. Par exemple, l'administrateur fait faire les réparations nécessaires dans un moulin de grand revenu ; peu de tems après, ce moulin est détruit par une inon-

dation extraordinaire ; l'adminiſtrateur doit être rembourſé des frais
qu'il a faits , parce que ſa geſtion étoit
utile dans ſon principe , quoiqu'elle
ne le ſoit plus par l'événement.

L'adminiſtrateur doit rendre compte de ſa geſtion à celui dont il a geré
les affaires ; il y doit employer , non-
ſeulement les ſommes principales qu'il
a reçues , mais auſſi les intérêts , ſi les
ſommes principales étoient aſſez conſi-
fiderables pour pouvoir être employées
utilement : ce compte s'exige rigou-
reuſement , & la moindre faute y eſt
relevée pour empêcher les gens de
s'immiſcer témérairement dans les
affaires d'autrui.

La quatrieme eſpece de quaſi-contrat eſt l'addition d'hérédité , que nous
appellons plus communément acceptation de ſucceſſion. L'héritier qui
accepte une ſucceſſion , acquiert tous
les droits réels & perſonnels du défunt. Si l'acceptation eſt pure & ſimple , l'héritier eſt tenu perſonnellement & indéfiniment de toutes les obligations dont le défunt étoit chargé ;
mais les créanciers du défunt n'ont
hypotheque ſur les biens de l'héritier,

que du jour qu'ils ont fait déclarer leurs contrats exécutoires contre lui, ou du jour qu'il leur a passé titre nouvel. L'héritier pur & simple est aussi tenu de payer tous les legs indéfiniment, & les légataires ont une hypotheque tacite sur les biens du testateur du jour de son décès.

A l'égard de l'héritier par bénéfice d'inventaire, il n'est tenu envers les créanciers & les légataires du défunt, que jusqu'à concurrence de ce qu'il profite de la succession ; mais il est obligé de rendre compte des meubles & des fruits des immeubles, & ses propres biens sont hypothéqués au reliqua du compte, du jour que les lettres de bénéfice d'inventaire ont été entérinées en jugement.

Quand un homme, par erreur de fait, me paie une somme qu'il ne me doit pas, il a action contre moi pour répéter ce qu'il m'a payé induement. *L. un. C. jur. deliber.*

Par exemple, l'héritier d'un homme qui me doit 10000 livres, & qui m'avoit payé, ne trouvant point de quittance, me paie une seconde fois ; il n'a point contracté avec moi ; au contraire, il ne songeoit qu'à se liberer ;

P v

cependant il eſt en droit de me rede-
mander la ſomme de 10000 livres,
qu'il m'a payée par erreur de fait, &
qu'il ne me devoit pas. Voilà la cinquieme eſpece de quaſi-contrat.

Les jugemens qui ſont rendus contre nous, forment une ſixieme eſpece
de quaſi-contrat; nous ſommes obligés de les exécuter, quand même ils
nous condamneroient à payer ce que
nous ne devons pas; on peut même
dire que les jugemens produiſent la
plus forte de toutes les obligations.
Quoiqu'ils ſoient quelquefois injuſ-
tes, on ne peut en éviter l'exécution, qu'en ſe pourvoyant par les
voies de droit, c'eſt-à-dire, par appel contre les ſentences, & par requête civile ou par caſſation contre
les jugemens en dernier reſſort, encore la requête civile & la requête en
caſſation n'en ſuſpendent pas l'exécution. Dans le Parlement du Dauphiné, on ne peut pas même obtenir
requête civile contre un Arrêt, qu'a-
près l'avoir exécuté en tous ſes chefs,
& avoir payé les dépens : ce qu'ils
appellent obtenir requête civile après
le parfourniſſement.

Lorsque j'ai employé un homme, soit pour mes affaires, soit pour quelque ouvrage, ou autrement, si nous sommes convenus de la récompense que je lui donnerai, c'est un véritable contrat, qui est appellé location en droit ; mais si nous n'avons fait aucune convention ensemble, je ne laisse pas de lui devoir une récompense, laquelle est arbitraire, & doit être estimée suivant la qualité des personnes & du travail, & suivant le tems qui a été employé : c'est ce qu'on appelle salaires & vacations.

P vj

CHAPITRE XXXVII.

Du Mandement.

L. ff. man-dat.

LE Mandement, que nous con- noiſſons mieux ſous les noms de procuration ou de commiſſion, eſt un contrat par lequel une perſonne don- ne charge à l'autre de faire quelque choſe gratuitement, ſoit pour l'inté- rêt de celui qui donne la charge, ſoit pour l'intérêt d'un autre, ſoit que la choſe importe à celui qui reçoit l'or- dre, ſoit qu'elle ne lui importe point ; mais ſi lui ſeul avoit intérêt à ce qui lui eſt recommandé, ce ne ſeroit plus alors un contrat, ce ne ſeroit qu'un ſimple conſeil.

Les exemples du mandement ſont fréquens parmi nous ; tous les jours nous écrivons à un ami, pour le prier d'acheter ce qui nous eſt néceſſaire, ou de faire quelque autre choſe pour nous, ce qu'on appelle donner des commiſſions ; & quand il s'agit de traiter avec un tiers, comme de tran- ſiger, d'emprunter, d'acheter une terre, &c. on envoye une procuration, afin que ceux qui ont à traiter avec le mandataire, ne doutent pas de son pouvoir.

La procuration peut être générale ou spéciale : la procuration générale est celle par laquelle je donne pouvoir à un homme de régir & gouverner toutes mes affaires en général , de la même maniere que je pourrois faire si j'étois présent : la procuration spéciale est celle qui est donnée pour une affaire particuliere, comme pour vendre une telle terre. *L. 1. §. 1. ff. procurat.*

Quelque générale que puisse être la procuration, il y a néanmoins de certains cas qui n'y sont jamais compris, s'il n'y sont exprimés. Par exemple, un Procureur ne peut pas vendre, il ne peut pas faire aucune affirmation, ni former une inscription de faux, s'il n'a un pouvoir spécial pour cela. *Molinæus, in ant. consuet. Parif. §. 14. gl. 1. n. 9.*

Ordonn. de 1670. tit. 9. art. 6.

Le mandement de sa nature est gratuit. Il est vrai qu'il n'est pas défendu de récompenser celui qui s'est bien acquitté de sa commiffion ; & cette reconnoiffance s'appelle proprement salaire : elle doit venir de la *L. 1. §. 1. ff. Mand.*

feule gratitude du conftituant, fans qu'il y en ait aucune convention; néanmoins, fi le conftituant a promis quelque falaire, il peut être pourfuivi

L. 6. & 7. ff.
ſod.

en juftice, & condamné d'accomplir fa promeffe.

Nous avons parmi nous des Procureurs en titre d'office en chaque jurifdiction, pour faire toutes les procédures judiciaires des particuliers qui les chargent de leurs procès; mais comme leur miniftere n'eft pas gratuit, & que leurs falaires & vacations font taxés par les Ordonnances & Réglemens, le contrat qu'on paffe avec eux en les chargeant d'une affaire, eft plutôt un loyer qu'un mandement. On peut dire la même chofe des commis & des gens d'affaires, & autres.

Les Procureurs des communautés eccléfiaftiques, ou autres, les Syndics d'une compagnie de créanciers, ou d'une autre communauté, font de véritables mandataires, qui ne different en rien des autres, & qui font fujets à toutes les regles du mandement.

L. 5. ff. Man-
dat.

Le procureur ou mandataire doit bien prendre garde à fuivre exactement fa procuration; s'il avoit excedé fon pouvoir, il pourroit être défavoué, & condamné en tous les dommages & intérêts des parties avec qui il auroit contracté.

Le mandement produit deux actions perfonnelles, l'une en faveur du conftituant contre fon commis, pour l'obliger à lui rendre compte, & lui payer les dommages & intérêts du tort qu'il a fouffert par fa faute, même très - légere, foit qu'il n'ait pas accompli fa commiffion, foit qu'il ait excedé fon pouvoir; car on exige de lui toute la diligence & toute la fidélité poffible.

Tot. tit. ff. Mand.

Le procureur a action contre le conftituant pour fe faire rembourfer de tous fes frais, & pour être indemnifé de tout ce qu'il pourroit fouffrir à caufe du mandement qu'il a reçu & exécuté : il n'eft pas néceffaire que le conftituant ratifie ce qui a été fait, fi la procuration eft par écrit; car il eft affez obligé par la procuration qu'il a donnée. Mais fi le conftituant s'eft contenté de prier verbalement le mandataire, il faut alors qu'il ratifie ce qui a été fait, ou par une ratification expreffe, ou par une ratification

L. 3. ff. rem ratam habeat.

tacite, c'eſt-à-dire, par l'exécution
effective de ce qui a été promis par
le procureur. Par exemple, ſi le procureur a acheté pour moi, le paiement
volontaire que je fais du prix de la
vente, eſt une ratification ſuffiſante;
puiſque je ne ſaurois payer le prix,
ſans approuver la vente en même
tems.

Inſtit.de man- Le mandement ſe réſout par la
dat. §. 9 & 10. mort de l'une des parties, par la révocation de la part du conſtituant, &
par la renonciation du mandataire;
mais il faut que la révocation ou la
renonciation, pour être valables &
pour réſoudre le mandement, ſoient
faites lorſque les choſes ſont encore
entieres, & qu'il n'y a aucun commencement d'exécution.

CHAPITRE XXXVIII.

Des Crimes.

LE crime produit auſſi une obligation; car celui qui le commet s'oblige à en faire la réparation, quoiqu'il n'ait point eu envie de s'obliger.

Il y en a de deux ſortes; il y a des crimes atroces qui intéreſſent le public, & qui méritent une punition exemplaire, laquelle ne peut être pourſuivie que par des Officiers publics; car quoiqu'un particulier ſe trouve offenſé en ſon honneur ou en ſes biens, par le crime d'un autre, il ne lui eſt pas permis de pourſuivre la punition du crime : la vengeance eſt défendue aux hommes, & il n'y a que le Roi qui la puiſſe exercer par ſes Officiers, en vertu du pouvoir qu'il tient de Dieu. Le particulier offenſé peut bien ſe joindre à l'Officier public pour demander un dédommagement proportionné à l'offenſe qu'il a reçue : ce qu'on appelle en termes de pratique se rendre partie civile, & demander une réparation ou des intérêts civils ; mais jamais la partie civile ne peut conclure à la peine qui est dûe au crime : ainsi cette matiere est presque toute de droit public parmi nous.

Il y a néanmoins trois crimes capitaux qui regardent principalement les parties civiles, quoique l'intérêt public y soit aussi mêlé.

L. 11. par. 2.
10. ff. ad l.
Jul. de adult.

Le premier est le crime d'adultere, qui offense particulierement le mari : c'est pourquoi, par le droit Romain, tant que le mariage duroit, il n'y avoit que le mari qui pût accuser

L. 2. par. 2.
& 3. l. 32. §.
ult. ff. eod.

sa femme d'adultere : il est vrai que si le mari gardoit sa femme lorsqu'elle avoit été manifestement surprise en adultere, il pouvoit lui-même être accusé du crime qu'ils appelloient *lenocinium*, dont la peine étoit la même que celle de l'adultere.

L. 4. ff. eod.

Quand le mari avoit fait divorce avec sa femme, il étoit alors permis à tout le monde de former l'accusation d'adultere contre la femme ; mais le mari & le pere avoient soi-

xante jours pour se préparer à l'accusation, & durant ce tems ils étoient
préférés à tous autres accusateurs. En- *L 30. C. eod.*
fin l'Empereur Constantin ne voulut
pas que les étrangers fussent admis à
cette accusation, & la réserva aux
proches parens du mari & de la femme, comme y étant seuls intéressés.

☞ L'auteur dit que Constantin a ré-
servé la liberté d'accuser les femmes
d'adultere aux proches parens du mari
& de la femme, comme y étant seuls
intéressés ; mais ces mots dont se sert
la loi, *patri, fratri, patruo & avun-
culo, quos verus dolor ad accusationem
impellit,* ne peuvent pas s'appliquer
aux parens du mari, ils ne conviennent qu'à ceux de la femme ; ensorte que le pere du mari, qui s'appelle en latin *socer,* n'a plus ce pouvoir, ainsi que Monsieur Cujas l'établit dans son Commentaire sur cette
même loi].

Parmi nous il n'y a régulierement
que le mari, ou son pere en son ab- *Autom. con-*
sence, qui puisse accuser la femme *fer. ad l. 1 &*
30. C. eod.
d'adultere : le Procureur du Roi ne *Le Prêtre,*
art. 1. ch. 33.
peut pas d'office poursuivre ce crime, *Faber, eod.*
ad leg. Jul. de
si ce n'est en cas de scandale public, *adult. def. 4.*

& quand le mari est complice du crime de sa femme.

Rebuff. de senten. provis. art. 3. gl. 1. n. 16.

La femme convaincue d'adultere perd sa dot & toutes ses conventions matrimoniales, qui sont adjugées au mari lorsqu'il n'y a point d'enfans du mariage. ☞ Outre cela, il y a peine corporelle par la loi *Julia, de adult.* La peine étoit la relegation, tant contre les hommes que contre les femmes. Par la loi *Quamvis* 30, *Cod.* sur ce titre, Constantin établit la peine de mort contre tous les adulteres, sans distinction de sexe. Justinien par sa Novelle 134, ch. 10, modera la peine à l'égard des femmes; il ordonna que la femme convaincue d'adultere seroit fustigée, & ensuite enfermée dans un monastere, d'où son mari auroit la liberté de la retirer pendant deux ans; après ce tems, ou si le mari mouroit avant les deux ans, qu'elle seroit rasée, voilée, & obligée de demeurer le reste de ses jours dans le couvent. De cette Novelle a été tiré l'Authentique *Sed hodie*, qui est en usage parmi nous; en sorte que l'on appelle une semblable femme, authentiquée, ainsi que le remarque Mornac sur cette même loi *Quamvis.* Cependant par les derniers Arrêts l'on s'est écarté de toute cette rigueur. 1. Les femmes adulteres ne sont plus condamnées au fouet. 2. On permet à leurs maris de les reprendre en tout tems. 3. On leur permet après le décès de leur mari de sortir du couvent pour se remarier. *Voyez l'Observation sur la question* 65 *d'Henrys, tome* 1, *l.* 4].

Le second crime est la banqueroute frauduleuse qu'un débiteur fait au préjudice de ses créanciers. Ce crime demeure très-souvent impuni, parce que les créanciers aiment mieux traiter avec le banqueroutier, & lui faire des remises, que de perdre toute leur dette ; & dès le moment qu'ils sont d'accord, la justice ordinairement ne s'en mêle plus.

Le troisieme crime est le faux incident. Lorsqu'un homme a produit une piece fausse dans un procès civil, & qu'il déclare se vouloir servir de la piece, la partie adverse peut former son inscription de faux, qu'on appelle faux incident, parce qu'en effet l'inscription de faux n'est pas

formée pour faire punir le coupable,
mais pour empêcher que la partie
adverse ne se puisse servir de la piece
fausse ; ainsi ce n'est qu'un incident
du procès civil, à la différence de
l'accusation de faux, qui commence
par la plainte ou la dénonciation,
qu'on appelle faux principal.

Il y a d'autres crimes qui sont si
légers, que le public n'y est presque
point intéressé, & qui n'offensent
que le particulier qui s'en plaint :
l'obligation qu'ils produisent se résout en dommages & intérêts, &
en quelque peine modique. Le stellionat, le recelé ou divertissement,
la prévarication, l'usure, les injures,
& quelquefois le dol & la fraude,
sont de ce nombre.

Louet, §. 18.   Celui qui vend, qui engage, ou
qui hypotheque un bien qu'il sait ne
lui pas appartenir, commet un stellionat ; mais on n'en commet pas
quand on hypotheque un bien qui
est déja hypothéqué à d'autres créanciers : autrement il y auroit très-peu
de débiteurs parmi nous qui ne fussent stellionataires ; car il y en a
peu qui n'ayent emprunté de plu-

fieurs perfonnes, & par conféquent
hypothéqué aux derniers créanciers
des biens qui étoient déja hypothéqués aux premiers. Mais quand celui qui emprunte fe déclare franc &
quitte, ou qu'il déclare qu'il ne doit
qu'une telle fomme, fi par l'événement il fe trouve devoir à des créanciers hypothéquaires plus qu'il n'a déclaré, il eft un véritable ftellionataire.
J'ai dit à des créanciers hypothéquaires ; car en matiere de ftellionat, les
créanciers qui n'ont point d'hypotheque ne font comptés pour rien,
parce qu'ils ne nuifent point aux
créanciers hypothéquaires qui ont contracté depuis eux.

La peine du ftellionat eft d'être
obligé par corps au paiement de la
dette, & même au rembourfement
du fort principal, fi c'eft un contrat
de conftitution.

Le mari ou la femme qui, après le
décès du premier mourant, détournent les effets de la communauté
pour les appliquer à leur profit,
commettent un recelé. Quoique ce
crime foit une efpece de larcin, on
lui donne néanmoins un nom plus

doux, & on ne pourſuit pas criminellement, en conſidération du mariage qui a précedé, & que les héritiers du défunt doivent encore reſpec-
ter. La peine du recelé à l'égard du
mari, & de la femme qui a accepté
la communauté, eſt de priver le coupable de la part qu'il avoit dans les
choſes recelées; de ſorte que ſi la
femme a recelé 10000 livres, cette
ſomme ſera diſtraite de la communauté, pour être donnée toute entiere aux héritiers du mari.

Louet, R. 48.

C. P. art.
237.

Lorſque la femme qui a commis le
recelé renonce à la communauté, ſi
l'on ſuivoit exactement les regles, on
devroit la déclarer commune, nonobſtant ſa renonciation; car la coutume ne lui permet de renoncer qu'en
faiſant faire bon & loyal inventaire.
Or on ne peut pas dire qu'une veuve
ait fait un loyal inventaire, lorſqu'elle a détourné les effets de la communauté, & qu'elle ne les y a pas tous
compris. L'on devroit être d'autant
plus rigoureux à cet égard, que le
recelé eſt un crime qui ne ſe commet
jamais par une ſimple imprudence,
ni par le premier emportement d'une
paſſion

paſſion violente ; il y a toujours un deſſein prémédité de voler le bien d'autrui, qui mérite une punition exemplaire. Ce ſeroit aſſez faire pour une veuve, que de lui épargner en ce cas la peine afflictive, dont tout autre ſeroit puni. Cependant les Juges ne ſuivent pas toujours la rigueur de la loi, & l'on peut dire en général qu'ils ont à cet égard trop d'indulgence pour la friponnerie & la mauvaiſe foi.

Les Procureurs ou les Avocats qui trahiſſent leurs parties, & qui aident la partie adverſe en quelque maniere que ce ſoit ; les Juges & les autres Officiers qui font des choſes qui ſont directement contre le devoir de leurs charges, ſont coupables de prévarication. La peine de ce crime eſt ordinairement une aumône, une interdiction pour un tems, une amende, & une interdiction à perpétuité, ſelon que le cas eſt plus ou moins criminel.

L'uſure eſt quelquefois du nombre des grands crimes, mais le plus ſouvent elle eſt miſe au nombre des moindres. Par exemple, quand un homme a reçu des intérêts au denier de l'Ordonnance, d'une somme qu'il avoit prêtée, sans qu'il y ait eu aucune demande, ou aucune sentence de condamnation d'intérêts, il a commis une usure ; mais cette usure n'est pas regardée comme un crime qui mérite une peine afflictive : on se contente en ce cas d'imputer sur le principal les intérêts usuraires qui ont été reçus, & de condamner celui qui les a reçus à une aumône. L'on ne poursuit criminellement comme usuriers, que ceux qui reçoivent de grosses usures, comme au denier dix, au denier huit, &c. & ceux qui sont accoutumés de prêter à usure.

Ceux qui disent des injures, sont ordinairement condamnés à faire réparation d'honneur à ceux à qui ils les ont dites, & aux dépens ; quelquefois à une amende, suivant la qualité des personnes, & des injures qui ont été dites.

Quoique le dol & la fraude en eux-mêmes ne passent pas pour des crimes parmi nous, néanmoins il y a quelquefois des cas si odieux, que les Juges ne peuvent pas se dispenser de condamner à une amende.

Au reste, il est bon d'observer
que les crimes légers deviennent
quelquefois si graves par les circonstances des tems, des lieux & des
personnes, qu'ils méritent une peine
afflictive, & même en certains cas
une peine capitale. Par exemple, des
injures atroces dites à un Magistrat
dans le lieu de l'exercice de la justice, &c.

CHAPITRE XXXIX.

Des Peines.

NOus ne parlerons point ici des
peines que les Ordonnances ont
prononcées sur chaque espece de crime, cela regarde le droit public ;
mais seulement des effets que chaque
genre de peine produit sur la personne-
ne ou sur les biens de ceux qui y sont
condamnés.

La plus douce de toutes les peines,
est la condamnation aux dommages
& intérêts, par forme d'intérêts civils : cette peine ne donne aucune

atteinte à la réputation de celui qui a été condamné ; mais il peut être contraint par corps, après les quatre mois, au paiement de la somme portée par le jugement.

Quand on ordonne qu'un homme sera admonesté, quand on le condamne à une aumône, quand on interdit un Officier pour un tems, comme de trois mois, de six mois, &c. cela nuit certainement à la réputation, & marque toujours au moins beaucoup d'imprudence de la part de celui qui a été condamné ; mais ces fortes de peines ne laissent aucune note d'infamie qui puisse l'exclure de rendre témoignage, ni même l'empêcher d'être reçu dans les charges publiques.

Lynet, B. 17. Ceux qui font condamnés au blâme, en l'amende criminelle, en l'amende honorable, au fouet, à la fleur-de-lys, au bannissement à tems ou seulement hors du reffort de certaine Jurisdiction, aux galeres pour un tems ; les Officiers interdits pour toujours de la fonction de leurs charges, font déclarés infames, & ne peuvent ni porter témoignage en

juftice, ni exercer aucunes charges
publiques ; mais ils ne font pas morts
civilement , ils demeurent maîtres
de leurs biens, & en peuvent difpofer de la même maniere que s'ils n'a-
voient pas été condamnés.

Ceux qui font bannis à perpétuité *Brodeau fur*
ou condamnés aux galeres perpétuel- *Louet, S. 1.*
les, font morts civilement. Il eſt à
propos d'obferver à ce fujet. 1°. Que
les Juges inférieurs ne peuvent ban-
nir que hors de leur reffort feulement, fi ce n'eſt quand la peine
du banniffement perpétuel hors du
Royaume eſt établie par les Ordonnances ; mais le Parlement peut ag-
graver la peine prononcée par les
premiers Juges, s'il trouve qu'il y ait
lieu. 2°. Qu'il paroît conſtant aujourd'hui que le banniffement perpétuel ne doit pas être prononcé par le
Parlement hors de fon reffort, ou
d'une Province feulement, qu'il doit
toujours être hors du Royaume, auquel cas feulement il emporte la
mort civile.

Cependant il y a une exception à
l'égard des femmes & filles, que l'on
ne bannit jamais à perpétuité hors

du Royaume ; mais seulement hors du ressort d'une certaine Jurisdiction ou du Parlement, lequel bannissement a le même effet, que s'il étoit hors du Royaume.

Les biens des morts civilement sont confisqués dans la plûpart de nos coutumes. Il y en a d'autres où la confiscation n'a lieu que pour une certaine espece de biens ; d'autres où la confiscation n'a point de lieu, non plus que dans les pays de droit écrit, si ce n'est pour les crimes de leze-majesté, divine & humaine, & pour le duel, pour raison duquel l'Ordonnance prononce indistinctement la confiscation des biens, en quelques lieux qu'ils soient situés ; & dans les coutumes où la confiscation n'a point de lieu, celui qui a été condamné à une peine qui emporte la mort civile, ne peut pas disposer de ses biens, mais ils passent en la personne de ses héritiers naturels, comme s'il étoit effectivement & naturellement décédé.

Paris, article 283.
Paris, article 200.
Bretagne, article 658, 659 & 660.
Le Maine, article 157.

☞ L'Auteur dit qu'il y a des coutumes où la confiscation n'a point de lieu, non plus que dans les pays de droit écrit, fi ce n'eft pour les crimes de leze-majefté, divine & humaine, & pour le duel. Il y a deux chofes à obferver fur cela.

La premiere eft, qu'il n'eft pas abfolument vrai que la confifcation n'ait point de lieu dans les pays de droit écrit ; car il eft certain qu'elle a lieu dans le reffort du Parlement de Touloufe, fuivant les Auteurs cités dans les Obfervations fur les Œuvres pofthumes d'Henrys, page 903. Mais il y a cela de particulier dans ce Parlement, que fur les biens confifqués on en préleve le tiers en faveur de la veuve & des enfans, qui eft exempt de toutes charges, fuivant les Auteurs cités au même endroit.

La feconde chofe à obferver eft, que dans les lieux où la confifcation n'a pas de lieu, le crime de duel n'emporte point de confifcation, fuivant les Arrêts & Auteurs cités au même endroit, *page* 904, *queft.* 3.].

¶ Les maîtres ne font tenus des faits & délits de leurs ferviteurs &

domeſtiques, qu'en deux cas ; l'un s'ils leur ont donné ordre d'agir ; l'autre eſt pour les fautes commiſes par les ſerviteurs, dans le genre de négoce où ils ont coutume de les employer.

Fin du troiſieme Livre.

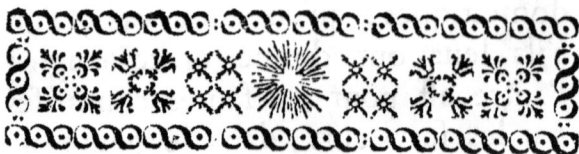

LIVRE IV.

Des Accessoires & des suites des Obligations.

CHAPITRE PREMIER.

Des Co-obligés, des Cautions, des Certificateurs.

IL arrive souvent que deux ou plusieurs personnes s'obligent à la même chose au profit d'un tiers : c'est ce qu'on appelle les co-obligés ; quelquefois ils répondent de la solvabilité des débiteurs, & alors on les nomme cautions. Il y en a enfin qui assurent que la caution est bonne & solvable : ce sont les certificateurs. Ces sortes d'obligations sont très-fréquentes dans le commerce, & sont

Q v

de plusieurs natures, qui produisent des effets différens, qu'il est impossible de bien distinguer.

Quelquefois les co-obligés ont tous contracté pour leur propre affaire ; par exemple, si c'est un prêt ou un contrat de constitution, ils ont reçu chacun leur part des deniers prêtés, ou du sort principal ; quelquefois aussi il y en a un seul qui reçoit l'argent, & les autres ne s'obligent que pour lui faire plaisir.

En l'un & en l'autre cas, si l'obligation est pure & simple, sans aucune clause de solidité, l'obligation est divisée de plein droit, c'est-à-dire, que chacun des co-obligés n'est tenu que pour sa part.

Mais si l'obligation est solidaire, chaque co-obligé peut être poursuivi pour le tout, sauf son recours contre les autres. La clause de solidité est ordinairement conçue en ces termes : *Lesquels se sont obligés solidairement l'un pour l'autre, & un seul pour le tout, renonçant au bénéfice de division, &c.* Mais ces termes ne sont pas tous essentiels : il suffit qu'il y en ait quelques-uns qui marquent bien clairement que l'intention des parties a été de s'obliger folidairement. ☞ Le mot folidairement eft effentiel ; celui de conjointement n'eft pas fuffifant, fi ce n'eft entre marchands & négocians. *Voyez les Obfervations fur Henrys, tome* 1 *, liv.* 4 *, q.* 26 *; & tom.* 2 *, liv.* 4 *, q.* 38].

Lorfque les co-obligés ont tous contracté pour leur propre affaire, & que l'obligation n'eft point folidaire, ils ne peuvent jamais avoir de recours les uns contre les autres, parce que chacun d'eux ne peut être pourfuivi que pour fa propre dette ; mais fi l'obligation eft folidaire, les co-obligés entr'eux font cautions l'un de l'autre, & celui qui paie le tout, a fon recours contre les autres.

Les co-obligés qui ne font engagés dans l'obligation que pour faire plaifir à un tiers, ont recours contre lui pour toute la fomme qu'ils ont payée ; mais il faut qu'ils ayent la précaution de prendre une indemnité de lui : car on préfume que tous ceux qui ont parlé dans l'obligation en ont profité, à moins que le contraire ne foit prouvé ; fi ce n'eft à l'égard de la

Q vj

femme, qui dans le doute est toujours censée être la caution de son mari.

L. ult. de duob. reit.

Quand l'obligation est solidaire, les poursuites qui sont faites contre l'un des co-obligés, nuisent à tous les autres, lorsqu'il s'agit d'interrompre la prescription. ☞ De même, pour le paiement des intérêts, la demande formée contre l'un des co-obligés produit intérêt contre les autres. *Voyez l'Observation sur la question 40 d'Henrys, tome 2, liv. 4*].

Quoique l'obligation soit solidaire dans son principe, elle peut être divisée dans la suite de trois manieres différentes.

L. si credito-res, 18. C. de act. Louet, R. 6.

La premiere est, lorsque le créancier, par des raisons particulieres, convient expressément avec les co-obligés, que chacun d'eux ne sera tenu que pour sa part.

La seconde, lorsque le créancier reçoit d'un des co-obligés la portion dont il est tenu, sans faire aucune réserve, ni aucune protestation : on présume que par une convention tacite il a voulu faire la même grace à tous les autres, & diviser l'obligation ; mais il faut en ce cas que dans

la quittance il foit fait mention qu'il
a reçu d'un tel la fomme de tant *pour
fa part & portion*, ou qu'il le décharge du furplus de l'obligation, ou autres termes de cette nature qui donnent lieu à cette préfomption ; le
plus sûr néanmoins pour le créancier
qui veut recevoir la partie qui lui eft
offerte, fans divifer fon obligation,
eft d'en faire une réferve expreffe
dans la quittance.

La troifieme maniere de divifer
les obligations folidaires, arrive fans
la participation & fans le confentement du créancier. Lorfqu'un des co-
obligés vient à mourir, & qu'il laiffe
plufieurs héritiers, ils ne font obligés que pour leurs parts & portions
héréditaires, à moins que l'obligation
ne foit indivifible de fa nature ; mais
alors la folidité fubfifte à l'égard des
autres co-obligés ; & s'ils décedent
tous, la folidité demeure entiere contre chaque fucceffion. Par exemple,
je fuis créancier de Jean, de Pierre
& de Jacques, qui me doivent folidairement 30000 livres ; après la
mort de Jean, qui laiffe trois héritiers, je puis demander à Pierre ou à

*L. 25. §. 10.
ff. fan. il. ercif-*

Jacques la fomme entiere de 30000 livres, mais je ne puis demander que 10000 livres à chacun des héritiers de Jean ; de même fi Jacques & Pierre font décédés, & que Jacques ait laiffé un héritier, & Pierre deux, je puis demander 10000 livres à chacun des trois héritiers de Jean, & 15000 liv. à chacun des deux héritiers de Pierre, & la fomme entiere de 30000 liv. contre l'unique héritier de Jacqués. D'où il réfulte que les pourfuites que le créancier fait contre une fuceffion nuifent aux deux autres, & qu'au contraire les pourfuites qu'il fait contre un des co-héritiers, ne nuifent pas aux autres co-héritiers de la même fucceffion, & même qu'elles ne lui fervent, pour conferver fon droit contre les autres fucceffions, que jufqu'à concurrence de la part & portion du co-héritier qui eft pourfuivi. ☞ A l'égard des héritiers de l'un des co-obligés, il eft vrai que l'on ne peut demander à chacun d'eux que fa part ; mais cela fe doit entendre perfonnellement, car hypothéquairement on peut agir pour le tout contre chaque héritier].

Les cautions, qu'on appelle en droit fidé-jusseurs, s'obligent pour autrui, aussi-bien que les co-obligés qui n'ont point contracté pour leur propre affaire, avec cette différence que les co-obligés, quoiqu'ils ne s'engagent que pour autrui, ne laissent pas d'entrer dans l'obligation principale ; au lieu que les cautions n'en sont que l'accessoire, & ne s'obligent que pour l'assurance de la dette principale.

Par l'ancien droit Romain le créancier pouvoit s'adresser directement à la caution, & lui faire payer le total de la dette, sans être obligé à faire aucunes poursuites contre le débiteur ; & s'il y avoit plusieurs cautions, elles étoient toutes obligées solidairement. Mais l'Empereur Adrien leur accorda d'abord le bénéfice de division, par lequel elles pouvoient contraindre le créancier, lorsqu'il y avoit plusieurs cautions, à diviser son action contre elles, & ne les poursuivre que pour leur part & portion, pourvu qu'elles fussent toutes solvables dans le tems que la division étoit demandée. Dans la suite Justinien leur accorda le bé-

néfice d'ordre, appellé auffi le bénéfice de difcuffion, qui étoit de ne
pouvoir être pourfuivies qu'après que
le créancier auroit fait vendre tous
les biens du principal débiteur, fans
en pouvoir être payé ; mais aujourd-
d'hui ces deux bénéfices font très-
inutiles aux cautions, parce que les
créanciers ne manquent jamais de les
y faire renoncer ; & même ces renonciations font à préfent de ftyle fi ordinaire, que les Notaires ne fe donnent pas la peine d'en inférer la claufe
entiere dans les minutes, & fe contentent d'y mettre le premier mot,
renonçant, &c.

Tot. tit. ad Senatufcon. Velleïan. Les femmes autrefois ne pouvoient
pas s'obliger pour autrui, fuivant le
Sénatufconfulte Velleïen, & l'Authentique, *Si qua mulier ;* mais ceux
qui vouloient les avoir pour obligées, ne manquoient pas de les faire
renoncer au Sénatufconfulte & à cette Authentique, avec quelques formalités qui caufoient fouvent des
procès. Depuis eft intervenu l'Edit
d'Henri IV. en 1606, par lequel il a
été permis aux femmes de s'obliger
fans ces renonciations. Enfin, pour

Loret, V. 6 & 7.

Journal des Aud. liv. 6. ch. 47.

la facilité du commerce, par la Déclaration de 1664, il a été permis aux
femmes des pays du Lyonnois, Forez,
Beaujolois & Mâconnois, de vendre,
d'engager & hypothéquer leurs biens
dotaux ; mais l'Edit & la Déclaration
ne comprennent pas les autres pays de
Droit écrit, & n'y sont point obser-
vés. ☞ L'Edit d'Henri IV. de 1606,
abroge simplement le Sénatusconsulte
Velleïen : mais il ne permet point aux
femmes d'obliger & hypothéquer leurs
biens dotaux : cela n'a été permis que
par la Déclaration de 1664. *Voyez
l'Observation sur la q. 8 d'Henrys,
t. 1, l. 4*].

Il y a des cautions judiciaires qui
s'obligent en Justice, lorsqu'il est ordonné qu'un homme recevra quelque somme en donnant caution. Si le
jugement porte seulement, en donnant caution, il suffit d'en présenter
une, sans examiner autrement ses fa-
cultés : mais s'il est dit, en donnant *Louet, C. 9.*
bonne & suffisante caution, il faut
alors que la caution soit solvable, &
qu'elle possede des immeubles dans
le ressort de la Jurisdiction qui a ordonné la caution.

Louet, F. 23.
Rebuf. de Sen-
tent. execut.
art. 1. gl. 18.
n. 3.

Les cautions judiciaires ne jouissent point des bénéfices de division & de discussion : elles sont outre cela sujettes à la contrainte par corps, pour le paiement des sommes pour lesquelles elles ont cautionné, quand bien même le principal débiteur ne seroit pas obligé par corps.

Brodeau sur
Louet, F. 23.

Les cautions judiciaires sont souvent accompagnées de certificateurs, qui sont ainsi nommés, parce qu'ils certifient que la caution est solvable. Il faut discuter la caution avant que de s'adresser au certificateur, qui ne s'est engagé qu'en cas d'insolvabilité de la caution.

Inst. de fide-
jus. §. 5.

La caution ne peut pas être obligée à plus que le principal obligé, parce que l'obligation de la caution n'est que l'accessoire, & l'assurance de l'obligation principale ; c'est pourquoi, si le principal obligé ne doit que mille écus, la caution ne pourra pas devoir davantage ; si le principal n'est obligé que sous une condition qui n'est pas échue, la caution ne pourra pas être obligée purement & simplement, mais seulement sous la même condition.

Mais l'obligation de la caution peut être plus ferme, plus étroite & plus sûre que celle du principal obligé ; ainsi, l'obligation de la caution subsiste, quoique celle du principal obligé mineur soit éteinte par la restitution en entier ; de même la caution peut hypothéquer ses immeubles, quoique le principal obligé n'ait pas hypothéqué les siens.

L. 2. de fide-juff.

L'obligation de la caution cesse dès le moment que l'obligation du principal débiteur est éteinte, soit par le paiement effectif, soit par la novation de la premiere obligation, ou autrement ; même quand un débiteur, dans le désordre de ses affaires, traite avec ses créanciers qui lui font des remises, les cautions font déchargées jusqu'à concurrence de ces remises.

l. 15. §. 7. l. 60. ff. de fi-dejuff.
Leprêtre , Cent 1. chap. 10.

On a demandé si les cautions font déchargées, lorsque le créancier accorde un délai au débiteur sans la participation de cautions. Voici la distinction que l'on a faite. Si l'obligation est pure & simple, & ne contient aucun terme pour le paiement, le délai donné par le créancier ne dé-

Ranchin, fur Guypape, q. 118.

charge point les cautions ; mais fi l'obligation contient un terme, le créancier qui le proroge fans le confentement des cautions, les décharge malgré lui de leur cautionnement.

L. 98. §. 1.
ff. de fidejuff.
Les cautions qui font pourfuivies par le créancier, doivent bien prendre garde aux termes du cautionnement, parce qu'ils ne peuvent jamais être étendus d'un cas à l'autre : la caution, par exemple, qui n'a cautionné que pour la fomme principale, ne doit ni les intérêts, ni les dépens, & au contraire elle doit le tout, fi elle s'eft rendue caution de toute l'obligation.

Soëfve, t. 1.
Cent. 1. c. 50.
La caution ordinaire n'eft pas obligée de plaider pour l'exécution de fon cautionnement, pardevant un autre Juge que celui de fon domicile ; mais la caution judiciaire doit plaider devant le Juge pardevant lequel elle a fait fes foumiffions.

Guypape,
queft. 117.
La caution peut agir en trois cas contre le principal débiteur, pour fe faire décharger de fon cautionnement. Le premier cas eft, quand le débiteur eft trop long-tems fans payer, il n'eft pas jufte qu'il laiffe

perpétuellement dans l'embarras la
caution qui ne s'est obligée que pour
lui faire plaisir; ce tems est très-arbitraire, il dépend de la prudence du
Juge, & des circonstances de l'affaire.

Le second cas est, lorsque le débiteur dissipe son bien, & qu'il y a un
juste sujet de craindre qu'il ne devien-
ne insolvable.

Le troisieme cas est, lorsque la
caution est poursuivie pour le paiement.

Celui qui se rend caution d'un contrat de constitution, peut convenir
avec le débiteur qu'il sera obligé de
racheter dans un certain tems, passé
lequel la caution peut le contraindre
au rachat. Il est vrai que les Juges accordent presque toujours un délai raisonnable, comme de trois ou de six
mois; mais si la caution rachete elle-
même la rente volontairement, elle
ne peut plus forcer le débiteur à racheter entre ses mains, mais seulement à continuer de lui payer les arrérages.

Brodeau sur
Louet, F. 17.

CHAPITRE II.

Des Recours & des Garanties.

IL n'y a rien de plus fréquent dans l'ufage, que la matiere des recours & des garanties.

Pour les bien concevoir, & en faire une jufte application dans l'ufage, il les faut confiderer par rapport aux caufes qui y donnent lieu, qu'on peut toutes réduire à trois principales. La premiere, qui réfulte du contrat de vente ; celle qui réfulte de la fucceffion & tranfport d'une rente ou d'une autre dette ; & celle qui naît du cautionnement.

L. 15. ff. de empt. & vend.
L. 6. C. de evict.
L. 4. ff. de act. empt.
L. 61. ff. de evict.

Les deux premieres efpeces ont cela de commun, que tout vendeur & tout cédant font naturellement garants, que la chofe vendue ou cedée fubfifte, qu'elle leur appartient, & qu'elle n'eft chargée d'aucunes hypotheques. Cette garantie oblige le vendeur, non-feulement à rendre le prix qu'il a reçu, en cas que l'acquéreur foit évincé, mais même à payer les dommages & intérêts que l'acquéreur a soufferts.

Quand il n'a pas été évincé de la totalité de la chofe vendue, mais feulement d'une partie, le vendeur doit rendre le prix à proportion ; il y a même des cas où l'on ordonne la réfolution du contrat, lorfque l'acquéreur eft évincé de la plus noble & de la plus confiderable partie de la chofe, comme du principal manoir, & de la juftice en matiere de fiefs ; en un mot, on peut ordonner la réfolution du contrat toutes les fois qu'on préfume vraifemblablement que l'acquéreur n'auroit pas voulu acquérir, s'il avoit prévu l'éviction.

Tiraq. de retract. confang. §. 22. gl. 2. n. 5. & feq.

On appelle cette garantie la garantie de droit, parce qu'elle eft dûe, encore qu'elle n'ait point été promife ; & quand il y auroit claufe dans le contrat de vente, portant que le vendeur ne feroit tenu d'aucune garantie que de fes faits & promeffes feulement, il feroit toujours obligé à la reftitution du prix, fi l'acquéreur étoit évincé de la chofe vendue, mais il ne feroit pas tenu des dommages & intérêts ; de forte que le vendeur qui ne veut pas être inquiété, ni s'obliger à la reftitution du prix en cas d'éviction, doit exprimer qu'il vend fans garantie, ni reftitution de deniers ; & même en ce cas, s'il y a preuve qu'il favoit que la chofe ne lui appartenoit pas, il fera tenu non feulement à la reftitution du prix, mais même aux dommages & intérêts, à caufe de fa mauvaife foi.

La garantie de fait regarde la bonté de la chofe vendue ou cedée, comme quand on garantit que la marchandife que l'on vend eft de telle qualité ; quand on garantit que la dette cedée eft bonne, & que le débiteur eft folvable : régulierement elle n'eft point dûe fi elle n'eft promife, fi ce n'eft qu'il y ait dol évident de la part du vendeur. En France, le vendeur de chevaux eft tenu de les garantir de la morve, pouffe & courbature feulement, à moins qu'il n'y ait une convention contraire. Pour les autres cas exprimés dans le droit Romain, au titre de l'Edit des Ediles, ils ne font point obfervés en France.

A

A l'égard des meubles, rarement s'avife-t-on de ftipuler une garantie de fait ; néanmoins, lorfqu'elle eft ftipulée, il faut obferver la convention de point en point. Ainfi, lorfqu'un marchand a promis de garantir que la marchandife qu'il vend eft d'une certaine qualité, il eft obligé de la reprendre, fi elle n'eft pas telle qu'il l'a garantie ; mais il faut que la promeffe de garantie foit faite par écrit, car on ne feroit pas reçu à en faire la preuve par témoins, fi le marchand n'en demeuroit pas d'accord.

Il eft encore bon de favoir que dans la plûpart des arts & métiers il y a des ftatuts qui obligent les ouvriers à faire leurs ouvrages d'une certaine qualité ; & quand ils ne le font pas, ils font non-feulement obligés de reprendre ceux qu'ils ont vendus, mais encore ils font condamnés à l'amende.

L'ufage le plus ordinaire de la garantie de fait eft donc pratiqué dans les ceffions & tranfports, foit de rentes ou de dettes mobiliaires, qui fe font de plufieurs manieres, lefquel-

Tome II. R

les méritent toutes leur explication particuliere.

L. 4. ff. de hered. vel act. vend.

On peut ceder & transporter purement & simplement, sans parler de garantie, ou ceder sans garantie, ou sans autre garantie que de ses faits & promesses seulement; en tous ces cas le cedant n'est point obligé à garantir la solvabilité du débiteur de la rente, ou de la dette cedée.

Loyseau, ibid. ch. 3.

Si le transport est fait avec garantie seulement, ou avec promesse de garantir de tous troubles & empêchemens, sans y ajouter d'autres termes, alors la garantie oblige le cedant à demeurer responsable de l'insolvabilité du débiteur lors de la cession & transport, mais non pas de celle qui peut arriver dans la suite; c'est pourquoi, si je cede avec garantie une rente à prendre sur un homme qui a pour tout bien une charge, & qui ne doit rien d'ailleurs, je ne suis pas garant de la rente que j'ai cedée, quoique la charge dans la suite soit perdue par quelque accident qui survient, soit par la suppression de la charge, par le défaut de paiement du droit annuel, ou autrement.

La promeſſe de garantir, fournir & faire valoir, rend le cedant garant de l'inſolvabilité préſente du débiteur, & de celle qui peut arriver dans la ſuite ; màis le ceſſionnaire ne peut exercer ſon recours contre le cedant, qu'après avoir diſcuté les biens du débiteur, & prouvé ſon inſolvabilité. *Loyſeau, ibidi ch. 4.*

Le ceſſionnaire eſt même obligé, nonobſtant la promeſſe de garantir, fournir & faire valoir, de faire les pourſuites néceſſaires pour être payé ; de ſorte que s'il laiſſe preſcrire, s'il manque de s'oppoſer au décret d'un immeuble, ou au ſceau d'un office, ſur le prix deſquels il auroit été mis utilement en ordre, & par ce moyen payé de ſa dette, il ne peut plus revenir contre ſon garant, parce qu'en effet la dette n'eſt pas tant perdue par l'inſolvabilité du débiteur, que par la négligence du ceſſionnaire. *Louet, F. 25.*

Mais il y a une clauſe plus efficace que les deux autres, laquelle n'oblige le ceſſionnaire ni à la diſcuſſion du débiteur, ni à faire aucunes pourſuites pour le paiement ; c'eſt la promeſſe que fait le cedant de garantir, *Loyſeau, ibid. ch. 8. n. 5.*

fournir & faire valoir, même payer après un simple commandement, sans que le ceſſionnaire ſoit tenu de faire autres diligences : c'eſt alors au cedant à veiller à la conſervation de la choſe cedée, puiſqu'il a bien voulu ſe charger de ce ſoin.

L. 10 & l. 13. ff. de hæredit. vel act. vend.

Il y a deux cas où le vendeur & le cedant ne ſont garants ni de la garantie de droit, ni de la garantie de fait ; le premier, quand on ne vend pas, ou qu'on ne cede pas une certaine choſe en particulier ; mais tout le droit que l'on peut avoir ſur la choſe ſans aucune garantie ; ce qui s'entend toujours, pourvu qu'il n'y ait point de dol de la part du vendeur.

L. 11. §. 18. ff. de evict. L. 8. §. 1 ff. de contrah. empt.

Le ſecond cas eſt, lorſqu'on vend l'eſpérance incertaine de quelque choſe, comme le pêcheur qui vend le jet de ſa naſſe, quoiqu'il ne prenne aucun poiſſon, il n'eſt pas obligé à rendre le prix.

Il reſte maintenant à parler du recours que les co-obligés & les cautions peuvent exercer ; ce qu'on appelle recours d'indemnité.

Lorſqu'il y a pluſieurs co-obligés

folidairement, & que l'un d'eux eft contraint par le créancier de payer la totalité de la dette, il a de fon chef un recours contre chacun des autres co-obligés, pour les contraindre à le rembourſer chacun pour leur part & portion ; & s'il a payé le principal & les intérêts, il peut leur demander les intérêts des intérêts qu'il a payés, parce qu'ils tiennent lieu de capital ; & comme les co-obligés folidairement font caution l'un de l'autre, ils fe doivent une indemnité pleine & entiere, chacun pour ſa part & portion, tel que le principal obligé la doit pour le tout à ſes cautions.

Le co-obligé qui eft contraint de payer le tout, en vertu de clauſe de folidité, peut obliger le créancier à lui faire ceſſion de ſes droits & actions ; & en ce cas il peut agir folidairement contre les autres co-obligés, la part néanmoins pour laquelle il étoit tenu folidairement demeurant confuſe en ſa perſonne, & à la charge que s'il ſe trouve quelqu'un des co-obligés inſolvable, il portera ſa part de ſon inſolvabilité auſſi bien que les autres *. Le co-obligé ne peut

L. 27. ff. de fidejuſſ.

Louet, R. cit.

R iij

agir contre ſes co-obligés pour le total de la dette, ſa part confuſe; il ne
peut demander à chacun que ſa part;
ſauf, en cas d'inſolvabilité d'aucun,
de demander aux autres leurs parts
dans celle de l'inſolvable]. En ce
cas, comme le co-obligé n'agit pas
de ſon chef, mais du chef du créancier dont il a les droits, il ne peut
pas demander les intérêts des intérêts
qu'il a payés, parce que ſon cedant
ne les auroit pas pu demander.

Le co-obligé qui n'eſt entré dans
l'obligation principale que pour faire
plaiſir à un autre, peut agir contre
lui ſans ceſſion d'actions de la part
du créancier, en vertu de l'indemnité qui lui eſt donnée par le véritable débiteur; de ſorte qu'il lui eſt
plus avantageux d'agir en ſon nom,
que comme ceſſionnaire, excepté ſi
l'indemnité eſt ſous ſeing privé, ou
poſtérieur à l'obligation principale;
car en ce cas il eſt bon de ſe pouvoir ſervir de l'hypotheque du créancier, & de l'obliger à ceder ſes
droits.

Il en eſt de même de la caution à
l'égard du principal obligé, & il n'y

a aucune différence pour le recours de garantie entre la caution & le co-obligé qui n'eſt pas entré dans l'obligation pour ſon propre fait, ſi ce n'eſt que la caution n'a beſoin d'une indemnité par écrit, que pour avoir hypotheque ſur les biens du principal obligé.

Les cautions entr'elles n'ont aucune *L. 11. C. de* action l'une contre l'autre ; de ſorte *fidejuſſ.* que s'il y a pluſieurs cautions qui ayent renoncé au bénéfice de diviſion, que le créancier ſe ſoit adreſſé à une ſeule pour payer le tout, & que le débiteur principal ſoit inſolvable, la caution qui a été obligée de payer n'a aucun recours contre les autres, ſi elle n'a pas eu la précaution d'obliger le créancier à lui ceder ſes droits, parce que les cautions n'ont pas contracté l'une avec l'autre, mais ſeulement avec le principal débiteur.

R iiij

CHAPITRE III.

Des Gages, Hypotheques & Privileges, & des Saisies mobiliaires & réelles.

LE mot, Gages, a plusieurs si-
gnifications. Nous ne nous arrê-
terons pas à les expliquer ici ; il suffit
d'observer que par les termes de
Gages, Hypotheques & Privileges,
nous n'entendons autre chose en ce
Chapitre que des assurances que les
créanciers prennent sur les biens de
leur débiteur, pour être payés de
leurs dettes.

On prend quelquefois le gage &
l'hypothèque dans la même signification, & c'est en ce cas que l'on dit
qu'une terre saisie réellement est le
gage de la justice ; mais à parler proprement, le gage s'entend d'une
chose mobiliaire, dont la possession
réelle & actuelle est transférée en la
personne du créancier pour la sûreté
de ce qui lui est dû ; ce qui est aussi
appellé nantissement. L'hypotheque,

au contraire, s'entend des immeubles que le débiteur affecte & engage au paiement de la dette , & dont il retient la poſſeſſion. Nous parlerons premierement des Gages, enſuite des Hypotheques, & enfin des Privileges ; mais nous en parlerons ſuivant notre uſage, qui eſt différent du Droit Romain en pluſieurs choſes, & ſemblable en beaucoup d'autres.

Il n'y a que deux ſortes de gages parmi nous ; le gage conventionnel, & le gage judiciaire ; c'eſt pourquoi il eſt inutile de ſpécifier ici toutes les natures de gages du Droit Romain.

Le gage conventionnel eſt celui qui eſt volontairement contracté par les parties ; comme quand un homme prête cent écus, & que le débiteur lui remet entre les mains des pierreries, de la vaiſſelle d'argent, une tapiſſerie, ou d'autres meubles, pour aſſurance de la ſomme prêtée.

Le débiteur ne peut engager que les meubles qui lui appartiennent. S'il avoit engagé les meubles d'un autre, le propriétaire les pourroit revendiquer & ſe les faire rendre, ſans

R v

payer la dette pour laquelle ils auroient été engagés ; cela eſt ſans difficulté.

Le créancier ne peut pas diſpoſer,
de ſon autorité privée, des meubles
qui lui ont été donnés en gages ; mais
ſi le débiteur ne paie pas dans le tems
dont on eſt convenu, le créancier
doit préſenter requête en Juſtice, &
demander permiſſion de faire vendre les gages pour être payé. Cette
permiſſion lui eſt accordée en connoiſſance de cauſe, partie préſente,
ou duement appellée ; enſuite il doit
faire vendre la choſe engagée publiquement, par un ſergent, au plus offrant & dernier enchériſſeur ; les frais
ſont préférés ſur le prix de la choſe :
après quoi celui à qui elle a été engagée eſt payé de ce qui lui eſt dû.
Enfin, s'il y a des deniers de reſte, ils
doivent être rendus à celui qui avoit
donné le gage, ou à ſes créanciers,
s'il y en a qui ſe ſoient oppoſés à la
vente, ou à la délivrance des deniers.

Bouchel, Bi-
blioth. litt. G. Il y a un ancien Arrêt de réglement, par lequel il a été défendu de
prêter ſur gages, à moins qu'il n'y

en ait un écrit : ce qui a été jugé
néceſſaire pour éviter les abus & les
fraudes qui s'y pourroient commettre.
☞ L'Ordonnance de 1673, tit. 6,
art. 8, porte qu'aucun prêt ne ſera
fait ſous gage, qu'il n'y en ait un acte
pardevant Notaires, dont ſera rete-
nu minute, qui contiendra la ſomme prêtée, & les gages qui auront
été délivrés, à peine de reſtitution
des gages, à laquelle le prêteur ſera contraint par corps, ſans qu'il
puiſſe prétendre de privilege ſur les
gages, ſauf à exercer ſes autres actions].

Le gage judiciaire eſt quand les
meubles d'un homme ſont ſaiſis par
autorité de Juſtice.

Il y a de quatre ſortes de ſaiſies
mobiliaires ; ſavoir, la ſaiſie entre
les mains de ceux qui doivent à nos
débiteurs, pour les empêcher de
payer, qu'on appelle ordinairement
ſaiſie & arrêt.

La ſimple ſaiſie des meubles ſans
déplacer, & ſans les faire vendre,
qu'on appelle autrement gagerie.

La ſaiſie des fruits pendans par les
racines, faute de paiement de cens,

R vj

qu'on appelle arrêt & brandon. ¶ On peut aussi saisir des fruits pendans par les racines, pour d'autres créances, sans saisir le fonds.

Et la saisie & exécution des meubles, pour être vendus publiquement.

Les trois premieres especes de saisies ne sont proprement que des sûretés que prend le créancier pour être payé de sa dette ; mais la derniere est la véritable exécution, qui est suivie de vente pour payer effectivement le créancier.

Paris, 160, 166 & 167. Dans la regle générale, il faut avoir un titre authentique pour faire saisir, c'est-à-dire, un contrat passé pardevant Notaires, & scellé, ou une condamnation judiciaire ; & si la saisie étoit faite en vertu d'un acte sous seing privé, elle seroit déclarée nulle : mais cette regle reçoit plusieurs exceptions.

1. Pour faire une simple saisie & arrêt entre les mains du débiteur, il suffit d'une ordonnance du Juge, apposée au bas d'une simple requête.

Cette saisie & arrêt empêche le débiteur, entre les mains de qui on a fait saisir, de payer valablement ;

& s'il avoit payé au préjudice de la
faifie, le faififfant pourroit en connoiffance de caufe le faire condamner
à payer deux fois.

La faifie & arrêt dure trente ans,
l'orfqu'elle n'eft point fuivie d'une
affignation en Juftice ; & s'il y a une
affignation qui ne foit point pourfui-
vie, la faifie périt avec l'inftance, faute de pourfuites & de procédures durant trois ans. ☞ L'Auteur dit que
la faifie & arrêt dure trente ans, lorfqu'elle n'eft point fuivie d'une affignation en Juftice : le contraire fe
trouve décidé par l'Ordonnance de
1629, art. 91, qui porte que toutes
faifies & arrêts de deniers, encore
qu'il n'y ait eu aucune affignation
donnée en conféquence, feront fujets
à péremption. Par un Arrêt de réglement du 28 Mars 1692, la Cour a
déclaré les faifies réelles, quand elles
ne font pas fuivies d'établiffement de
Commiffaire, & de baux faits en conféquence, fujettes à péremption ; à
plus forte raifon, les fimples faifies &
arrêts doivent y être fujets. Par l'Ordonnance de 1667, tit. 19, art. 21,
ceux qui ont fait établir un fequeftre,

font obligés de faire vuider leurs différends dans trois ans : autrement le
fequeftre eft déchargé de plein droit.
Dans l'article fuivant, il eft dit que
les Commiffaires & Gardiens font dé-
chargés après un an, à compter du
jour de leur commiffion. Il faut dire
la même chofe à l'égard de celui entre les mains duquel on a fait faifir &
arrêter des deniers ; il ne feroit pas
jufte qu'il ne pût jamais fe libérer,
ou que, pour le faire, il fût obligé
d'intenter lui-même un procès contre
le faififfant, lequel eft obligé de faire
ordonner la délivrance des deniers.
S'il néglige de le faire pendant trois
ans, il doit s'imputer fa négligence,
& il eft jufte qu'il en fupporte la
peine].

Paris, 161.   2. Le propriétaire d'une maifon
peut faire faifir & gager les meubles
de fes locataires pour le paiement
des loyers, quoiqu'il n'ait point de
bail par écrit ; mais il ne peut pas
faire vendre jufqu'à ce qu'il ait un
jugement de condamnation, ou un
bail en bonne forme.

3. Les Bourgeois de Paris peuvent
faire faifir & arrêter les biens meu-

bles de leurs débiteurs forains, quoiqu'ils n'ayent aucun titre : mais ils ne peuvent pas ufer de la même voie de faifie & arrêt fur les meubles de leurs débiteurs habitans de Paris.

4. Celui qui a vendu une chofe mobiliaire fans jour & fans terme, efpérant en être promptement payé, la peut faire faifir, en quelque lieu qu'elle foit tranfportée, pour être payé du prix qu'il l'a vendue. *Paris, 172.*

5. Les Hôtes peuvent arrêter les hardes & les chevaux des paffans qui logent chez eux, pour être payés des dépenfes qu'ils ont faites dans l'hôtellerie. *Paris, 172.*

6. Le Seigneur peut faire faifir & brandonner les fruits pendans par les racines de l'héritage chargé de cens, pour être payé des arrérages qui lui font dûs : fi le propriétaire de l'héritage faifi s'oppofe, il doit avoit mainlevée, en configuant trois années des arrérages du cens. *Paris, 74 & 75.*

Il ne fuffit pas d'avoir un titre pour faire faifir & exécuter les meubles ; il faut outre cela que la dette foit liquide, c'eft-à-dire, qu'elle ne foit point litigieufe, & que la fomme *Ordonn. de 1667. tit. 33. art. 30.*

foit certaine ; & fi la dette eft en grains ou autres efpeces fujettes à appréciation, on peut faifir : mais avant que de faire vendre, il faut apprécier les efpeces en Juftice.

Paris, 168 & 169.

On ne peut pas faire exécuter les héritiers ni la veuve commune pour la dette du défunt, avant que d'avoir fait déclarer le contrat, ou autre titre authentique, exécutoire contr'eux : mais les créanciers peuvent faifir & arrêter les meubles du défunt pour la confervation de leur créance, après avoir fait un commandement à la veuve ou aux héritiers.

Ordonn. de 1667. *tit.* 33. *art.* 16.

On ne peut pas faire faifir les chevaux, les bœufs, & autres bêtes de labourage, les charrues, charettes & uftanfiles fervans à cultiver les terres, vignes & prés, pas même pour les propres deniers du Roi. Toutefois le vendeur, ou celui qui a prêté l'argent pour l'achat des beftiaux & uftanfiles, & le propriétaire de la ferme où font ces mêmes beftiaux & uftanfiles, les peuvent faire faifir pour être payés de ce qui leur eft dû pour le prix, ou pour les fermages & moiffons.

En faifant faifir & exécuter, on *Ibid. art.* 14. doit laiffer aux perfonnes fur qui font faites les faifies, une vache, trois brebis, ou deux chevres, pour aider à foutenir leur vie, fi ce n'eft que la créance pour laquelle la faifie eft faite, procede de la vente des mêmes beftiaux, ou pour avoir prêté l'argent pour les acheter : il leur faut de plus laiffer un lit, & l'habit dont ils feront vêtus & couverts.

Les perfonnes conftituées aux or- *Ibid. art.* 15. dres facrés de Prêtrife, de Diaconat, ou fous-Diaconat, ne peuvent être exécutées en leurs meubles deftinés au Service Divin, ou fervant à leur ufage néceffaire, de quelque valeur qu'ils puiffent être, ni même en leurs Livres, qui leur doivent être laiffés jufqu'à la fomme de cent cinquante livres.

Quand il y a plufieurs créanciers oppofans à la faifie & à la vente des meubles, voici la maniere dont le prix doit être diftribué entr'eux.

On commence par les frais de Juf- *Paris*, 171. tice, enfuite par les créanciers privilégiés, qui font, 1°. le propriétaire pour le loyer d'une maifon, ou d'une ferme, fur les meubles étant dans la maison ou ferme, & fur les fruits qui ont été recueillis dans la ferme.

Paris, 176 & 177.

2°. Celui qui a vendu le meuble, ou qui a prêté les deniers pour l'acheter ; mais il faut qu'il y en ait une preuve en bonne forme ; ce qui ne fe rencontre que très-rarement à l'égard de ceux qui ont prêté les deniers pour l'achat.

Paris, 175.

3°. Les hôteliers fur les hardes & chevaux des paffans, pour les dépenfes qui ont été faites en l'hôtellerie.

L. 45. *ff. de relig.*

4°. Les frais funéraires font pris avant toutes chofes fur les meubles du défunt.

Louet, C. 29. & *A.* 17.

5°. Les Médecins, Chirurgiens & Apothicaires, font auffi privilégiés fur les meubles d'un défunt, pour les panfemens, médicamens & falaires à eux dûs pour la derniere maladie ; & généralement toutes les dettes pour alimens, font préférées aux autres créanciers chirographaires.

Louet & Brodeau, M. 18.

Les femmes, en pays de droit écrit, ont pareillement un privilege fur les meubles du mari pour leur dot & leur augment de dot, mais non pas pour leurs autres couventions matrimoniales. En pays coutumier, elles n'ont aucune préférence, & ne font pas plus confidérées que les créanciers ordinaires.

Lorfqu'il n'y a point de créanciers privilégiés, il faut encore faire différence entre les pays de droit écrit, & les pays coutumiers.

Dans les pays de droit écrit, le prix des meubles eft diftribué par ordre d'hypotheque entre les créanciers hypothéquaires, de même que le prix des immeubles , lorfqu'il y a une difcuffion générale, & les créanciers chirographaires viennent par contribution au fol la livre : mais dans une faifie particuliere de meubles, le premier faififfant eft le premier payé, & les autres enfuite, fuivant l'ordre de leurs oppofitions ; & quand il y a divers faififfans ou oppofans de même date, ils viennent par concurrence au fol la livre. ☞ L'Auteur, au commencement de cet article, dit que dans les pays de droit écrit, le prix des meubles fe diftribue par ordre d'hypotheque, de même que le prix des immeubles. Cette propofition n'eft pas vraie généralement

Defpeiffes , tom. 1 , p. 3. titre 2. fect. V.

dans tous les pays de droit écrit ; car dans tous les pays de droit écrit du reffort du Parlement de Paris, le prix des meubles ne fe diftribue point par ordre d'hypotheque, les premiers faififfans font les premiers payés. *Henrys, tome 1, liv. 4, queft. 38.* De même dans le reffort du Parlement de Touloufe. *Catelan, tome 2, livre 6, chapitre 28.*

Paris, 171 & 178.

En pays coutumier, les meubles ne font point fufceptibles d'hypotheque, le premier faififfant eft toujours payé préférablement à tous les autres créanciers qui n'ont point de privilege.

Paris, 179.

Cette regle reçoit deux exceptions: la premiere eft le cas de déconfiture, quand les biens du débiteur, tant meubles qu'immeubles, ne font pas fuffifans pour payer les créanciers apparens ; alors celui qui a fait faifir le premier, n'eft point préferé aux autres, mais ils viennent tous par concurrence & contribution au fol la livre. Par exemple, s'il n'y a que 600 liv. à diftribuer, & qu'il n'y ait que trois créanciers, l'un de 3000 livres, l'autre de 2000 livres, & le dernier

de 1000 livres , le premier créancier
aura 300 livres pour sa part ; le second aura 200 livres ; & le troisieme
n'aura que 100 livres. Cet exemple
peut suffire pour donner une juste idée
de toutes sortes de contributions.

En cas de contestation entre le pre- *Ibidem.*
mier saisissant & les autres créanciers,
pour savoir s'il y a déconfiture, ou
si les biens sont suffisans pour payer
les déttes, les premiers saisissans doivent recevoir les deniers, en donnant caution de les rapporter en cas
que les autres biens ne soient pas suffisans.

La seconde exception est, quand
tous les meubles d'un défunt ont été
vendus en conséquence des oppositions formées au scellé par les créanciers : ils viennent tous, en ce cas,
par contribution au sol la livre, sans
que celui qui a fait apposer le scellé,
ni les premiers opposans, soient préferés aux autres.

Il arrive souvent que plusieurs
créanciers font faire des saisies & arrêts entre les mains d'un fermier ou
locataire de leur débiteur, ou entre
les mains de ceux qui lui doivent des

rentes, dont les arrérages courent de
jour à autre : en ce cas, le premier
saisissant est préferé aux autres sur les
fermages, loyers ou arrérages échus
jusqu'au jour de la seconde saisie :
depuis la seconde saisie jusqu'au jour
de la troisieme, les deniers échus se
partagent au sol la livre entre le premier & le second saisissant ; & ainsi
consécutivement de saisie en saisie,
jusqu'à ce qu'il y ait une saisie réelle.

À l'égard des immeubles qui ont appartenu à un débiteur, les droits que
les créanciers y peuvent avoir, sont
de trois sortes parmi nous ; car il y a
des privileges, des hypotheques, &
des dettes pures personnelles ou chirographaires.

Paris, 358.

Le Seigneur féodal ou censier a un
privilege sur la chose qui est dans sa
mouvance, pour les droits seigneuriaux qui lui sont dûs ; & ce privilege
l'emporte sur tous les autres après les
frais de Justice.

L. 5. ff. qui pot. in pign.

Celui qui a prêté son argent pour
la conservation de la chose ; par exemple, celui qui a prêté les deniers pour
payer le droit annuel d'une charge, a
un privilege sur le prix de la charge,

parce que fans lui elle feroit perdue ,
& les autres créanciers auroient perdu l'hypotheque ou le privilege qu'ils
y avoient.

Le vendeur de la chofe vient enfuite pour le refte du prix qui lui eft
encore dû ; il eft jufte qu'il foit préferé aux autres créanciers , puifqu'il
n'a vendu qu'à la charge que le prix
de la chofe lui feroit payé , & que
ce n'eft qu'à cette condition que le
débiteur commun en eft devenu le
propriétaire.

Brodeau , fur
Louet, H. 21.

Le maçon & les autres ouvriers qui
ont travaillé au bâtiment , ont auffi un
privilege , non pas indéfiniment fur
toute la maifon , mais fur le bâtiment.
L'ufage eft donc de faire une ventila-
tion , c'eft-à-dire , une eftimation féparée du fonds & de la fuperficie , &
on ne donne le privilege à ceux qui
ont bâti , que fur le prix auquel la
fuperficie a été eftimée.

Ibid. & l. 1.ff.
in quib. caufis
pign. L. 25.ff.
de reb. cred.

Les lots font garants les uns des autres en matiere de partage ; & fi l'un
des co-partageans eft évincé de fon
lot , ou d'une partie , il a un privilege fur les immeubles qui font tombés
dans le lot de fes co-partageans. Il en

Louet , H. 2.

eſt de même en matiere d'échange, les immeubles échangés ſont garants les uns des autres, & cette garantie emporte privilege.

À l'égard des ſimples hypotheques qui n'ont point de privilege, nous avons à examiner comment elles s'acquierent, quels effets elles produiſent, & de quelle maniere on les perd.

Il y a deux ſortes d'hypotheques parmi nous ; l'hypotheque légale, qu'on appelle autrement hypotheque tacite ; & l'hypotheque conventionnelle.

L'hypotheque tacite eſt celle qui eſt introduite par la loi ſans la convention & le miniſtere des parties. Voici les exemples les plus ordinaires de ces ſortes d'hypotheques.

L. unic. C.
de rei uxor.
Louet, & Bro-
deau, D. 40.

La femme a une hypotheque tacite, tant ſur les biens de ceux qui lui ont promis la dot, que ſur ceux de ſon mari, pour la reſtitution de ſa dot & de ſes conventions. Voici l'ordre que l'on ſuit au Palais pour les hypotheques de la femme. La dot marche la premiere ; en ſecond lieu, l'augment de dot, ou le douaire ;

en

en troifieme lieu, le remploi des
propres aliénés ; en quatrieme lieu,
l'indemnité des dettes auxquelles la
femme s'eft engagée pour fon mari ;
& enfin le préciput, & les autres
conventions.

Le mineur a hypotheque tacite fur
les biens de fon tuteur ou curateur,
pour le reliquat de fon compte, &
pour la mauvaife adminiftration de
la tutele ou curatelle. Les interdits
& ceux qui font en démence, ont la
même hypotheque fur les biens de
leurs curateurs ; mais les tuteurs ou
curateurs ne jouiffent pas de ce privilege pour les avances qu'ils ont faites. ☞ Cela eft vrai au Parlement
de Paris ; mais dans les autres Parlemens, les tuteurs & curateurs jouiffent du même privilege que les mineurs, & ont la même hypotheque.
*Voyez l'Obfervation fur la queftion de
Henrys, tome* 1 *, liv.* 4 *, queft.*].

L. 20. C. de adm. ti. l.19, 20, 21 & 22, ff. de reb. aut. jud. poffid. Louet & Brodeau, H. 32.

L'Eglife a une hypotheque tacite
fur les biens du Prélat pour la mauvaife adminiftration ; comme auffi les
hôpitaux & autres lieux pieux, fur
les biens de leurs adminiftrateurs,

Gloff. cap. ex litter. ext. de pign. l. 32.C. de Epif. & Cler.

que la loi regarde comme des tuteurs.

Le légataire a hypotheque tacite sur les biens du testateur, & le fisc sur ceux de ses débiteurs.

L. 1. C. comm. de leg.

A l'égard des hypotheques conventionnelles, elles ne font pas acquises parmi nous par la simple convention des parties. Un créancier qui auroit contracté sous signature privée, & qui auroit stipulé que tous les biens de son débiteur, ou que tels & tels biens lui seroient hypothéqués, auroit fait une stipulation inutile. Il faut, pour acquérir une hypotheque, que le contrat soit passé pardevant des Notaires royaux, ou des Notaires des Seigneurs dans l'étendue de leur Jurisdiction : mais un contrat qui seroit passé pardevant des Notaires de cour ecclésiastique, ne donneroit point d'hypotheque.

L. 2. C. in quibus causis pign.

Ordonnance, 1539. art. 9. Louet & Brodeau, H. 15.

Les promesses sous seing privé emportent hypotheque du jour qu'elles sont reconnues en justice, ou du jour de la dénégation du débiteur, si après la vérification qui en a été faite en justice, elles se trouvent véritables.

Ordonn. de 1539, art. 92.

Enfin, les jugemens de condamnation portent hypotheque fur les biens du condamné, du jour qu'ils ont été rendus, pourvu que les fentences foient confirmées par arrêt, ou qu'il n'y en ait point d'appel. ☞ L'Auteur dit que les fentences emportent hypotheque, pourvu qu'elles foient confirmées par arrêt, ou qu'il n'y en ait point d'appel. Cependant la déclaration du 10 Juillet 1566, faite en interprétation de l'Ordonnance de Moulins, dit que l'hypotheque fur les biens du condamné, aura lieu & effet du jour de la fentence, s'il y en a appel, & qu'elle foit confirmée ; l'hypotheque a un effet rétroactif au jour de la fentence. *Brodeau fur Louet, lett.* B. *ch.* 25, *nombre* 3].

Ordonn. de Moulins, article 53. *& Déclarat. fur cet art.*

L'hypotheque produit deux effets : le premier, le droit de fuite fur les immeubles hypothéqués ; c'eft-à-dire, que le créancier qui a hypotheque fur un immeuble, ne perd point fon hypotheque, quoique le débiteur ait aliéné cet immeuble : mais il a droit de faire affigner le tiers acquéreur, pour le faire condamner à abandonner & déguerpir l'immeuble, ou à payer la dette. Ce droit de fuite n'a

lieu que fur les immeubles. A l'égard
des meubles, quoique le prix en foit
diftribué par ordre d'hypotheque en
pays de droit écrit, néanmoins les
créanciers hypothécaires n'ont point
d'action contre les tiers acquéreurs,
quand les meubles font une fois hors
des mains du débiteur; & l'art. 170
de la coutume de Paris, qui porte
que les meubles n'ont point de fuite
par hypotheque, eft reçu dans tout le
Royaume. Le privilege fur les immeubles donne le même droit de fuite que l'hypotheque.

Le fecond effet de l'hypotheque eft
le droit de préférence que les plus
anciens créanciers en hypotheque ont
contre les créanciers poftérieurs fur
le prix des immeubles vendus en juftice, pourvu qu'ils fe foient oppofés
au décret.

L'hypotheque eft éteinte par l'ex-
tinction & le paiement de la dette,
parce que la dette qui eft le principal ne fubfiftant plus, l'hypotheque,
qui n'eft qu'un acceffoire pour la fûreté de la dette, ne peut plus fubfifter.

Elle eft auffi éteinte par la prefcription, lorfque les créanciers ont laiffé

Paris, 114.

jouir le tiers acquéreur de l'immeuble hypotheque , sans trouble & sans empêchement , durant dix ans entre présens , & vingt entre absens , âgés non privilégiés.

Elle cesse pareillement lorsque l'immeuble a été vendu par décret , & que les créanciers hypothécaires ne s'y sont pas opposés.

Elle finit enfin lorsque le tiers acquéreur d'un office , ou d'une rente sur l'Hôtel-de-Ville , a fait sceller ses provisions ou ses Lettres de ratification , sans aucune opposition de la part des créanciers.

Il faut néanmoins observer que la prescription , le décret , les lettres de ratification ne nuisent pas aux enfans douairiers , avant que le douaire soit ouvert , ni aux substitués , avant que la substitution soit ouverte , parce qu'avant ce tems les uns ni les autres ne sont pas en état d'agir.

Les immeubles hypothéqués aux créanciers d'un débiteur peuvent être vendus de plusieurs manieres différentes.

Ils peuvent être vendus volontairement par le débiteur ; & en ce cas , si

l'acquéreur a prescrit ou fait décreter
l'immeuble, quoiqu'il en doive encore le prix, s'il est exigible, & que
ce ne soit pas un contrat de constitution, ce prix étant saisi & distribué
comme un véritable meuble entre
tous les créanciers du vendeur, sans
privilege & sans ordre d'hypotheque,
lorsqu'il n'y a point eu d'oppositions
au décret; s'il y a des opposans, ils
sont préferés aux autres créanciers,
quand ils auroient une hypotheque
plus ancienne, & que le prix leur
auroit été délégué.

Si le vendeur a fait une délégation
du prix, & qu'il ne se trouve point
de créanciers opposans au décret, en
ce cas, si la délégation est une délégation parfaite, c'est-à-dire, consentie par le vendeur, l'acquéreur & les
créanciers délégués, elle doit avoir
son effet, nonobstant les saisies que
pourroient faire les autres créanciers;
mais si la délégation est imparfaite,
n'ayant pas été acceptée par les créanciers au profit desquels elle est faite,
alors, si les autres créanciers qui n'ont
pas été délégués font saisir le prix entre les mains de l'acquéreur, il doit

être diftribué comme meuble, de la même maniere que s'il n'y avoit point eu de délégation.

Les immeubles peuvent être vendus par décret ; c'eft le vrai cas où les créanciers hypothécaires font colloqués fur le prix, fuivant l'ordre de leurs hypotheques, lorfqu'ils ont formé leur oppofition ; & s'il y a des deniers de refte, après que les créanciers oppofans ont été payés, ils font diftribués aux autres créanciers, s'il s'en préfente, & ils viennent entr'eux par concurrence au fol la livre. Et s'il ne fe préfente point de créancier pour abforber le prix, le furplus eft rendu à la partie faifie, c'eft-à-dire, à celui fur qui l'immeuble a été vendu.

Quelquefois un débiteur qui a plus de dettes que de biens, fait affembler fes créanciers, & leur fait un abandonnement général de fes biens, fous de certaines conditions dont ils conviennent enfemble. Alors les créanciers nomment des directeurs, qui vendent les biens à l'amiable, & qui font un ordre & une diftribution du prix auffi à l'amiable : mais fi ceux

S iiij

qui ont acquis des immeubles de la direction, en veulent faire faire un décret volontaire, il faut que tous les créanciers s'oppofent au décret pour la confervation de leurs hypotheques, ou du moins que les directeurs s'oppofent en qualité de directeurs pour tous les autres créanciers; autrement, ceux qui fe feroient oppofés feroient préferés aux autres, nonobftant l'ordre fait à l'amiable.

Lorfque le vendeur, ou un autre créancier privilégié, ou même un créancier qui eft, fans aucune conteftation, le premier en hypotheque; quand, dis-je, ces fortes de créanciers ont des créances qui vont notoirement au-delà de la jufte valeur des biens faifis, ils peuvent demander qu'ils leur foient adjugés pour un certain prix, en déduction de leur créance, afin d'éviter les frais, fi mieux n'aiment les créanciers poftérieurs s'engager à les porter à fi haut prix, qu'ils puiffent être payés : ce que la Cour ordonne fouvent en connoiffance de caufe.

Enfin, quand les immeubles faifis font de fi peu de valeur, qu'ils ne mé-

ritent pas les frais d'un décret, s'il se
trouve quelque créancier qui demande qu'ils lui soient adjugés pour la
prisée & estimation qui en sera faite,
les Juges ont accoutumé de l'ordonner en connoissance de cause.

Il ne reste plus qu'à observer qu'il
y a de certaines coutumes qui ne
se contentent pas de contrats passés
pardevant Notaires, pour établir une
hypotheque valable ; elles demandent outre cela des formalités qui
leur sont particulieres ; ces coutumes
sont de deux sortes.

Les premieres sont les coutumes
d'ensaisinement, dont la disposition
est très-singuliere & très-bisarre.
Tous les contrats passés pardevant
Notaires emportent hypotheque ,
quoiqu'ils ne soient pas ensaisinés;
mais les créanciers des contrats de
constitutions, sont préférés aux autres créanciers dont les dettes ne sont
pas privilégiées. On compte parmi
les dettes privilégiées les loyers dûs
en vertu d'un bail, la restitution de la
dot, le douaire & les autres conventions de la femme, le reliquat d'un
compte de tutele, & quelques au-

tres de cette nature; non pas à l'effet
de leur donner un privilege contre
tous les autres créanciers, mais feulement pour les conferver dans le
rang de leurs hypotheques; ainfi une
rente conftituée, enfaifinée ou non,
fera préférée à la dot de la femme
fi elle eft plus ancienne; fi au contraire la dot eft antérieure à la rente,
elle fera préférée. A l'égard des rentes entr'elles, celles qui font enfaifinées font colloquées fuivant l'ordre
de leurs hypotheques, préférablement à celles qui ne font pas enfaifinées; les rentes non enfaifinées font
colloquées par préférence aux dettes
non privilégiées, comme font les
fimples obligations; mais les créanciers des rentes non enfaifinées ne
font colloqués entr'eux que par concurrence au fol la livre.

Les autres coutumes font celles
que l'on appelle coutumes de nan-
tiffement, dans lefquelles on ne peut
avoir hypotheque fans fe faire nantir fur les héritages fur lefquels on la
veut acquérir; ces nantiffemens doivent être faits fuivant les formalités
prefcrites par chaque coutume, dont

la principale eſt de faire enregiſtrer
le contrat pour raiſon duquel on veut
avoir hypotheque, dans la Juſtice
fonciere du lieu où les héritages ſont
ſitués, dans laquelle il doit y avoir
un regiſtre à part, qu'on appelle regiſtre des nantiſſemens ; ainſi ceux qui
veulent prêter leur argent n'ont qu'à
examiner ces regiſtres pour ſavoir ſi
le débiteur a des créanciers qui ſoient
nantis ſur les héritages qu'il veut hypothéquer. Il eſt vrai que les contrats
de mariage, les comptes de tutele, & *Réglement 19.*
les ſentences & Arrêts de condamna- *Juillet 1673.*
tion emportent hypotheque, quoiqu'il *Journal des*
n'y ait point de nantiſſement : les cou- *Aud. tome 1,*
tumes ne le diſent pas ; mais il y en a *liv. 1, ch. 6.*
un Arrêt de Réglement.

CHAPITRE IV.

De la Séparation des Patrimoines.

LOrfqu'un héritier a accepté une fucceffion purement & fimplement, il n'eft pas jufte que fes créanciers foient payés fur les effets de la fucceffion, au préjudice des créanciers héréditaires; c'eft pourquoi la loi accorde à ces derniers le bénéfice de la féparation de biens; mais la Jurifprudence fur cette matiere eft différente fuivant les Parlemens différens.

Dans les Parlemens de droit écrit, comme Touloufe, Dauphiné & Provence, on fuit exactement les loix Romaines, dont voici la difpofition. ☞ Cela n'eft pas vrai en Provence. Boniface, tome 2, livre 4, titre 3, chapitre 7, fait mention d'un Arrêt du Parlement, du 6 Avril 1663, qui a jugé que les créanciers de l'héritier peuvent demander la féparation des biens, auffi-bien que ceux du défunt, ce qui n'étoit pas reçu dans le droit].

Cette féparation n'eft pas accor- *L.* 1, §. +, *ff.*
dée de plein droit, il faut qu'elle foit *de feparat.*
demandée par les créanciers du dé-
funt; & s'ils laiffent paffer cinq ans
fans la demander, ils n'y font plus
recevables.

Si durant les cinq ans l'héritier a *L.* 2. *ff. cod.*
difpofé de bonne foi des biens héré-
ditaires, fans que les créanciers du
défunt s'y foient oppofés, ils n'en
peuvent plus demander la féparation.

Quand les créanciers héréditaires *L.* 1, §. 10,
ont choifi l'héritier pour leur débi- 11, 12 & 23,
teur, foit en faifant des novations, *ff. cod.*
foit en recevant des cautions, ou des
gages, ou qu'ils ont tellement laiffé
confondre les biens de l'héritier avec
ceux de la fucceffion qu'on ne les peut
plus féparer, alors ils ne peuvent plus
demander la féparation, non pas
même dans les cinq ans.

Mais dans le Parlement de Paris la
féparation des Patrimoines fe fait de
plein droit, & jamais on ne peut oppofer de fin de non-recevoir aux
créanciers héréditaires, qui font en
tout tems préférés à ceux de l'héritier
fur les biens qui ont appartenu au
défunt, tant qu'on les peut reconnoî-

tre ; ainsi un créancier chirographaire
du défunt est préféré à tous les créanciers hypothécaires de l'héritier sur
les immeubles de la succession, même
vingt ans après qu'elle a été acceptée.

CHAPITRE V.

Des Cessions & Transports, & des Subrogations.

LEs Cessions & Transports ont été
inventés pour faire passer la propriété des droits incorporels & des
actions d'une personne à une autre ;
comme la vente, l'échange, la donation, & les autres titres de cette
nature, font passer la propriété des
choses corporelles d'une personne à
une autre ; c'est pour cela que dans
le droit la cession & transport d'une
dette est appellée vente d'une dette.

Mais comme en matiere de droits
corporels, il faut pour en transferer
la propriété, une tradition, c'est-à-
dire, une mise en possession, ou réelle & actuelle, ou feinte par retention

d'uſufruit, conſtitut, ou précaire, &
qu'il n'eſt pas poſſible que le ceſſionnaire ait la poſſeſſion réelle d'un
droit incorporel ; la coutume de Paris
qui eſt ſuivie dans tout le reſte du *Paris ,* 10*%*
Royaume, veut que le ceſſionnaire
ſoit réputé ſaiſi & en poſſeſſion de la
choſe cedée, par la ſignification qu'il
fait faire du tranſport à celui contre
lequel le droit eſt cedé & tranſporté ;
ainſi lorſqu'un Seigneur m'a tranſporté les droits ſeigneuriaux qui lui ſont
dûs par l'acquéreur d'une terre qui
eſt dans ſa mouvance, tant que je ne
fais point ſignifier le tranſport à l'acquéreur, je ne ſuis point cenſé en
poſſeſſion des droits cedés ; & ſi quelque créancier du Seigneur qui a fait
la ceſſion les fait ſaiſir, il ſera payé à
mon préjudice ; au lieu que ſi j'a-
vois fait ſignifier mon tranſport avant
la ſaiſie, je ſerois préferé au créancier ſaiſiſſant. La ſignification du
tranſport donne encore un avantage
au ceſſionnaire, qui eſt que le débiteur ne peut plus payer valablement
au cedant, comme il auroit pu faire
avant la ſignification , ſauf le recours
du ceſſionnaire contre le cedant.

Le ceſſionnaire entre dans tous les droits du cedant, tels qu'ils ſont, & n'en peut pas avoir d'autres; il acquiert la choſe cedée avec tous ſes avantages & toutes les charges; de ſorte que ſi c'eſt un contrat de conſtitution, les arrérages courent au profit du ceſſionnaire, comme ils faiſoient au profit du cedant; les créanciers du cedant ont leur hypotheque ſur la rente cedée tant qu'il n'y a ni decret ni preſcription; & ſi dans le tranſport il entre des arrérages de rente, ou des intérêts d'une obligation, le ceſſionnaire ne peut pas demander les intérêts des arrérages, ni des intérêts cedés, parce qu'il tient tout ſon droit du cedant, & qu'il repréſente ſa perſonne.

Traité de la ſubrogat. c. 4. Il y a une autre voie pour ſuccéder aux hypotheques d'un ancien créancier, qu'on appelle ſubrogation, laquelle ſe peut faire de pluſieurs manieres différentes.

Un créancier hypothécaire qui voit que les autres créanciers veulent faire vendre les biens d'un débiteur commun, & qui apprehende qu'ils ne conſomment tout en frais, peut les payer de ce qui leur eſt dû, & en ce cas il eſt ſubrogé de plein droit à leurs hypotheques, ſans qu'il ſoit beſoin de ſtipuler aucune ſubrogation ; mais un ſimple créancier chirographaire n'a pas le même droit.

Le tiers acquéreur qui paie les dettes du vendeur eſt ſubrogé aux hypotheques des créanciers qu'il a payés ; mais cette ſubrogation n'a ſon effet que ſur la choſe qu'il a acquiſe, & non pas ſur les autres biens du vendeur.

L'héritier bénéficiaire & le curateur aux biens vacans qui paient les dettes de la ſucceſſion, ſont auſſi ſubrogés de plein droit aux créanciers qu'ils ont acquittés.

Les co-obligés, les cautions, les co-héritiers, qui ſont contraints de payer pour autrui, ſoit par le moyen de l'action perſonnelle, ſoit par le moyen de l'action hypothécaire, ne ſont pas ſubrogés de plein droit, mais ils peuvent obliger les créanciers, qu'ils payent, de conſentir la ſubrogation, & à leur refus ſe faire ſubroger en Juſtice ; la loi même leur permet de refuſer le paiement juſques à ce que la subrogation ait été accordée, & leur donne pour cela une exception qui est appellée en droit, *Exceptio cedendarum actionum.* ☞ La matiere des subrogations vient du droit, il y en a un titre exprès dans le Code, *de his qui in priorum cred. locum succedunt ;* la disposition du droit a été reçue en France par un Edit du Roi Henri IV. du mois de Mai 1609].

Quand un étranger prête ses deniers au débiteur pour acquitter un créancier privilégié, ou qui a d'anciennes hypotheques, s'il veut être subrogé, il faut que dans l'obligation, ou dans le contrat de constitution que le débiteur fait à son profit, il soit fait mention que les deniers empruntés sont pour employer au paiement d'une telle dette, & que dans la quittance que l'ancien créancier donne au débiteur, il y ait déclaration que la somme payée provient des deniers empruntés d'un tel ; il faut que cette déclaration soit insérée dans la quittance ; car si c'étoit dans un acte séparé de la quittance, quoique ce fût dans le même moment, elle ne ſeroit plus valable, parce que la dette ayant été une fois éteinte par le moyen du paiement, on ne pourroit plus la faire revivre par une ſubrogation poſtérieure.

La ſubrogation ainſi acquiſe, a ſon effet contre tous ceux qui ſont obligés à l'ancienne dette, quoiqu'il n'y en ait qu'un ſeul qui ait emprunté les deniers. ☞ Le Réglement de 1690 va plus loin, il comprend auſſi la caution; comme ce Réglement contient un droit nouveau, l'on croit devoir le rapporter ici dans ſon entier.

Ce jour la Cour, toutes les Chambres aſſemblées, après avoir délibéré ſur les articles préſentés par les Gens du Roi, a arrêté & ordonné ſous le bon plaiſir du Roi, que pour ſuccéder & être ſubrogé aux actions, droits, hypotheques & privileges d'un ancien créancier, ſur les biens de tous ceux qui ſont obligés à la dette, ou de leurs cautions, & pour avoir droit de les exercer ainſi & en la maniere que les créanciers l'auroient pu faire, il ſuffit que les deniers du nouveau créancier ſoient fournis à l'un des débiteurs,

Réglement de 1690.

avec stipulation faite par acte passé devant Notaires, qui précede le paiement, ou qui soit de la même date; que le debiteur employera les deniers au paiement de l'ancien créancier, que celui qui les prête, sera subrogé aux droits du créancier, & que dans la quittance ou dans l'acte qui en tiendra lieu, lesquels seront aussi passés pardevant Notaires, il soit fait mention que le remboursement a été fait des deniers fournis à cet effet par le nouveau créancier, sans qu'il soit besoin que la subrogation soit consentie par l'ancien créancier ni par les autres débiteurs & cautions, ou qu'elle soit ordonnée en Justice, & qu'en attendant que le Roi en ait autrement ordonné, la Compagnie suivra cette Jurisprudence dans toutes les occasions qui s'en présenteront; ordonne que le présent Arrêt sera envoyé aux Bailliages & Sénéchaussées du Ressort, pour y être pareillement observé; & à cet effet lu, publié & enregistré: enjoint aux Substituts du Procureur général du Roi d'y tenir la main, & d'en certifier la Cour dans un mois. Fait à Paris en Parlement, le 6 Juillet 1690.

Le Parlement de Rouen a aussi fait un Réglement sur cette matiere, il y en a un article dans ses Arrêtés du 6 Avril 1666, c'est l'article 132, dont voici les termes.

L'obligation du Pleige est éteinte, quand la dette est payée par le principal obligé, lequel néanmoins peut subroger celui qui a baillé les deniers pour acquitter la dette à l'hypotheque d'icelle, sur ses biens seulement, & non sur ceux du Pleige.

Cet Arrêt est contraire à celui du Parlement de Paris, en ce qu'il décharge la caution. *Voyez le Traité des Subrogations, chap.* 13].

CHAPITRE VI.

De la Contrainte par corps, & de la Cession des biens.

LEs débiteurs qui refusent de payer peuvent y être contraints, où par saisie de leurs biens, ou par emprisonnement de leur personne, qu'on appelle contrainte par corps.

Pour pouvoir exercer la contrainte par corps contre un débiteur, il faut, ou qu'il soit obligé par corps, ou qu'il y ait un jugement de condamnation avec un commandement, portant déclaration que le débiteur y sera contraint par corps après les quatre mois, à compter du jour de la signification; & après les 4 mois expirés, il faut obtenir un nouveau jugement portant que dans quinzaine le débiteur sera contraint par corps. Mais si l'obligation est pour deniers royaux, pour un dépôt public, ou que ce soit une lettre ou billet de change, ou autres cas privilégiés, le jugement qui porte la condamnation de payer

peut ordonner la contrainte par
corps, & être exécuté après un fimple commandement portant refus de
payer.

Autrefois on pouvoit s'obliger par
corps, & les Juges pouvoient prononcer la contrainte par corps pour
toutes fortes de dettes indifféremment. Mais par la nouvelle Ordonnance, on ne peut plus ni s'obliger,
ni être condamné par corps, fi ce
n'eft pour les matieres fuivantes ; favoir, pour dépens adjugés, reftitution de fruits, dommages & intérêts
s'ils montent au-deffus de 200 liv.
pour reliquat de compte de tutele ou
curatelle, liquidé par fentence, jugement ou arrêt diffinitif ; en matiere
de réintegrande pour délaiffer la poffeffion d'un héritage en exécution
d'un jugement ; pour ftellionat, qui
eft une efpece de crime que commettent ceux qui alienent frauduleufe-
ment les biens qu'ils ont hypothéqués à leurs créanciers, * l'aliénation
frauduleufe des biens hypothéqués,
n'eft pas un ftellionat parmi nous],
qui fe difent francs & quittes de toutes dettes, quoiqu'ils ne le foient pas,

*Ordonn. de
1667. tit. 34.
art. 1, 2, 3, 4.*

*L. 3. §. 1. ff.
de crim. ftel-
lion.*

ou qui hypothequent des biens qui ne leur appartiennent pas, afin qu'on leur prête plus facilement de l'argent.

Ordonn. de 1667. tit. 34. art. 4.

La condamnation par corps peut aussi être prononcée pour dépôt nécessaire, pour consignation faite par ordonnance de justice, ou entre les mains de personnes publiques, pour obliger les sequestres, commissaires ou gardiens, de représenter les biens dont ils sont chargés, pour lettres de change quand il y a remise de place en place, & pour dettes entre marchands pour fait de marchandise dont ils se mêlent.

Ibid. art. 5.

On peut aussi ordonner la contrainte par corps pour les deniers royaux, & pour les dettes causées pour marchandises achetées dans les foires, ports, marchés & étapes; c'est-à-dire, places publiques destinées à la vente de certaines marchandises. Comme aussi il y a de certaines villes qui ont le privilege de pouvoir faire arrêter les étrangers qui ont acheté quelque chose, jusqu'à ce qu'ils en ayent payé le prix; l'Ordonnance n'a point dérogé à ce privilege.

Il

Il est permis aux propriétaires des *Ibid. art. 7.*
terres & héritages de la campagne,
de faire obliger par corps les fermiers
pour le prix de leurs baux, parce
qu'il sont toujours en mauvaise foi,
lorsqu'ils dissipent ou détournent à
d'autres usages les fruits destinés au
paiement du propriétaire.

Les femmes & les filles ne peu- *Ibid. art. 8.*
vent s'obliger ni être contraintes par
corps, si elles ne sont marchandes
publiques, ou pour cause de stellionat procédant de leur fait ; c'est-
à-dire, que si dans l'obligation le
mari s'est déclaré franc & quitte, ou
qu'il ait hypotheque des biens qui ne
lui appartiennent pas ; le stellionat
ne procede point du fait de la femme,
quoiqu'elle ait parlé dans l'obligation ; mais si elle-même a hypotheque des biens qui ne lui appartiennent pas, alors le stellionat est de son
fait.

Les personnes âgées de 70 ans *Ibid. art. 9.*
ne peuvent être emprisonnées pour
dettes purement civiles, si ce n'est
pour stellionat, pour recelé, & pour
dépens en matiere criminelle ; encore faut-il en tous ces cas que les

Tome II. T

condamnations foient par corps.

Le créancier qui fait emprifonner fon débiteur, eft obligé de lui fournir les alimens néceffaires, qui font reglés à 5 fols par jour, il doit même avancer les deux premiers mois; & s'il manque à fournir çes alimens, le débiteur peut demander d'être mis hors des prifons.

Mayn. l. 4. ch. 17.

Pour éviter la contrainte par corps, un débiteur peut faire un abandonnement général de tous fes biens à fes créanciers : cet abandonnement doit être fait en juftice, avec quelques formalilés qui feront expliquées au traité des procédures ; c'eft ce qu'on appelle faire ceffion de biens, être reçu au bénéfice de ceffion.

Il y a plufieurs dettes pour lefquelles on ne peut pas être reçu à faire ceffion de biens; les receveurs, adminiftrateurs & dépofitaires des deniers publics, ne peuvent pas jouir de ce bénéfice, non plus que les adminiftrateurs des hôpitaux, & généralement dans tous les cas où la dette procede du dol & de la perfidie du débiteur. Celui qui eft condamné par jugement diffinitif & contradictoire,

Ricard, fur Paris, article 111.

* celui qui eſt condamné par un jugement diffinitif, ne peut pas obtenir
des lettres de répi dans la coutume
de Paris, art. 111., mais il peut être
admis à ceſſion, quoique Ricard ſur
cet article diſe qu'en tous les cas où
le répi n'a point de lieu, la ceſſion n'y
doit point être admiſe]. Celui qui
eſt condamné en l'amende & intérêt
civil pour crime & délit, les marchands qui achetent en gros pour
vendre en détail, les étrangers, les
maîtres pour les ſalaires de leurs ſerviteurs, les proxenetes, c'eſt à-dire,
ceux qui employent leur miniſtere
pour faire vendre & acheter, lorſqu'ils
ont reçu de l'argent pour payer, &
qu'ils l'ont détourné; les dépoſitaires,
ceux qui ont acheté des héritages
ſans en payer le prix, * cela n'a pas
lieu parmi nous], ceux qui ſavent
n'être pas ſolvables lorſqu'ils empruntent, les ſtellionataires ne ſont
pas admis à faire ceſſion de biens.
Elle n'a pas lieu non plus pour les
contrats faits aux foires de Lyon & de
Champagne, pour les frais funéraires, pour un reliqua de compte de
tutele, pour les arrérages d'une fer-

Louet, C. 57. me, ſoit en grains ou en argent, ni pour les deniers royaux.; de ſorte que le bénéfice de ceſſion eſt devenu preſque inutile, depuis l'Ordonnance qui a déchargé des contraintes par corps.

Louet, C. 56. Ceux qui ont fait ceſſion de biens, ſont obligés de porter le bonnet verd afin d'être diſtingués, * cela ne s'obſerve plus], & qu'on ne leur prête pas davantage.

Bretagne, article 658.
Bourbonnois, art. 73.
Ordonn. de 1673, pour le commerce, article 10.
Quelques coutumes veulent que la ceſſion ſoit publiée dans la paroiſſe du débiteur, d'autres qu'elle ſoit inſinuée & publiée en jugement à jour ordinaire : & l'Ordonnance veut que les marchands & banquiers qui ont été reçus à faire ceſſion, aillent en perſonne le déclarer à la juriſdiction conſulaire, s'il y en a, ſinon à l'hôtel-de-ville, avec leur nom, ſurnom, qualité & demeure ; & que le tout ſoit lu & publié par le greffier, & inſeré dans un tableau public.

Tit. C. qui bon. cedere poſſ.
La ceſſion des biens ne libere pas le débiteur, de ſorte que s'il acquiert de nouveaux biens, ſes créanciers les peuvent faire ſaiſir pour être payés ; ☞ mais ils ſont obligés de lui laiſ-

fer de quoi vivre : *Is qui bonis ceſſit,*
ſi quid poſteà adquiſierit, in quantum
facere poteſt, convenitur ; nec enim
fraudandus eſt alimentis quotidianis,
l. 4 & 6, ff. de ceſſ. bon.].

CHAPITRE VII.

Comment s'éteignent les Obligations.

LEs Obligations ſont entierement
éteintes de cinq manieres différentes ; par le paiement, par la convention du créancier qui quitte ſon
débiteur, ou gratuitement, ou autrement ; par la confuſion ; par la compenſation ; par la novation & par la
délégation. Il eſt vrai que par la novation & par la délégation, la premiere obligation ne ſubſiſte plus ;
mais il en renaît une ſeconde en la
place de la premiere ; de ſorte qu'on
peut dire que l'obligation eſt plutôt
changée qu'éteinte.

Inſtit. quib.
mod. toll.
oblig.

Il y a pluſieurs conditions requiſes
pour faire un paiement valable. En
premier lieu, le créancier n'eſt pas

L. 5. C. de
ſolut.

T iij

obligé de recevoir une chofe pour une autre ; s'il lui eft dû de l'argent, il n'eft pas obligé de recevoir en paiement des terres, ou d'autres biens de cette nature, il faut le payer en argent ; ☞ Il eft vrai que par les loix du Digefte & du Code, *aliud pro alio invito creditore folvi non poteft* ; mais cela a été changé par la Novelle 4, c. 3, par laquelle Juftinien veut, quand le débiteur eft hors d'état de payer en argent, que le créancier puiffe être contraint de prendre des immeubles en paiement. *Voyez Henrys, tome 2, liv. 4, queftion 62*].

Cette regle reçoit néanmoins une exception, car quand un débiteur qui n'a pas de quoi payer fes créanciers, leur abandonne fes biens, fi la pluralité des voix va à obliger les créanciers à recevoir en paiement les effets abandonnés, pour empêcher qu'ils ne foient vendus à vil prix, & que le prix n'en foit confommé par les frais de juftice, alòrs on oblige les créanciers qui n'ont pas voulu y donner leur confentement à fuivre la voix commune de tous les autres, &

L. 8. ff. de pact.
Ordonn. de 1653, tit. 11, art. 5 & 6.

à se payer en effets au lieu d'argent comptant.

¶ Il faut néanmoins excepter de cette regle les créanciers privilégiés, que l'on ne peut jamais forcer à entrer dans aucuns arrangemens, qui préjudicie à leur privilege.

En second lieu, il faut payer à ce- *L. 29. §. de* lui à qui l'on doit, ou à celui qu'il a *solut.* préposé pour recevoir pour lui, ou du moins il faut que le paiement soit fait à la décharge de celui à qui l'on doit. J'ajoute cette derniere alternative ; car il arrive souvent que le créancier de mon créancier fait saisir ce que je dois, & fait ordonner que je vuiderai les deniers que je dois entre ses mains, sur & tant moins, & jusques à concurrence de ce qui lui est dû, & alors le paiement que je fais en l'acquit de mon créancier est valable, pourvu que le jugement qui l'ordonne ait été rendu avec lui, & qu'il n'y en ait point d'appel de sa part.

Il est bon néanmoins de ne faire le *L. 24. §. 1.* paiement qu'en vertu d'une contrain- *ff. de solut. &* te faite à la requête de celui qui a *l. 15. eod.* obtenu le jugement.

Il faut bien prendre garde à la qualité du créancier que l'on veut payer ;
fi c'eſt un mineur, un furieux, un
imbécile, il ne faut payer qu'à ſon
tuteur ou curateur ; fi c'eſt une femme
mariée, il faut qu'elle ſoit autoriſée
de ſon mari pour recevoir. ☞ Cela
eſt vrai dans les pays de coutumes, &
dans les provinces de droit écrit du
reſſort du Parlement de Paris : mais
cela ne ſe pratique pas dans les Parlemens de droit écrit ; car ou il s'agit
des biens dotaux ou paraphernaux.
Dans le premier cas le mari étant
maître de la dot, n'a pas beſoin du
conſentement de ſa femme pour les
recevoir. Dans le ſecond cas, la femme étant maîtreſſe de ſes biens paraphernaux, elle peut en diſpoſer
ſans le conſentement de ſon mari,
& par conſéquent elle n'a pas beſoin
de ſon autoriſation pour les recevoir.
L. 8 & 11 , *cod. de pact. convent.*].

L. 30. ff. eod. Comme il eſt juſte que le débiteur
puiſſe avoir ſa décharge dès le mo-
ment qu'il veut payer, fi le créancier
ne veut pas recevoir, s'il n'eſt pas
en état de recevoir & de donner une
quittance valable , en un mot, s'il y

a des faisies, ou autres embarras de cette nature ; le débiteur peut faire ordonner en justice que la somme qu'il doit sera consignée entre les mains d'une personne publique, & la consignation qui est faite en conséquence, a tous les effets du paiement.

En troisieme lieu, quand on doit une somme à quelqu'un par une seule obligation, on ne peut pas le contraindre à recevoir malgré lui une partie de sa dette, il faut payer la somme entiere ; & si on consignoit une partie de la dette sur le refus qu'il feroit de la recevoir, la consignation ne vaudroit rien.

Mais s'il est dû à un créancier plu- *L.* 1, 2 & 3. fieurs sommes par diverses obliga- *ff. de solut.* tions, le débiteur peut payer une des obligations sans payer les autres, & le créancier ne le peut pas refuser : il est même en la faculté du débiteur d'imputer le paiement qu'il fait sur celle des diverses obligations que bon lui semble ; & s'il ne le fait pas, le créancier lui-même le peut faire par la quittance qu'il donne.

Il arrive quelquefois qu'un créan- *L.* 5.

Tv

cier de diverſes ſommes, pour différentes cauſes, a la facilité de recevoir de tems en tems quelques
paiemens de ſon débiteur, à bon
compte de ce qui lui eſt dû, ſans
qu'il paroiſſe que les paiemens ayent
été faits plutôt ſur une obligation que
ſur l'autre; on demande en ce cas
comment on fera l'imputation de ces
paiemens. La regle eſt de les imputer toujours ſur la dette la plus preſ-
ſante & la plus dure; parce que comme c'étoit au choix du débiteur de
faire cette imputation, lorſqu'il n'a
pas fait ce choix, la loi fait ce qu'il
auroit fait vraiſemblablement, outre
que la décharge du débiteur eſt toujours favorable; ainſi ſi le débiteur eſt
obligé par corps en l'une des obligations, & qu'il ne le ſoit pas aux autres, le paiement ſera imputé ſur l'o-
bligation qui emporte la contrainte
par corps: s'il a donné des cautions
dans une des obligations, & qu'il
n'en ait point donné aux autres, on
ira à la décharge des cautions; ſi l'u-
ne des obligations porte intérêt, &
les autres non, on éteindra celle qui
porte intérêt; & ſi toutes les obliga-

tions font femblables, on acquittera la plus ancienne.

Que fi le débiteur ne doit qu'une feule obligation, dont il eft échu plufieurs années d'intérêts, & qu'il ait fait plufieurs paiemens à différens tems, les paiemens feront tous imputés fur le principal, avant que d'être imputés fur les intérêts. ☞ Il faut diftinguer les Provinces régies par le droit écrit, d'avec celles du pays coutumier. Dans les premieres on fuit la difpofition du droit, qui veut que lorfque les parties n'ont pas déclaré fur quoi l'imputation doit être faite, qu'elle ne fe faffe d'abord fur les intérêts : *Generaliter conftitutum eft, prius in ufuras nummum folutum accepto ferendum, l. 5, §. 2, verf. fed fi. ff. de folut. l. 1, cod. eodem, & l. 21, cod. de ufur.*] excepté deux cas : le premier à l'égard des rentes conftituées, dont les arrérages font toujours payés avant le principal ; & le fecond eft à l'égard des obligations qui portent intérêt de leur nature, fans que le créancier foit tenu d'en faire la demande en juftice, comme les deniers dotaux, la légitime des enfans, les deniers provenans du prix de la vente d'un immeuble. Toutes ces dettes sont si favorables, que quand le créancier a reçu diverses sommes sur & tant moins de ce qui lui est dû, ces sommes sont toujours imputées sur les intérêts, avant que d'être imputées sur le principal.

¶ Au Parlement de Paris quand les intérêts sont dûs, *ex officio Judicis*, l'imputation se fait d'abord sur le principal.

Lorsque je dois un corps certain qui ne consiste ni en quantité, ni en poids ou mesure, par exemple, un tel cheval, une telle tapisserie, &c. si la chose dûe vient à périr sans ma faute, & avant que je sois en demeure de payer, l'obligation est éteinte, & on ne peut pas même demander l'estimation ou la valeur de la chose. Il n'en est pas de même si je dois une chose qui consiste en quantité, poids ou mesure, ni même si je dois une chose d'une certaine espece, mais incertaine dans le particulier. Par exemple, si je dois cent écus, vingt livres d'huile, dix muids de vin, un cheval, en général ; quand je perdrois tout mon argent, tout mon vin, toute mon huile & tous mes chevaux, je ne cesserois pas d'être débiteur, parce que je ne puis pas dire que c'est la chose que je devois qui est périe ; & en effet je ne devois pas plutôt cet argent, cette huile, ce vin, ce cheval, qui sont perdus, que l'autre argent & les autres chevaux qui subsistent encore.

. Le créancier peut faire une remise gratuite de la dette, il peut en donner quittance moyennant quelque autre chose qu'on lui donne, &c. En un mot, de quelque maniere qu'il veuille liberer son débiteur, il le peut faire ; son consentement seul est suffisant pour cela, pourvu que la dette ne soit pas saisie par les créanciers de celui à qui elle est dûe, & pourvu que la remise qu'il fait ne soit pas faite de concert avec son débiteur pour frustrer ses créanciers ; la fraude dépend des circonstances qui la font connoître. On ne souffriroit pas, par exemple, qu'un pere sur le point de faire banqueroute, fît une remise gratuite à son fils de sommes considerables

L. 52 & 53 ; *ff. eod.*

qu'il pourroit lui devoir, & ainfi du
refte.

L. 24. §. 2.
ff. de folut. &
93. eod.

Quand le créancier fuccede au débiteur, ou le déiteur au créancier ;
ou quand un tiers fuccede au débiteur
& au créancier, la dette fe trouve
éteinte par confufion, parce qu'un

L. un. C. de
jur. debit.

homme ne peut pas être débiteur ou
créancier de foi-même, fi ce n'eft que
l'héritier ne fe ferve du bénéfice d'inventaire qui empêche la confufion
des biens du défunt & de ceux de
l'héritier, & qui en fait deux patrimoines différens. Les donataires &
les légataires univerfels ne confondent point les droits & actions du donateur ou du teftateur avec leurs propres, lorfqu'ils ont fait faire inventaire, parce qu'ils ne font jamais tenus que jufques à concurrence de ce
qu'ils profitent de la donation ou du
legs.

Tot. tit. ff. de
compenf. &c.
C. eod.

Il arrive fouvent que je fuis créancier d'un homme qui eft auffi mon
créancier d'ailleurs. Par exemple, j'ai
emprunté 20000 liv. d'un homme
qui devient héritier pur & fimple d'un
autre à qui j'avois prêté 30000 liv. il
fe fait alors une compenfation par le

moyen de laquelle je cesse de devoir les 20000 livres, & pareillement la somme qui m'étoit dûe est diminuée de 20000 liv. & réduite à dix. Cette compensation se fait de plein droit, dès le moment que je deviens créancier de celui dont j'étois débiteur : mais pour faire une compensation, il faut que plusieurs choses concourent ; savoir, que les deux sommes que l'on veut compenser soient certaines, qu'elles soient liquides, c'est-à-dire, qu'elles ne puissent pas être contestées légitimement ; qu'elles soient toutes deux dûes purement & simplement, & sans aucune condition, & qu'elles soient toutes deux exigibles en même tems. Si quelqu'une de ces conditions manque il n'y a point de compensation : c'est pourquoi on ne peut jamais compenser le principal d'une rente constituée malgré le débiteur de la rente, parce que ce principal n'est pas exigible, & que le débiteur ne peut jamais être contraint de racheter, mais on compense tous les jours une dette qui porte intérêt, avec une qui n'en porte point.

Il y a des dettes fi privilégiées, qu'elles n'admettent aucune compenfation, comme les alimens & le dépôt. Pour ce qui eft des alimens, la raifon en eft fenfible; celui qui a donné ou legué les alimens, ou la Juftice qui les a ordonnés, en ont fait une deftination qu'il n'eft pas permis de changer par une compenfation, ni fous aucun autre prétexte que ce puiffe être, pas même par une tranfaction, à moins qu'elle ne foit faite par autorité de Juftice en connoiffance de caufe. A l'égard du dépôt, celui qui l'a fait n'a pas voulu payer, il a voulu que la chofe dépofée lui fût rendue, & le créancier qui a reçu le dépôt à cette condition, manqueroit de bonne foi s'il refufoit de le rendre, fous prétexte de ce qui lui eft dû.

Il n'importe que ce foit le débiteur qui paie, ou un autre pour lui: dès le moment que le paiement a été fait, la dette eft éteinte, quand même elle auroit été payée malgré le débiteur.

Deux caufes lucratives ne peuvent concourir enfemble dans la même

Marginalia:
L. 8. ff. de tranfact.

L. 11. C. de pofit,

L. 53. ff. de folut.

L. 17. ff. de oblig. & act.

perfonne & pour la même chofe ; c'eſt pourquoi ſi je ſuis débiteur d'un corps certain, & que l'obligation naiſſe d'une cauſe lucrative, dès le moment que mon créancier a acquis à titre lucratif la chofe que je lui devois, l'obligation eſt éteinte. Par exemple, j'ai promis à Pierre d'acheter la maiſon de Jacques pour la lui donner ; Jacques vient à mourir, & laiſſe ſa ſucceſſion à Pierre, qui par conſéquent devient propriétaire de la maiſon que je lui avois promiſe, je ne ſuis plus obligé de lui donner la maiſon, ni de lui en payer le prix.

Dans les chofes qui peuvent être *L. 47. ff. eod.* douteuſes, il faut toujours prendre le parti qui va à décharger le débiteur de ſon obligation.

CHAPITRE VIII.

De la Novation & de la Délegation.

L. 1. ff. de Novat. LA Novation est le changement ou la confusion d'une ancienne obligation en une nouvelle : par exemple, si un fermier me doit des restes du prix de son bail, & qu'il m'en passe une obligation pure & simple, ou un contrat de constitution sans aucune réserve, il y a novation.

L. 18. ff. de Novat. L'effet de la véritable novation est d'éteindre l'ancienne obligation pour en former une nouvelle, de sorte que la premiere obligation ne subsistant plus, tous les accessoires de cette obligation, comme les hypotheques, les cautions, la contrainte par corps, *L. ult. C. de Novat.* les intérêts ne peuvent plus subsister : j'ai dit l'effet d'une véritable novation, parce qu'il y en a peu de véritables. Il ne suffit pas de faire entrer l'ancienne obligation dans une nouvelle, il faut outre cela que le créancier ait voulu entierement annuller l'ancienne obligation pour faire une vraie & entiere novation: c'eſt pourquoi la moindre réſerve empêche l'effet de la novation, du moins à l'égard des hypotheques, juſques-là que les parties s'étant déſiſtées d'un premier contrat d'échange, moyennant un ſecond, dans lequel on avoit donné quelques rentes en la place de celles qui avoient été échangées par le premier contrat, il a été jugé que ces termes, *moyennant le* *ſecond*, conſervoient l'hypotheque du premier contrat, lorſque l'une des parties étoit évincée d'une partie des choſes données en contr'échange par le ſecond contrat ; il ſuffit même qu'il paroiſſe par la ſeconde obligation, qu'elle tire ſa cauſe de la premiere : c'eſt pourquoi dans l'eſpece d'un contrat de conſtitution paſſé en l'année 1595, pour demeurer quitte du contenu d'une obligation de l'année 1554, il a été jugé que l'hypotheque ſeroit conſervée au créancier de la rente du jour de la premiere obligation.

A l'égard des cautions, il n'en eſt pas de même ; ſouvent la novation,

Louet, H. 7.

Heringius, de fidei. cap. 20. §. 3.

quoiqu'imparfaite, fert à leur décharge : ce qui eſt toujours vrai, lorſque par une ſeconde obligation on proroge le terme de la premiere, lorſqu'on convertit une obligation en contrat de conſtitution , lorſqu'on change la perſonne du débiteur ; en un mot, toutes les fois que par la novation on détériore & on empire la condition de la caution.

Henrys, tom. 2. liv. 4. qu. 43.

L. 11. ff. de Novat. La délégation ſe fait lorſque le débiteur donne à ſon créancier un autre débiteur qui ſe charge de payer la dette.

L. 2. C. de Novat. La délégation ne ſe peut faire ſans le conſentement de trois perſonnes ; ſavoir, du débiteur qui delegue un autre débiteur en ſa place ; du débiteur qui eſt délegué & qui s'oblige envers le créancier ; & du créancier qui accepte la nouvelle obligation ; & c'eſt en quoi la délégation eſt différente de la ceſſion ou tranſport, où le conſentement du débiteur , ſur lequel le tranſport eſt fait, n'eſt point néceſſaire.

L. 2. eod. Quand la délégation eſt acceptée purement & ſimplement par le créancier, le débiteur qui l'a faite eſt déchargé de plein droit ; de forte que quand le débiteur qui a été délegué feroit infolvable, le créancier qui l'a accepté n'a plus de recours contre fon premier débiteur ; auffi voit-on rarement parmi nous des délégations pures & fimples ; un créancier habile fe réferve prefque toujours fon re-cours contre le premier débiteur, en cas qu'il ne puiffe pas être payé par le fecond.

CHAPITRE IX.

De l'exercice des Droits des Débiteurs.

POur empêcher les débiteurs de diffiper leur bien au préjudice de leurs créanciers légitimes, les Loix Romaines avoient introduit l'action révocatoire, nommée autrement l'ac-tion Paulienne, du nom de celui qui l'avoit inventée, par laquelle toutes les aliénations qu'un débiteur avoit faites en fraude de fes créanciers, étoient révoquées ; avec cette diffé- *Tot. tit. ff. ae his quæ in fraud.*

rence, que quand l'aliénation étoit
faite à titre onéreux, par. exemple à
titre de vente, dont l'acquéreur avoit
payé le prix, il falloit pour donner
lieu à la révocation, que l'acquéreur
eût été participant de la fraude, au
lieu que quand l'aliénation avoit été
faite à titre lucratif, comme par une
donation, elle étoit révoquée, quoique le donataire fût dans la bonne
foi.

Parmi nous l'action révocatoire
n'eft guere en ufage; on voit tous
les jours confirmer des tranfports
de droits mobiliaires, quoique le
ceffionnaire n'ait pas pu ignorer que
fon cédant ne fût chargé de dettes;
& quand un pere a donné une fomme confiderable à fes enfans en les
mariant, & que dans la fuite il paroît infolvable, on n'examine point
fi l'infolvabilité eft arrivée depuis la
donation, ou fi les dettes du pere
étoient créées auparavant; en un
mot, pour caffer la donation ou
l'aliénation faite par un débiteur, il
faut qu'il paroiffe, non-feulement que
les créanciers ont été trompés; mais
il faut de plus que le donataire, ou

autre acquéreur aye eu connoiſſance des dettes, & qu'ils ayent été de concert avec le débiteur pour tromper les créanciers; auſſi voit-on rarement réuſſir une action révocatoire, on a conſideré ſans doute que nos contrats qui ſont paſſés pardevant Notaires, emportent hypotheque ſur tous les biens du débiteur; que l'on ne prête guere que ſur la foi de ces hypotheques, & que l'on ne compte preſque jamais pour rien les effets mobiliers du débiteur.

Mais nous avons auſſi pourvu à un inconvénient auquel les Loix Romaines n'avoient pas remedié. Lorſqu'une ſucceſſion étoit ouverte au profit du débiteur, il y pouvoit renoncer au préjudice de ſes créanciers, pour la faire paſſer aux autres parens du défunt qui étoient les plus proches; & dès le moment que les enfans d'un débiteur frauduleux étoient appellés à la ſucceſſion à ſon défaut, il ne manquoit pas de renoncer, & de la leur faire accepter; mais parmi nous les créanciers entrent dans tous les droits de leur débiteur, & les peuvent exer- *Louet, R. 19.* cer malgré lui; pourvu qu'ils le faſ-

fent à leurs rifques, périls & fortu-
nes ; ils peuvent accepter les fucceffions qui lui font déferées, ils peuvent intenter toutes les actions que
leur débiteur pourroit intenter, &
cet exercice de droit va fi loin, que
lorfqu'un homme après fon mariage
a contracté des dettes auxquelles il eft
feul obligé, s'il vient à en contracter
d'autres avec fa femme, ces derniers
créanciers, comme exerçant les droits
de la femme, font préferés aux autres, quoique plus anciens.

La raifon eft que la femme ayant
hypotheque du jour de fon contrat de
mariage pour l'indemnité des dettes
auxquelles elle s'eft obligée pour fon
mari, les créanciers auxquels elle eft
obligée, & qui exercent fes droits,
obtiennent de fon chef ce qu'ils ne
pourroient pas demander du leur.

Cet exercice des droits de la femme caufe de grands inconvéniens ;
car un homme qui a plufieurs créanciers depuis fon mariage, auxquels fa
femme n'eft point obligée, & qui n'a
pas des biens fuffifans pour les payer
tous, n'a qu'à faire obliger fa femme
à ceux qu'il veut préferer aux autres,
ce

ce qui paroît très-injuste ; auſſi la nouvelle coutume de Bretagne y a ſage-
ment pourvu, en ne donnant hypotheque à la femme ſur les biens du
mari pour le remploi de ſes propres
aliénés, que du jour qu'elle a conſenti à l'aliénation ; & par une conſéquence néceſſaire, la femme n'a hypotheque pour ſon indemnité que du
jour qu'elle s'eſt obligée dans chaque
obligation.

CHAPITRE X.

Des Transactions.

LA Tranſaction eſt une convention, par laquelle celui qui a
quelque prétention contre un autre,
y renonce en tout ou en partie,
moyennant quelque récompenſe en
argent ou autres choſes.

Pour pouvoir tranſiger il faut être
maître du droit que l'on veut remettre ; c'eſt pourquoi un Procureur ne
le peut pas faire, quelque générale
que ſoit la procuration, à moins qu'elle ne contienne un pouvoir ſpécial.

Tome II. V

L. 3. ff. de Tranfact.

Les tranfactions ne peuvent jamais nuire qu'à ceux qui les ont faites ; par exemple, s'il y a procès entre les héritiers du fang & l'héritier teftamentaire ou le légataire univerfel, & que par une tranfaction le teftament foit déclaré nul, cela n'empêche pas les légataires particuliers de demander l'exécution du teftament, comme ils auroient pu faire avant la tranfaction.

Régulierement on peut tranfiger fur toutes fortes de matieres qui tombent dans le commerce, excepté les fuivantes.

8. ff. de Tranfact.

Lorfqu'on a legué une penfion alimentaire à quelqu'un, il ne peut pas éteindre ni diminuer la penfion par une tranfaction, fi ce n'eft par ordonnance de juge rendue en connoiffance de caufe, mais il peut tranfiger fur les arrérages qui en font échus. On a confideré que le plus fouvent ces alimens ne font legués qu'à des perfonnes de peu de conduite, qui prefereroient aifément une fomme modique payée comptant, à la penfion qui n'eft payée que fucceffivement à certains termes, & éluderoient par là la prévoyance de ceux qui ont voulu pourvoir à leur subsistance.

Un mineur devenu majeur, ne peut pas transiger avec son tuteur sur le reliquat de son compte de tutele, jusques à ce que le compte ait été communiqué avec les pieces justificatives, parce que le tuteur ayant été chargé de l'administration de toutes les affaires du mineur, il doit l'en instruire avant que de pouvoir faire aucun traité avec lui.

M. Louet, lettre T. n. 3.

On ne peut pas par une transaction rendre valable un contrat usuraire, ni aucune autre convention illicite ou contre les bonnes mœurs, parce que ce seroit autoriser le vice au lieu de le punir ; mais celui qui a reçu les intérêts usuraires, peut par une transaction se faire décharger de la restitution à laquelle il seroit obligé de droit, parce que cette décharge pour le passé n'est plus qu'un intérêt pécuniaire, où le public ne prend point de part.

M. Louet, lettre T. n. 6.

Par les anciennes Ordonnances il est défendu aux Seigneurs Justiciers de transiger des amendes avant que

Confér. des Ordonn. liv. 11. *tit.* 3.

V ij

la condamnation foit prononcée, parce que ces fortes de tranfactions pourroient empêcher & retarder la punition des crimes, & rendroient les Officiers des Seigneurs plus négligens : mais fuivant notre ufage, la partie civile peut tranfiger avec l'accufé fur la réparation civile, avant même qu'elle ait été adjugée.

Il n'étoit pas permis par le droit Romain de tranfiger fur un procès jugé, fi ce n'eft qu'il y eût ou qu'il y pût avoir appel du jugement ; mais parmi nous on tranfige valablement, quoique le procès foit terminé par un Arrêt ; ces fortes de tranfactions ont été reçues favorablement, parce qu'elles facilitent beaucoup l'exécution des jugemens, & le recouvrement de ce qui eft dû.

Ordonn. de 1560. La tranfaction eft le plus ferme & le plus ftable de tous les contrats, on n'en peut être relevé que pour deux caufes ; dol perfonnel, qui vicie toutes fortes d'actes ; & erreur de calcul, qui ne fe couvre jamais, s'il n'y en a claufe expreffe dans la tranfaction. ☞ Quand on dit que l'erreur de calcul ne fe couvre jamais, cela doit s'entendre par un moindre tems que de 30 ans ; car les actions perpétuelles se prescrivent par 30 ans. *Voyez l'Observation sur la quest.* 31 *de Henrys, tome* 2 *, liv.* 4 *, au mot* Erreur de calcul].

On ne peut obtenir des lettres de rescision contre les transactions que dans les 10 ans, à compter du jour qu'elles ont été passées, si ce n'est contre celles qui autorisent un contrat usuraire, contre lesquelles on se peut pourvoir tant que le contrat dure, afin de purger le vice de l'usure.

Ordon. 1510. *art.* 49. 1555. *ch.* 8. *art.* 30. *&* 1536. *art.* 1 *,* 4.

La plûpart de ceux qui font des transactions générales sur toutes les affaires qu'ils ont à démêler ensemble, y énoncent en détail tous leurs différends, ce qui cause souvent des procès ; car comme on ne peut pas tout prévoir, dès le moment qu'il se trouve quelque omission dans l'énonciation de la transaction, il y a quelquefois des gens de mauvaise foi, qui soutiennent qu'ils n'ont point transigé sur l'article qui n'est point énoncé dans la transaction, quoique dans la vérité les parties ayent eu intention de terminer toutes choses,

V iij

c'eſt pourquoi le plus ſûr, autant que l'on peut, eſt de ne point entrer dans le détail, mais de s'expliquer en termes généraux. *Leſquelles parties pour terminer tous leurs procès & différends de quelque nature qu'ils puiſſent être, &c.*

CHAPITRE XI.

Des Actions.

Inſtit. de act. onib.

NOus appellons Action le droit que nous avons de pourſuivre en juſtice ce qui nous eſt dû, ou ce qui nous appartient.

Dans le droit Romain le nombre des actions étoit limité, & chaque action avoit ſa formule particuliere qu'il falloit obſerver exactement ; mais parmi nous les actions ſont plus libres ; on a action toutes les fois qu'on a un intérêt effectif à pourſuivre, & il n'y a point de formule particuliere pour chaque nature d'affaires. Nous avons néanmoins des actions générales de diverſes natures. Elles ſont diviſées en actions perſonnelles, réelles & mixtes.

Les actions personnelles font dirigées contre ceux qui font obligés à
donner ou à faire quelque chofe; on
les appelle perfonnelles, parce qu'elles font attachées à la perfonne obligée, & la fuivent par-tout.

Les actions réelles font celles par
lefquelles nous demandons la poffeffion d'une chofe dont nous avons la
propriété ou la jouiffance de quelque
droit réel fur un héritage, comme les
hypotheques, les fervitudes, &c. On
les appelle réelles, parce qu'elles ne
peuvent être dirigées que contre le
poffeffeur de l'héritage, ou de la chofe qui nous appartient, ou fur laquelle
nous avons quelque droit réel, & que
dès le moment qu'il l'abandonne il eft
déchargé de l'action.

Les actions mixtes font celles qui
participent des deux autres, comme
quand nous demandons qu'un homme foit condamné à nous rendre un
héritage avec reftitution de fruits, ou
avec des dommages & intérêts; on
les appelle mixtes, parce que le poffeffeur de l'héritage eft déchargé d'u-
ne partie de la demande en abandonnant l'héritage, mais il demeure per-

fonnellement obligé à la reſtitution
des fruits, & aux dommages & intérêts. Dans le droit Romain il n'y
avoit que trois eſpeces d'actions mixtes ; ſavoir, l'action de partage entre cohéritiers, l'action de partage
entre des perſonnes qui poſſédoient
un héritage par indivis, & l'action
qui étoit intentée pour le plantement
des bornes & limites. On les appelloit mixtes, parce qu'il étoit permis
au juge qui ne pouvoit pas également partager la choſe, ou planter
des bornes également, d'adjuger une
plus grande portion à l'une des parties, & de la condamner en même
tems à payer quelque choſe à l'autre
partie.

Inſtit. de act.
§. 20.

Les actions perſonnelles ſont civiles ou criminelles.

Les actions civiles ſont celles qui
naiſſent d'un contrat ou d'un quaſi-
contrat.

Les actions criminelles ſont celles
qui naiſſent de quelque eſpece de crime que ce puiſſe être.

Si le crime offenſe le public, comme un aſſaſſinat, un vol, un larcin,
c'eſt à l'Officier public, qui eſt le Pro-

cureur du Roi ou le Procureur Fiscal,
à poursuivre la réparation qui est dûe
au public. Les particuliers qui ont
souffert quelque dommage par le crime qui a été commis ; par exemple,
celui qui a été volé, les parens de
celui qui a été tué peuvent se joindre
à l'Officier public, & demander de
leur côté la réparation du dommage
qu'ils ont souffert, qu'on appelle intérêts civils ; Pour cela il faut qu'ils se
rendent partie contre le coupable, &
qu'ils fassent tous les frais du procès criminel ; Et quoiqu'il soit libre
aux particuliers de se rendre partie,
ou de laisser poursuivre la partie publique seule ; néanmoins quand les
enfans négligent de se rendre parties contre le meurtrier de leur pere,
on les déclare quelquefois indignes
de sa succession , à moins qu'ils
n'ayent quelque cause légitime, comme leur pauvreté, ce qui dépend des
circonstances.

Louet , H.
n. 5.

Il y a des crimes si légers qu'ils ne
méritent point de punition publique,
c'est pourquoi les Officiers publics en
laissent toute la poursuite à la partie
qui en demande la réparation ; de ce

nombre font les injures verbales ; lorfqu'elles ne font point aggravées par la circonftance du lieu, ou par la qualité de la perfonne contre laquelle elles ont été proferées.

Les actions réelles font de deux fortes, l'action pétitoire & l'action poffeffoire.

L'action pétitoire eft celle par laquelle nous demandons la poffeffion d'une chofe qui nous appartient, ou la jouiffance de quelque droit réel, comme une fervitude, un droit de cens, une rente fonciere, une hypotheque ; fur quoi il faut obferver que le créancier qui veut conferver fon hypotheque fur l'héritage qui en eft chargé, a une action particuliere que nous appellons action en déclaration d'hypotheque, & qui étoit inconnue dans le droit Romain.

Imber. part.
liv. 1. ch. 17.
C. de Paris,
art. 97.

L'action poffeffoire ne regarde point la propriété de l'héritage, mais feulement la poffeffion ; elle eft accordée à celui qui eft troublé en la poffeffion d'un immeuble, d'un droit réel, & d'un droit univerfel, mais elle n'a jamais lieu quand il ne s'agit que de la poffeffion d'un meuble en particulier.

Il faut que celui qui veut intenter cette action ait été troublé dans l'an & jour ; car si le trouble étoit arrivé auparavant, on ne peut plus se pourvoir par action possessoire, mais seulemen par action pétitoire.

Pour pouvoir intenter l'action possessoire, il faut avoir été en possession réelle & actuelle ; de sorte que le nouvel acquéreur ne peut pas intenter cette action jusqu'à ce qu'il ait la possession actuelle, quelque clause de constitution de précaire qu'il y ait dans le contrat.

Si celui qui est troublé n'a pas été actuellement évincé de la possession, l'action qu'il intente pour faire cesser le trouble est appellée complainte en cas de saisine & nouvelleté ; & il doit conclure à être maintenu & gardé en la possession, &c.

Si au contraire il a été actuellement dépossedé, l'action est appellée réintegrande ; & il doit conclure à être réintegré & remis en possession, &c.

Celui qui a été dépossedé par violence, peut demander la réintegrande par action civile, ou par action criminelle, à son choix ; mais après

V. vj,

Ordonn. de 1667. art. 11 tit. 18.

Louet, B. 19.

Ordonn. de 1667. art. 2.

qu'il a choisi l'une de ces deux actions, il ne peut plus revenir à l'autre, si ce n'est qu'en le déboutant de l'action criminelle, on lui eût reservé l'action civile.

Ibid. art. 5. L'action pétitoire ne peut être poursuivie que la demande en complainte ou en réintegrande n'ait été terminée, & la condamnation exécutée; ce qui est observé à la rigueur en matiere de réintegrande, en punition de la violence qui a été commise; mais lorsqu'il ne s'agit que d'une complainte, & que le défendeur, de crainte de succomber au possessoire, justifie clairement & sans retardement qu'il est véritable propriétaire; on se dispense quelquefois de la rigueur de l'Ordonnance; & l'on juge le pétitoire pour ne pas faire essuyer aux parties deux procès pour un. * Cela ne se pratique point, si ce n'est du consentement des deux parties].

Il est très-avantageux à celui qui est troublé dans la possession, d'intenter la complainte ou la réintegrande, & faire juger le possessoire avant toutes choses, il réduit sa partie adver-

fe à prouver que la propriété lui appartient, au lieu que s'il avoit intenté l'action pétitoire toute la preuve
devroit venir de fon côté.

CHAPITRE XII.

Des Exceptions.

ON appelle Exceptions & Défenfes
les moyens qui font propofés
pour differer, ou pour éteindre, en
tout ou en partie, l'action qui eft intentée.

Elles font de trois fortes ; favoir,
les exceptions déclinatoires, les exceptions dilatoires, & les péremp-
toires.

Les exceptions déclinatoires font
fondées fur l'incompétence ou défaut
du pouvoir du Juge pardevant lequel
l'action eft intentée : fi j'ai été affigné
en matiere d'action réelle aux Requêtes du Palais ou de l'Hôtel, je puis
demander d'être renvoyé pardevant le
Juge qui en doit connoître. La com-
pétence ou incompétence des Juges
fait une partie du droit public.

Ordonn. de
1667. tit. 7.

Les exceptions dilatoires font celles qui ne font propofées que pour
differer la pourfuite de l'action ; la
veuve qui eft affignée à caufe de la
communauté , ou l'héritier affigné en
qualité d'héritier , ont trois mois pour
faire inventaire du jour du décès , &
quarante jours pour délibérer, lefquels
font comptés du jour que l'inventaire
a été fait en préfence de la veuve &
de l'héritier , ou de leur procureur,
où qu'ils y ont été duement appellés ;

Ibid. tit. 8

& s'il y a des caufes raifonnables qui
ayent empêché la confection de l'inventaire dans les trois mois , le Juge
peut donner un nouveau délai. Celui
qui eft affigné & qui prétend avoir
fon recours contre un autre , peut
demander un délai pour faire appeller
fon garant , qui lui eft accordé fuivant
la diftance des lieux.

On n'eft pas obligé de plaider contre un mineur , jufqu'à ce qu'il foit
pourvu de tuteur ou de curateur , ni
contre un étranger , jufqu'à ce qu'il
ait donné caution : la femme ne peut
pas plaider fans être autorifée de fon
mari , ou par Juftice à fon refus.

☞ Dans les Parlemens de droit écrit, la femme est capable sans l'autorité de son mari, de plaider pour les choses qui concernent ses biens paraphernaux].

Le tiers détenteur assigné en action hypothécaire pour payer ou quitter l'héritage, peut faire differer l'action jusqu'à ce que les biens du principal débiteur ayent été discutés. Il est vrai que par la coutume de Paris, le créancier d'une rente n'est pas obligé à la discussion ; mais cela est contre le droit commun.

Un Procureur ne peut pas former une inscription de faux, ni demander une évocation, soit d'une Jurisdiction dans une autre, soit d'une Chambre dans une autre, qu'il ne soit fondé de procuration spéciale de sa partie.

Tout demandeur doit communiquer les pieces justificatives de la qualité sur laquelle il fonde son action. Un légataire doit donner copie du testament, un héritier & un demandeur en retrait lignager doivent articuler & prouver leur généalogie, & ainsi du reste.

Ordonn. de 1667. tit. 9. art. 1, 2.

Les exceptions dilatoires doivent être proposées avant que de fournir de défenses ; & quand on en a plusieurs, il faut les proposer toutes par un même acte ; il est vrai que l'héritier, ou la veuve ne font tenus de proposer les autres exceptions dilatoires, qu'après que le terme pour délibérer est expiré.

Les exceptions peremptoires font celles qui éteignent les actions en tout ou en partie. Il y en a encore de deux fortes, celles qui empêchent la pourfuite de l'action, fans examiner fi elle est jufte dans son principe, ou fi elle ne l'est pas, qu'on appelle autrement, fins de non-recevoir. Si un homme me fait une demande, dont il a déja été débouté par un Arrêt contradictoire, l'Arrêt est une fin de non-recevoir, au préjudice de laquelle il n'est plus permis d'examiner fi la demande est jufte dans le fond, ou fi elle ne l'est pas ; la prefcription est de ce genre, le défaut de qualité dans celui qui agit en est auffi une. Par exemple, fi le demandeur est mort civilement, s'il n'est pas héritier de celui du chef duquel il agit ; l'acquéreur d'un immeuble, d'une charge, ou d'une rente fur l'Hôtel-de-Ville, qui eft affigné en déclaration d'hypotheque, peut fe défendre par la feule fin de non-recevoir contre le demandeur qui ne s'eft pas oppofé au décret, au fceau ou au greffe des enregiftremens des hypotheques.

Il y a d'autres exceptions peremptoires qui éteignent l'action, parce qu'en effet le demandeur n'eft pas bien fondé à intenter l'action : on les appelle proprement défenfes ; le nombre en eft infini, parce qu'il dépend fouvent de diverfes circonftances qui ne font prefque jamais les mêmes dans les différentes affaires, il eft bon néanmoins d'en donner quelques exemples. Celui à qui on demande une fomme qu'on fuppofe lui avoir prêtée, peut dénier le prêt, & foutenir que la véritable caufe de la promeffe eft pour de l'argent gagné au jeu, dont le paiement ne peut pas être exigé fuivant les Ordonnances ; il peut dire qu'il a payé, il peut dire que le demandeur lui doit d'ailleurs une pareille ou plus grande fomme, & qu'il faut faire une compenfation ;

celui contre lequel on a formé une
action en déclaration d'hypotheque,
peut dire, qu'il n'eſt rien dû au demandeur, il peut dire que ſon titre
ne porte point d'hypotheque, il peut
dire que l'héritage qu'on prétend être
hypothéqué n'a jamais appartenu au
débiteur : l'héritier aſſigné par un légataire pour avoir délivrance de ſon
legs, peut accuſer le teſtament de
fauſſeté, de ſuggeſtion, de défaut
dans la forme; il peut dire que le teſ-
tateur n'avoit pas la capacité de faire
un teſtament; qu'il étoit mineur,
étranger, mort civilement, ou enfin
qu'il a diſpoſé de plus qu'il ne lui
étoit permis par la coutume des lieux
où ſes biens ſont ſitués.

Tous ces moyens, lorſqu'ils ſont
prouvés, ſont autant de défenſes légitimes, qui font voir par le mérite
du fond que l'action eſt injuſte, &
qu'elle ne doit produire aucun effet.
Voilà ce qu'on peut dire en général
ſur la matiere des exceptions.

CHAPITRE XIII.

De la Difcuffion.

ON appelle Difcuffion la diligence ou la pourfuite que le créancier eft obligé de faire pour parvenir à la vente & diftribution du prix des biens du principal obligé, avant que d'attaquer perfonnellement les cautions, ou hypothécairement les tiers acquéreurs des biens hypothéqués à fa créance.

Le créancier n'eft pas obligé de faire cette difcuffion fi elle n'eft pas demandée par la caution ou le tiers détenteur, il ne fuffit pas même qu'ils demandent la difcuffion, il faut qu'ils indiquent des biens du principal débiteur, qui puiffent être difcutés, car s'il n'y en avoit point, inutilement oppoferoit-on la difcuffion ; ils font même obligés d'en avancer les frais, fauf à les reprendre fur les biens difcutés. *Le Grand, coutume de Troyes, art. 72. gl. 2. n. 2.*

Obfervat. fur la queft. 34. de Henrys, t. 20. liv. 4.

'On n'eft point obligé à difcuter les biens fitués hors du Royaume, ni *Louet & Brodeau, D. 49.*

même ceux qui font hors du reſſort du Parlement où la diſcuſſion eſt demandée, lorſque notoirement ils ne peuvent pas porter les frais de la diſcuſſion. ☞ Le Parlement de Paris oblige de diſcuter les immeubles ſitués dans le reſſort des autres Parlemens].

Le Grand, ibid. n. 34.

Il n'eſt pas néceſſaire de diſcuter les Princes, on peut pourſuivre directement les cautions & tiers détenteurs.

Loyſeau, déguerp. l. 3. ch. 8. n. 10.

Le créancier d'une rente fonciere peut s'adreſſer directement au tiers détenteur de l'héritage chargé de la rente, ſans être obligé à la diſcuſſion.

Mais le créancier d'une rente conſtituée n'a pas le même privilege, excepté dans la coutume de Paris, qui eſt en cela contraire au droit commun.

Ibid. n. 13.

L'un des héritiers du principal obligé qui ſe trouve détenteur de la choſe hypothéquée ne peut pas demander la diſcuſſion, quand même il offriroit de payer, ou qu'il auroit effectivement payé la part & portion à laquelle il eſt perſonnellement obligé comme héritier.

Quand le principal obligé est no- *Ibid. n.* 11. toirement insolvable, par exemple, s'il a fait cession de biens, il suffit pour toute discussion de faire un simple exploit de perquisition de biens.

Quoique le créancier soit obligé à *Ibid. n.* 15 & 16. la discussion, cela ne l'empêche pas de poursuivre son action en déclaration d'hypotheque contre le détempteur pour interrompre la prescription ; il peut aussi s'opposer au decret de l'héritage hypothéqué saisi sur le tiers détempteur, afin de conserver son hypotheque; & si l'héritage est vendu avant que la discussion soit achevée, les créanciers du tiers détempteur qui sont utilement colloqués dans l'ordre, ne peuvent toucher qu'en donnant caution de rapporter les deniers, en cas que les biens du principal obligé ne soient pas suffisans pour payer la dette.

Le tiers détempteur ni les cautions *Henrys, tome* 2. *liv.* 4. *qu.* 34. qui opposent la discussion, ne peuvent pas demander que le créancier soit obligé de la faire dans un certain tems, il lui est libre de la faire à sa commodité, & si les autres sont pressés d'avoir leur décharge, ils le peuvent faire eux-mêmes si bon leur semble.

Le tiers détempteur qui a demandé la discussion est obligé de rendre les fruits qu'il a perçus de l'héritage hypothéqué depuis la demande en déclaration d'hypotheque, & durant la discussion, si par l'événement les biens discutés ne suffisent pas pour payer le créancier; la raison est que par la demande qui lui a été faite, il a connu la dette dont l'héritage étoit chargé, & a cessé de jouir de bonne foi. ☞ Cette maxime n'est pas certaine, les Arrêts aussi-bien que les Auteurs sont partagés sur cette question. *Voyez l'Observation sur Henrys, dans l'endroit cité à la marge*].

Henrys, tome x. liv. 5. ch. 15. quest. 17.

CHAPITRE XIV.

Des Restitutions en entier.

L. 2 & 3. ff. de in integ. rest.

LA Restitution en entier dans le Droit Romain, étoit un secours que le Préteur accordoit à ceux qui avoient été lezés dans quelque acte qu'ils avoient passé; il les remettoit au même état qu'ils étoient, & leur rendoit tout le droit qu'ils avoient avant qu'ils eussent passé cet acte, pourvu qu'il y eût une cause légitime, & que la cause fût bien prouvée.

La restitution n'étoit pas nécessaire lorsque l'acte qui avoit été passé étoit nul par lui-même. Par exemple, le mineur qui avoit vendu quelque immeuble sans un decret du Magistrat, & sans les autres solemnités requises par les loix, n'avoit pas besoin d'être restitué contre cette vente, parce qu'elle étoit nulle de plein droit.

Parmi nous il n'y a que le Roi qui puisse accorder la restitution en entier, ce qui se fait par des lettres de Chancellerie, qu'on appelle Lettres de rescision; on les accorde sans connoissance de cause; & c'est aux Juges à qui elles sont adressées à examiner si la cause est juste, & si elle est véritable; c'est pourquoi les Juges des Seigneurs ne peuvent jamais connoître des restitutions en entier, parce que les lettres de Chancellerie sont toujours adressées à des Juges Royaux.

Rebuff. in constit. reg. tract. de restitut. in præfat. n. 10. & gl. 1. n. 2.

Rebuff. ibid. gl. 1. n. n. 12. 13, &c.

Ces lettres font d'une néceffité ab-folue en France ; quand même l'acte contre lequel on veut fe pourvoir, feroit nul de plein droit ; c'eft pourquoi on dit par une maniere de proverbe, que les voies de nullité n'ont point de lieu en France, à moins que la nullité ne foit prononcée par l'Ordonnance ou par la coutume ; ainfi la femme qui a contracté en pays coutumier fans l'autorité de fon mari n'a pas befoin de lettres, parce que la coutume prononce la nullité de fon obligation ; on ne laiffe pas de lui en faire prendre quelquefois pour une plus grande précaution.

Item fi quæ alia mihi caufa jufta effe videtur, l. 1. ff. ex quibus caufis major. in integr. reftit. L. 1, 3, 5 & 6, ff. quod mæ. cauf.

Il y a plufieurs caufes légitimes de reftitution en entier qui font exprimées dans le droit. Il y en a auffi qui font laiffées à la prudence du Juge, parce qu'il eft impoffible de prévoir tous les cas, où il eft jufte d'accorder cette reftitution.

Lorfqu'un homme eft contraint de faire quelque chofe par force & par violence, & par les menaces d'un autre qui a le pouvoir de les exécuter, & qui a coutume de le faire, il y a lieu à la reftitution, pourvu que la menace

menace soit assez forte pour intimider un homme ferme & constant.

Il n'est pas nécessaire que celui contre lequel on demande la restitution ait fait ou fait faire la violence ou les menaces, il suffit qu'il en ait profité ; car quoiqu'il ne soit pas coupable, il n'est pas juste qu'il fasse un gain illicite, en profitant du malheur d'autrui.

L. 14. §. 3. ff. eod.

Il ne sera pas inutile d'observer en passant que les loix Romaines étoient si ennemies de la violence, que si un créancier avoit arraché par force des mains de son débiteur l'argent qu'il lui devoit, il étoit obligé de le rendre, & perdoit sa dette ; de même si un homme s'étoit mis par violence en possession d'un bien qui lui appartenoit, & qui étoit en la possession d'un autre, il en perdoit la propriété.

L. 13. ff. eod. L. 6. C. unde ui.

Dans notre usage on présente une requête au juge pour avoir permission d'informer de la violence ou des menaces. Il est bon de faire informer le plutôt que l'on peut ; mais si la crainte dure toujours, & qu'on ne soit pas en état d'attaquer celui qui a fait la violence ou les menaces, l'usage est de faire des protestations pardevant Notaires, avant & après l'acte que l'on a été contraint de passer ; & si on ne peut pas les faire auparavant, il faut au moins les faire après, afin de marquer que ce qu'on a fait n'étoit pas volontaire. Il est bon de les envelopper dans une feuille de papier, de les cacheter, de faire mettre la date dessus par les Notaires, & de les leur déposer en cet état, de crainte que les Notaires ne refusent de les recevoir, quand elles font faites contre des gens trop puissans dont ils ne veulent pas s'attirer la haine ; ces protestations ne font point de preuves par elles-mêmes ; mais elles font très-utiles pour faciliter la permission d'informer, quand il est tems de la demander, & ne laissent pas d'augmenter les soupçons quand elles se trouvent accompagnées de quelques autres présomptions.

Une juste erreur de fait peut quelquefois servir de cause légitime pour obtenir des lettres de rescision ; c'est sur ce fondement qu'une mere a été restituée contre l'acceptation qu'elle avoit faite d'une succession, dans l'assurance vrai-semblable des droits

L. 2. ff. de in integr. est.

Henrys, tome 1. l. 4. quest. 1.

dont cette succession étoit composée, lesquels avoient été presque anéantis par un procès qu'elle avoit perdu : il est néanmoins impossible de donner des regles certaines sur cette matiere, parce que l'évenement des lettres de rescision, qui ne sont fondées que sur l'erreur, dépend toujours des circonstances du fait, & souvent de la qualité des parties.

Une des plus fréquentes causes des lettres de rescision, est le dol personnel de celui avec qui on a contracté. Si mon cohéritier, par exemple, a fait faire en mon absence un inventaire frauduleux des biens de la succession, afin de m'induire à y renoncer, lorsque la fraude sera découverte, je serai sans doute restitué contre ma renonciation : si le propriétaire d'une terre a fait des baux simulés à plus haut prix qu'ils ne sont en effet, s'il a donné des contre lettres aux fermiers, & qu'ensuite il ait vendu la terre sur le pied des baux simulés, l'acquéreur pourra être restitué, pourvu qu'il y ait une lézion considerable ; mais il faut avouer sur ce chef que les Juges en France ne punissent pas

Tot. tit. ff de dolo malo.

C. 53. ff. de act & l. 9. §. 2. ff. de transa.t.

X ij

affez la mauvaife foi, ils appellent fouvent fineffe & habileté, ce que les loix Romaines appellent trompe-rie & friponnerie.

L. 9. § 1 &
4. *ff. de mino-*
rib.

La minorité eft encore un moyen de reftitution, quand elle eft accom-pagnée de lézion, c'eft-à-dire, de per-te ; car le mineur n'eft pas reftitué comme mineur feulement, il faut qu'il ait été lezé; & même lorfqu'un mineur n'a fait que ce qu'il devoit fai-re & ce que tout homme de bon fens auroit fait en fa place, il ne doit pas être reftitué, quoique dans la fuite les hafards & les cas fortuits, qu'on ne peut pas prévoir, lui ayent caufé quelque perte. L'exemple que les loix en donnent, eft d'un mineur qui a acheté un efclave néceffaire, qui eft décedé peu de tems après, le mineur n'a pas été trompé dans l'achat qu'il a fait, quoique l'efclave fût mortel, c'eft pourquoi il ne doit pas être refti-tué ; la raifon des loix, eft que fi les mineurs étoient reftitués en ce cas, ils ne trouveroient perfonne qui vou-lût avoir aucun commerce avec eux, même pour les chofes les plus nécef-faires, ce qui leur feroit très-défavantageux ; mais il faut observer, que dans notre usage, on ne suit pas exactement ce juste tempérament ; les mineurs sont facilement restitués dès le moment qu'il y a de la perte, quoiqu'elle soit plutôt arrivée par accident que par leur imprudence.

Dès le moment que le mineur a approuvé en majorité ce qu'il avoit fait en minorité, il ne peut plus être restitué, à moins qu'il n'y ait dol personnel de la part de celui avec qui il a contracté ; mais si le mineur a accepté une succession onéreuse, il peut être restitué, quoiqu'il ait reçu dans sa majorité quelques dettes de la succession. *L. 3. §. 1 & 2. ff. eod.*

Lorsque le mineur est restitué, les cautions qu'il a données, ne le sont pas pour cela, à moins qu'outre la minorité il n'y ait dol personnel de celui qui a contracté avec le mineur ; la raison est que celui qui a exigé les cautions n'auroit pas voulu contracter sans cette condition, à laquelle les cautions qui n'ignoroient pas la qualité du mineur, ont bien voulu se soumettre. *L. 1 & 2. C. de fidejussor. min. & L. 13. ff. de min.*

Lorsqu'un majeur & un mineur se *L. unic. C. in comm. ea-*

d. mque cauf.
in integr. ref-
tit. poft.

font obligés par le même contrat, on demande fi la reftitution du mineur peut profiter au majeur, ou fi le contrat doit fubfifter à l'égard du majeur. Régulierement le mineur ne releve pas le majeur, parce que la reftitution n'eft accordée qu'en confidération de la foibleffe de l'âge. Il eft vrai que s'il s'agit d'une chofe qui foit in-

L. 10. ff.
Quomod. fe-
vitut. emitt.

divifible de fa nature, le mineur alors releve le majeur. Par exemple, le majeur & le mineur poffedent par indivis un héritage auquel une fervitude de droit de chemin eft dûe par l'héritage voifin; le mineur & le majeur par un même contrat remettent cette fervitude au voifin; la reftitution du mineur profite alors au majeur, parce que le droit de chemin ne peut pas fubfifter en partie, & être éteint en partie.

L. 2. C. de
refcind. ven-
dit.

Lorfqu'un homme a vendu fon immeuble, & qu'il y a lézion d'outre moitié de jufte prix, par exemple, fi la maifon valoit 20000 liv. & qu'il l'ait vendue pour 9000 liv. il peut être rêftitué contre le contrat, mais en ce cas l'acquéreur aura le choix de fuppléer le jufte prix ou de rendre la

maison. Pour savoir s'il y a lézion
d'outre moitié de juste prix, il faut
examiner ce qu'elle valoit précisé-
ment au tems du contrat, & compter pour rien tout ce qui est survenu
depuis ; car comme la perte, s'il en
arrive, doit tomber sur l'acquéreur,
il est juste qu'il jouisse de la bonne
fortune qui peut survenir.

Cette restitution n'est accordée
qu'au vendeur, l'acquéreur ne peut
jamais être restitué quelque lézion
qu'il souffre, à moins qu'il ne soit
mineur, ou qu'il n'y ait dol personnel de la part du vendeur, parce que
la nécessité force souvent de vendre
à vil prix, mais rien n'oblige d'acheter trop cher, que l'envie que l'on
a de la chose. En matiere de meubles, le vendeur n'est point restitué,
quelque lézion qu'il y ait dans le contrat, non plus qu'en matiere de vente de droits successifs, qui sont souvent très-incertains à cause des
dettes qui peuvent paroître dans la
suite.

Lorsqu'un immeuble a été vendu
par decret forcé, on ne considere
point la lézion, & la partie saisie ni

Observat. sur le plaidoyé 7 de Henrys.

M. Louet, lettre H. n.

Brodeau sur Louet, lettre D. n. 33.

X iiij

les créanciers ne peuvent pas être reftitués contre l'adjudication, parce qu'elle a été faite publiquement par autorité de juftice. ☞ Dans les Parlemens de droit écrit la lézion d'outre moitié du jufte prix eft un moyen de reftitution dans les ventes par decret, auffi-bien que dans les autres. *Voyez les Obfervations fur le feptieme plaidoyer de Henrys*].

Les lettres de refcifion doivent être obtenues dans les dix ans à compter du jour que l'acte a été paffé ; mais à l'égard des mineurs, les dix ans ne commencent à courir que du jour de la majorité.

Ordonn. de 1501, art. 44. Ordonn. de 1533, article 134.

Il y a néanmoins quelques cas finguliers où l'on reçoit les lettres après les dix ans. Par exemple, quand elles font fondées fur la violence, ou fur le dol perfonnel, les dix ans ne doivent courir que du jour que la violence a ceffé, ou que la fraude a été découverte. L'art. 39 du Réglement du Parlement de Rouen de 1656, porte que celui qui a contracté avant l'âge de 20 ans accomplis, peut en obtenir relevement dans l'an trentecinquieme de fon âge]].

Lorfque les lettres de refcifion font
entérinées, les parties font remifes
en tel état qu'elles étoient avant l'acte contre lequel elles ont été obtenues, ce qui a lieu de part & d'autre ;
ainfi lorfque j'ai pris des lettres contre un contrat de vente, fi je veux
rentrer dans mon héritage je dois
rendre le prix que j'ai reçu, à moins *Louet fur Bro-*
que je ne l'euffe diffipé en minorité. *deau, C.* 37.

Mais on demande fi celui qui a obtenu & fait entériner des lettres de
refcifion , peut changer de fentiment,
& fe départir du profit des lettres
malgré fa partie adverfe ; on a jugé
qu'il ne le peut pas s'il étoit majeur
lorfqu'il les a obtenues.

Les lettres de refcifion obtenues
par un des contractans, fervent à tous
ceux qui ont parlé dans le contrat,
foit comme principaux obligés , foit
comme cautions ; parce que la caufe
qui fert de fondement aux lettres ,
donne atteinte à tout le contrat , à
moins que les lettres ne foient fondées fur l'incapacité perfonnelle de
celui qui les a obtenues ; comme nous
l'avons obfervé à l'égard des mineurs.

X v

CHAPITRE XV.

Du Déguerpiſſement.

LE Déguerpiſſement, que quelques coutumes appellent Expon-
ſion, eſt une faculté accordée par la
coutume au poſſeſſeur d'un héritage
chargé de rentes foncieres, ou autres
charges réelles, de pouvoir rendre
l'héritage à celui à qui les charges
ſont dûes, afin d'en éviter le paiement à l'avenir.

Cette faculté eſt fondée ſur ce qu'il
n'eſt pas juſte que celui qui n'eſt tenu
qu'à cauſe d'un héritage, ſoit forcé à
le garder malgré qu'il en ait, quoiqu'il lui ſoit onereux.

C. per art.
299.

Ce qu'il y a de ſingulier dans le déguerpiſſement, c'eſt que celui là même qui a pris un héritage à la charge
d'une rente, eſt reçu au déguerpiſſement, en payant les arrérages du paſſé & le terme ſuivant, & en laiſſant
l'héritage au même état & valeur
qu'il l'étoit au tems qu'il l'a pris à
rente, quoiqu'il ait hypothéqué tous

ſes biens à la continuation de la rente, parce que cette promeſſe de payer la rente, ne s'entend que tant & ſi longuement qu'il ſera propriétaire de l'héritage.

Celui qui a pris l'héritage à la char- *Ibid.* ge d'une rente, & qui a promis fournir & faire valoir la rente, & a pour ce obligé tous ſes biens, ne peut plus déguerpir, parce qu'il s'eſt obligé perſonnellement à faire enſorte que la rente ſoit payable à toujours indépendamment de l'héritage qui en eſt chargé; c'eſt ce que ſignifient ces mots, *fournir & faire valoir.*

Le premier qui a promis mettre *Ibid.* quelque amendement, c'eſt-à-dire, faire quelques améliorations à l'héritage chargé de la rente, & qui n'y a pas ſatisfait, ne peut pas déguerpir, parce qu'il eſt toujours réputé être en mauvaiſe foi, juſqu'à ce qu'il ait exécuté toutes les clauſes & conditions portées par le bail à rente.

Celui qui a acquis l'héritage du *Ibid. art. 11.* preneur de la rente peut déguerpir, quand même il auroit acquis à la charge de la rente, & que ſon auteur ſeroit tenu perſonnellement de la continuation de la rente, à moins qu'il n'ait promis expreſſément de mettre quelque amendement, fournir & faire valoir, ou d'acquitter & garantir ſon vendeur.

Art. 11. Le tiers acquéreur de l'héritage qui a ignoré la rente dont il étoit chargé, peut déguerpir avant conteſtation en cauſe ſans payer aucuns arrérages, pas même ceux de ſon tems, & ſans rendre les fruits qu'il a perçus ; mais après la conteſtation en cauſe, il ne peut plus déguerpir qu'en payant les arrérages de ſon tems, juſques à concurrence des fruits par lui perçus, ſi mieux il n'aime rendre ces mêmes fruits.

Art. 106. Dans les coutumes qui n'ont point de diſpoſition ſemblable à celle de Paris, le tiers détenteur qui déguerpit, ne doit les arrérages que depuis la conteſtation ; mais s'il a paſſé titre nouvel, il ne peut plus déguerpir ſans payer tous les arrérages qui ſont dûs tant de ſon tems, que du tems de ſes auteurs.

Le tiers acquéreur de l'héritage, qui n'a point acquis à la charge de la rente, n'eſt pas obligé, comme le

preneur originaire, à laisser l'héritage
au même état qu'il étoit lors du bail à
rente, parce qu'il n'a rien fait contre
la bonne foi, en laissant déperir un
héritage qu'il croyoit lui appartenir
sans aucune charge, à moins qu'il n'ait
empiré l'héritage depuis la poursuite
qui est faite contre lui.

Il faut que le déguerpissement soit
fait en jugement, si ce n'est que toutes
les parties soient d'accord de le faire
par un acte moins solemnel.

Après que l'héritage chargé d'une
rente fonciere a été déguerpi, le propriétaire de la rente peut, si bon lui
semble, s'en mettre en possession de
plein droit ; il peut aussi faire créer
un curateur à l'héritage déguerpi, &
le faire vendre par decret, ce qui n'arrive presque jamais ; car comme le
propriétaire de la rente est toujours le
premier créancier, il n'a rien à craindre en reprenant l'héritage, & il
évite les frais d'un decret, qui coû-
tent quelquefois plus que l'héritage
ne vaut : s'il se trouve des créanciers
qui prétendent que l'héritage est suffisant pour payer & la rente & leurs
créances, ils ont la faculté de le fai-

re vendre ; mais aussi pour ne pas exposer le propriétaire de la rente au caprice d'un créancier qui voudroit tout consumer en frais, on a coutume d'ordonner que le propriétaire de la rente rentrera dans l'héritage déguerpi, si mieux n'aiment les autres créanciers se soumettre de porter l'héritage à si haut prix, que le propriétaire soit payé de sa rente.

Le tiers acquéreur qui est poursuivi pour une rente fonciere, & qui n'a point acquis à la charge de la rente, fait ordinairement assigner son vendeur en garantie dès le commencement du procès & avant que de déguerpir, afin que le garant n'ait pas à se plaindre, & que le recours ne souffre aucune difficulté.

CHAPITRE XVI.

Du Délaissement par hypotheque.

LA plûpart des Praticiens confondent le délaissement par hypotheque avec le déguerpissement, quoiqu'il y ait des differences très-essentielles de l'un à l'autre. *Loiseau, du Déguerpissement.*

Quand le tiers détenteur est poursuivi hypothécairement par un créancier à la dette duquel l'héritage est hypothéqué, il peut, pour éviter cette poursuite, abandonner l'héritage, ce qui s'appelle délaissement par hypotheque. *Idem liv. 4. ch. 3.*

La premiere difference entre le délaissement par hypotheque, & le véritable déguerpissement, est que le débiteur ne peut pas se liberer par le délaissement par hypotheque, il auroit beau abandonner les héritages hypothéqués, il demeureroit toujours obligé personnellement. *Idem liv. 6. ch. 8.*

La seconde difference est, que dans le déguerpissement le Seigneur de la rente à qui le déguerpissement a été fait, peut de plein droit fe mettre en poffeffion de la chofe déguerpie ; au lieu qu'au délaiffement par hypotheque, il faut néceffairement faire créer un curateur à la chofe abandonnée, & la faire vendre par decret fur lui.

Le délaiffement par hypotheque produit un effet très-fingulier, il fait revivre les hypotheques des créanciers négligens qui avoient laiffé prefcrire le tiers détenteur, parce que dès le moment qu'il quitte l'héritage, il n'y a plus perfonne qui puiffe oppofer la prefcription aux créanciers qui n'avoient pas agi en déclaration d'hypotheque dans le tems porté par les coutumes : J'ai, par exemple, acquis un héritage d'un homme qui avoit plufieurs créanciers, trois de ces créanciers font préfens & majeurs, ils laiffent écouler dix ans fans me faire affigner en déclaration d'hypotheque, il eft certain que j'ai prefcrit contr'eux, & qu'ils ne peuvent plus agir hypothécairement contre moi : les autres créanciers au contraire étoient abfens, & il falloit vingt ans de filence pour m'acquérir la prefcription à leur égard ; l'un ou pluſieurs d'entr'eux , agiſſent contre moi en déclaration d'hypotheque, j'aime mieux abandonner l'héritage que de les payer ; dès le moment que j'ai fait cet abandonnement dans les formes, & que l'héritage eſt vendu ſur le curateur créé à la choſe abandonnée , tous les créanciers qui avoient laiſſé preſcrire rentrent dans leurs droits , ils peuvent s'oppoſer au decret, & par ce moyen conſerver leurs hypotheques, & être payés, même par préférence à ceux qui ont agi en déclaration d'hypotheque, & qui m'ont obligé à quitter l'héritage, ſuppoſé qu'ils ſoient antérieurs en hypotheque à eux.

Celui qui eſt pourſuivi hypothécairement, & qui eſt contraint d'abandonner l'héritage , ne doit jamais payer aucuns arrérages des rentes ſimplement hypothéquées ſur l'héritage, à moins qu'il n'ait paſſé un titre nouvel ; mais il eſt obligé de rendre les fruits qu'il a perçus depuis la conteſtation en cauſe , parce que depuis ce tems il eſt poſſeſſeur de mauvaiſe foi. *Loyſeau , du Déguerp. l. 3. ch. 5. liv. 5. ch. 15.*

Il n'eſt tenu que d'abandonner *Idem l. 5 ch. 14.*

l'héritage en l'état où il se trouve, & quand il auroit démoli un bâtiment de conséquence, il ne seroit pas obligé de le rétablir, pourvu qu'il n'ait fait aucunes dégradations depuis l'action intentée; la raison est qu'étant propriétaire, il lui a été permis de faire de la chose ce qu'il a voulu.

Le délaissement par hypotheque doit être fait en justice, parce qu'il ne profite pas seulement à celui qui a intenté l'action, mais à tous ceux qui ont des hypotheques sur l'héritage abandonné.

Ibidem. Il est encore plus important de sommer son garant en cas de délaissement, qu'en cas de déguerpissement, parce que le garant pour éviter les dommages & intérêts peut payer ses dettes, & faire cesser le trouble qui est fait à l'acquéreur.

Celui qui est contraint d'abandonner un héritage hypothéqué est préferé à tous les autres créanciers sur le prix de l'héritage, pour les réparations utiles & nécessaires qu'il y a faites.

CHAPITRE XVII.

Des Restitutions des fruits , détériora-tions , dommages & intérêts , im-penses & améliorations.

L E possesseur de mauvaise foi est non-seulement tenu de rendre au véritable propriétaire l'héritage qu'il revendique, il est encore obligé de rendre tous les fruits sans aucune distinction ; même ceux qu'il n'a pas perçus, s'il a pu raisonnablement les percevoir. La raison est, 1°. qu'il n'a pas dû négliger un bien dont il s'étoit emparé mal-à-propos, sachant qu'il appartenoit à un autre. 2°. Que le véritable propriétaire auroit pu avoir plus de soin de sa chose, s'il n'en avoit pas été dépouillé injustement.

L. 33. ff. de rei vend.
L. 62. §. 1. ff. eod.

Mais comme on ne peut restituer les fruits consommés, & que la valeur des fruits naturels pourroit être incertaine, l'Ordonnance veut qu'en tous les sieges des jurisdictions ordi-naires, les marchands fassent enre-gistrer au greffe chaque jour de marché le prix des gros fruits, & que l'estimation de ces fruits ne soit faite que par l'extrait de ces regiſtres.

Pour les déteriorations ou dégradations, il y en a de trois ſortes ; les naturelles, qui arrivent par le ſeul laps de tems qui ruine toutes choſes ; Par exemple, les bâtimens qui tombent de caducité ; les fortuites qui arrivent par une force majeure ; comme quand des gens de guerre abattent une maiſon, y mettent le feu, coupent les arbres fruitiers, ou ceux d'une futaie ; & les volontaires, qui arrivent par le fait, ou même par la négligence du poſſeſſeur : par ſon fait, quand il coupe les arbres, qu'il abat les murs, &c. par ſa négligence, quand il laiſſe tomber les maiſons, faute d'y faire les réparations néceſ-faires, &c.

Le poſſeſſeur de mauvaiſe foi eſt reſponſable de toutes les dégrada-tions & déteriorations qui arrivent par ſon fait & par ſa négligence : mais il n'eſt pas tenu de celles qui arrivent naturellement ou par cas fortuit, à moins que le cas fortuit ne ſoit accompagné ou précedé de la faute du possesseur ; Par exemple, si la violence des eaux a emporté la maison faute d'avoir entretenu les digues & les chaussées en bon état, le cas fortuit est précédé de la négligence du possesseur, qui par conséquent en est responsable.

Le possesseur de bonne foi fait les fruits siens sans aucune distinction ; & nous n'observons pas dans notre usage la difference du droit Romain entre les fruits consumés & ceux qui ne le sont pas ; nous n'examinons point si le possesseur de bonne foi est devenu plus riche par la perception des fruits ; il suffit que les fruits naturels ayent été recueillis, & que les fruits civils soient échus pour appartenir au possesseur de bonne foi ; il n'est tenu d'aucunes réparations avant la contestation en cause, & jusques-là il lui a été permis de négliger, ou même de ruiner la chose qu'il croyoit avec raison lui appartenir ; mais le possesseur de bonne foi doit les fruits échus depuis la contestation en cause, comme aussi les dégradations arrivées par son fait ou par sa négligence depuis ce tems-là ; car dès-lors il a commencé à connoître que la chose ne lui appartenoit pas.

Pour les dommages & intérêts, ils dépendent toujours des circonstances du fait ; c'est pourquoi il n'y a rien de plus arbitraire ; & l'on voit très-souvent des Juges qui les fixent à une somme si modique, qu'ils ne vont pas à récompenser la dixieme partie de ceux qui ont été soufferts, par la partie à laquelle ils sont adjugés ; ces sortes d'indulgences ne font pas seulement contraires au bien des particuliers, mais elles nuisent encore davantage au bien public, puisqu'elles fomentent les violences & la mauvaise foi par l'espérance de l'impunité.

A l'égard des impenses & améliorations, nous avons dit ailleurs qu'il y en a de trois sortes, savoir, les nécessaires, les utiles & les voluptuaires ; on doit rembourser toutes les dépenses nécessaires & utiles au possesseur de bonne foi, mais non pas les voluptuaires. On ordonne aussi très-souvent que le possesseur de mauvaise foi en sera remboursé, jusques à concurrence de ce qu'elles ont augmenté la valeur de la chose : Il n'y a néan-

moins des cas où le poſſeſſeur de mauvaiſe foi ne doit pas être rembourſé
des impenſes ſimplement utiles, ſur-
tout ſi le propriétaire n'eſt pas en état
d'en payer le prix, car il n'eſt pas juſte de l'obliger à vendre ſa choſe malgré lui, par le fait d'un poſſeſſeur de
mauvaiſe foi, qui doit s'imputer d'a-
voir fait ces impenſes ſans le conſentement du propriétaire.

CHAPITRE XVIII.

Des Intérêts.

ON appelle Intérêts l'eſtimation
du profit que l'argent eût pu
produire à celui à qui il eſt dû, s'il
lui avoit été payé à tems ; car quoique l'argent ne produiſe rien de lui-
même, & qu'il ne ſoit pas permis d'en
tirer du profit quand on le prête ;
néanmoins on peut l'employer en
achat d'héritages qui produiſent des
fruits, en conſtitutions de rentes, ou
à quelque négociation utile ; c'eſt
pourquoi il eſt juſte que le débiteur
qui eſt en demeure de payer, indem-

niſe le créancier du profit légitime
qu'il lui fait perdre.

Mais comme il ſeroit difficile d'eſ-
timer au juſte cette indemnité dans
chaque affaire particuliere, on a mis
les intérêts ſur le même pied que
les arrérages des rentes, que les Ordonnances ont fixés anciennement
au denier 12, puis au denier 16, enſuite au denier 18, & enfin au denier
20, avec cette difference, que dès le
moment qu'une rente a été conſti-
tuée, les arrérages ſont toujours payés
ſuivant l'ancienne conſtitution, ſans
que les Edits du Prince changent rien
à l'égard des anciens contrats de conſtitution; mais les intérêts des anciennes obligations ſont ſujets à toutes
les réductions des Edits & Déclarations: ainſi quand ils ſont encore dûs
aujourd'hui, on les compte au denier
12 depuis 1576 juſques en Février
1602, au denier 16 juſques au mois
de Juin 1634, depuis l'Edit du mois
de Décembre 1665 au denier vingt,
l'Edit du mois de Mars 1720, avoit
fixé les rentes au denier 50, il ne fut
regiſtré qu'au Châtelet & non au
Parlement; l'Edit du mois de Juin
1724,

1724, fixa les taux des rentes au denier 30 ; enfin l'Edit du mois de Juin
1725, qui forme le dernier état sur
cette matiere, a fixé les rentes au denier 20.

La date de ces Edits est donc absolument nécessaire, lorsqu'il s'agit de
faire un calcul d'anciens intérêts,
puisqu'ils ne sont pas toujours les mêmes, quoique provenans d'une même
cause, mais sont plus ou moins forts,
suivant les tems qu'ont duré les differentes Déclarations faites au sujet des
rentes constituées sur des particuliers.
☞ Le taux des intérêts a toujours
été, & est encore aujourd'hui different suivant les differentes Provinces.
*Voyez les Œuvres posthumes d'Hen-
rys, quest.* 4].

Il y a des dettes qui par un privilege particulier fondé sur de grandes
raisons d'équité, portent intérêt d'elles-mêmes ; comme les deniers oisifs
que les tuteurs & autres administra-
teurs ont entre leurs mains, parce *Le Prestre,*
qu'ils sont obligés par le devoir de *Cent.* 4. *c.* 14.
leur charge d'en faire un emploi uti-
le ; un reliqua de compte de tutele,
les deniers dotaux, soit qu'ils soient

Tome II. Y

dûs au mari ou à la femme, car ils
font donnés au mari pour fupporter
les charges du mariage, & tiennent
lieu de patrimoine à la femme; les
legs faits aux enfans pour leur tenir
lieu de légitime ou de portion héréditaire qui doit fervir à leurs alimens :
le prix de l'acquifition d'un immeuble, parce que l'acquéreur jouit des
fruits, & que le vendeur en eft privé;
les fommes que la caution a été for-
cée de payer pour le principal débiteur, qui s'eft obligé de l'indemnifer
tant en principal qu'intérêts.

Ordonnance d'Orléans, article 60.

A l'égard des autres dettes, comme la demande des intérêts eft fondée fur ce que le débiteur eft en demeure de payer la fomme dûe, il
femble que quand il s'eft obligé de
payer dans un certain terme, les intérêts devroient être légitimement
dûs après le terme échu : cependant
la fimple demeure du débiteur ne
fuffit pas, il faut une demande judiciaire de la part du créancier, fuivie
d'un jugement de condamnation,
qui adjuge les intérêts du jour de la
demande, quand il y auroit trente
ans qu'elle feroit faite, pourvu qu'el-

le ne soit pas périe, comme cela arrive quelquefois.

Néanmoins par un usage établi au
Parlement de Bordeaux, les intérêts
sont dûs du jour du premier exploit
de commandement, quoiqu'il n'y en
ait point de demande en justice.

En Dauphiné les intérêts sont dûs
du jour de la demeure de payer ; encore qu'il n'y ait aucune interpellation judiciaire, pourvu que dans le
contrat il y ait à peine de tous dépens, dommages & intérêts : Ils
prétendent que l'Ordonnance d'Orléans se doit entendre lorsqu'il n'y a
aucune peine conventionnelle au
contrat.

Au Parlement de Toulouse on *Expilly, ch.*
n'adjuge pas les intérêts en vertu de *83 & 86.*
la simple convention de les payer,
portée par le contrat, il faut une
demande judiciaire pour les faire courir ; mais aussi lorsqu'ils ont été
payés volontairement, on ne les im-
pute pas sur le principal, pourvu
qu'ils n'ayent pas été payés sur un
pied plus fort que celui qui est reglé
par l'Ordonnance. ☞ Il y a des
Parlemens, comme Grenoble, Aix,

& Pau, où il eſt permis de ſtipuler les intérêts des deniers prêtés, & ils courent du jour de la ſtipulation. *Voyez l'Obſervation ſur la queſtion 110 d'Henrys, tome 1, liv. 4]. Idem en Breſſe & Bugey.*

Dans les Parlemens de Droit écrit, les intérêts d'une ſomme dûe ne peuvent jamais aller plus loin que le capital; de ſorte que quand les intérêts d'une ſomme de 10000 liv. ſeroient dûs depuis 50 ans, ils ne pourroient monter qu'à 10000 livres : cela reçoit néanmoins une exception très-juſte, qui eſt lorſque le créancier a fait des pourſuites continuelles contre ſon débiteur ſans en pouvoir être payé; mais quand le créancier a donné du tems, ou qu'il a négligé de pourſuivre, on ne veut pas alors que ſa facilité ou ſa négligence ſerve à ruiner le débiteur par l'accumulation d'un ſi grand nombre d'intérêts.

☞ Il faut auſſi excepter les intérêts qui ſont dûs *ex naturâ rei & beneficio legis*, leſquelles peuvent excéder le double. *Obſervation ſur la queſtion 47 d'Henrys, tome 1, liv. 4].*

Lorfqu'un débiteur ne peut pas payer valablement ; par exemple, quand il y a des faifies faites entre fes mains, s'il veut empêcher les intérêts de courir il ne lui fuffit pas de faire des offres, il faut qu'il préfente fa requête en Juftice, pour avoir permiffion de configner la fomme qu'il doit ; & qu'il configne en effet, ou qu'il y ait un jugement qui ordonne que les deniers lui demeureront entre les mains fans intérêts.

Quoique le débiteur foit en demeure de payer les intérêts ou les arrérages de rentes qu'il doit, on ne le peut pas condamner à en payer les intérêts, car ce feroient des intérêts d'intérêts, qui font défendus comme une ufure très-odieufe. Le tuteur doit néanmoins à fon mineur les intérêts des épargnes qu'il a faites, quand elles proviendroient des arrérages de rentes dûs par le tuteur ; comme auffi le principal obligé doit à la caution les intérêts des intérêts qu'elle a payés pour lui, parce qu'au premier cas les épargnes forment un capital entre les mains du tuteur, qu'il eft obligé d'employer utilement pour fon mineur ; & au fecond cas les intérêts payés par la caution tiennent lieu de capital à fon égard, puifqu'elle a tiré l'argent de fa bourfe pour les payer *. Mais en ce dernier cas ils ne font dûs que du jour de la demande fuivie de condamnation].

CHAPITRE XIX.

Des Preuves & des Préfomptions.

Dans toutes les affaires civiles & criminelles, il faut que celui qui agit ait des preuves qui faffent connoître que fon action eft bien fondée, il faut auffi que celui qui eft pourfuivi prouve les moyens fur lefquels il établit fa défenfe.

Ces preuves peuvent être confidérées par rapport aux matieres civiles, & par rapport aux matieres criminelles.

Ordonn. de Moulins, article 52.

Ordonn. de 1667. tit. 10. art. 2.

En matiere civile il s'agit de prouver une convention ou un contrat, il en faut rapporter la preuve par écrit, car on ne reçoit point la preuve par témoins au-deſſus de 100 livres, à moins qu'il n'y ait un commence-ment de preuve par écrit ; par exem-ple, quelque lettre ou autre piece de cette nature.

On permet néanmoins la preuve par témoins d'un dépôt néceſſaire ; comme d'un dépôt fait par le voya-geur entre les mains de l'hôte chez qui il loge, ou d'un dépôt fait en cas de tumulte, de ruine, d'incen-die, ou de naufrage ; parce que dans tous ces cas on n'a pas le tems de choiſir une perſonne de confiance, ni de prendre des aſſurances par écrit. ☞ La preuve par témoins au deſ-ſus de cent livres, eſt reçue dans les Juriſdictions Conſulaires en toute ſorte d'affaires. Elle eſt auſſi reçue dans la Juriſdiction de Meſſieurs les Maréchaux de France. *Voyez les Ob-ſervations ſur le* 14ᵉ *Plaid. d'Hen-rys*].

L'Ordonnance ne défend la preu-ve par témoins que des contrats, des conventions & des teſtamens, parce qu'on les peut facilement rediger par écrit ; mais pour les faits qui ſont indépendans de la convention des

Ibid. art. 3 *&* 4.

Ordonn. de 1667. tit. 16. *art.* 6 *& tit.* 20. *art.* 2.

parties, la preuve par témoins en est permise. Par exemple, si je mets en fait que je suis en possession d'un héritage, d'envoyer paître mes bestiaux dans un certain lieu, qu'il y avoit autrefois un bâtiment en une telle place, & particulierement si le fait a quelque chose qui approche du crime; si j'accuse, par exemple, une veuve d'avoir recelé les effets de la communauté; en tous ces cas la preuve par témoins ne peut pas être refusée; on permet aussi la preuve par témoins des mariages, des baptêmes & des sépultures, lorsque les regiftres des Curés font perdus.

Ibid. art. 14.

La preuve par témoins en matiere civile doit être faite par une enquête qui est ordonnée par le Juge, & qui est toujours respective; c'est-à-dire, que toutes les deux parties ont la faculté de faire entendre des témoins.

Ordonn. de 1667. tit. 22. art. 11 & 17.

Il faut que les témoins, pour faire preuve, soient des témoins sans reproche, qu'ils ne soient ni parens, ni alliés, ni domestiques de la partie, qu'ils n'ayent point été corrompus par argent ou autrement, qu'ils n'ayent point d'intérêt personnel dans l'affaire ; qu'ils ne foient ni mendians ; ni vagabonds, & qu'ils ne foient pas notés d'infamie ; & comme le Juge ne peut pas connoître fi le témoin eft reprochable, ou s'il ne l'eft pas, on permet aux parties de fournir des reproches contre les témoins ; ces reproches doivent être accompagnés de preuves; fi on n'en peut pas avoir par écrit, on en peut demander la preuve par témoins, à moins que le reproche ne foit fondé fur une condamnation judiciaire, car il faut alors produire le jugement qui prononce la condamnation.

Les témoins doivent dépofer de leur propre connoiffance, & non pas de ce qu'ils ont entendu dire à d'autres perfonnes, fi ce n'eft dans le cas qu'ils ont entendu dire quelque fait important à la partie contre laquelle l'enquête eft faite.

Il y a néanmoins des cas où la dépofition des témoins qui ne parlent que de ce qu'ils ont entendu dire par le bruit public, ne laiffe pas de faire preuve, par exemple, lorfqu'un mari après le décès de fa femme s'eft emparé de tous les effets de la commu-

Y v

nauté fans faire faire aucun inventaire, on accorde aux enfans la permiſſion de faire preuve par témoins, joint la commune renommée, en ce cas on a égard aux témoins qui dépoſent qu'ils ont entendu dire communément dans le voiſinage, que les effets de la communauté montoient à une telle ſomme ou environ. Le juge ſur leurs dépoſitions fixe une ſomme arbitraire, ce qui eſt très juſte, parce que c'eſt par la mauvaiſe foi, ou du moins par la faute du pere que les enfans ne peuvent point avoir d'autre moyen de ſe faire rendre ce qui leur appartient.

Les preuves par écrit ſont de deux eſpeces: ſavoir, les écritures privées, qui ne ſont ſignées que par des particuliers, & les écritures publiques, qui ſont ſignées par un Officier public.

Dumoulin,
coutume de
Paris, art. 8.

Les écritures privées ne font aucune preuve, juſques à ce qu'elles ayent été reconnues en Juſtice.

Les écritures publiques font une preuve pleine & entiere, lorſqu'elles ſont produites en original, & ſignées de l'Officier qui eſt députe pour rece-

voir l'acte dont il s'agit. Si l'on produit, par exemple, un Arrêt, il faut
qu'il foit figné par un Greffier ; fi on
produit un contrat, il faut qu'il foit
figné par le Notaire qui l'a reçu, ou
par fon fuccefleur dans la même charge, ou enfin par le Notaire chez lequel l'acte a été dépofé ; car s'il étoit
figné par un autre Notaire, ce ne feroit plus qu'une copie, & non pas un
original.

Les copies, quoiqu'elles foient
collationnées par un Officier public,
ne font aucune foi en Juftice, à moins
que la partie contre laquelle on s'en
veut fervir, n'ait été appellée pour en
faire voir la collation fur l'original.

Le feul moyen de détruire la preuve d'un acte public, eft de foutenir
qu'il eft faux, & de le prouver, tant
par comparaifon d'écritures, que par
témoins ou autrement.

Quand les autres preuves manquent, on peut faire interroger la
partie fur des faits & articles, ou s'en
tenir à fon ferment ; fi la partie ne
veut ni répondre, ni jurer, il en réfulte une preuve contre elle, qui affu-
re tous les faits fur lefquels on l'a

Ordonn. de 1667. tit. 30. art. 4.

Y vj

voulu interroger, ou lui déferer le ferment.

On tient communément qu'en matiere civile, la confeffion d'une partie ne peut être divifée, & qu'il faut la recevoir toute entiere, ou la rejetter : par exemple, fi un homme avoue que je lui ai prêté la fomme que je lui demande, mais qu'il ajoute qu'il me l'a payée, je ne puis pas me fervir de cet aveu pour prouver la dette, & rejetter fur la partie adverfe la preuve du paiement. Il n'en eft pas de même en matiere criminelle, quand l'accufé avoue le crime, & qu'il ajoute quelque chofe qui tend à fa décharge, on reçoit fon aveu pour une efpece de preuve, fauf à examiner le refte.

En matiere criminelle les preuves font tirées de la dépofition des témoins, des interrogatoires de l'accufé ; & rarement voit-on des preuves par écrit, fi ce n'eft dans les crimes de faux, ou quand le crime a été concerté entre plufieurs perfonnes qui ont pu écrire des lettres.

Louet, C. 4.

On tient pour maxime en matiere criminelle, que la feule confeffion de l'accufé ne fuffit pas pour établir une preuve conftante qui puiffe donner lieu à fa condamnation ; mais elle fait une grande préfomption, & fert de preuve affurée dès le moment qu'il y a quelques circonftances qui concourent à faire connoître la vérité de cette confeffion ; de forte qu'on peut dire, que quoique la maxime foit véritable, elle ne reçoit prefque jamais d'application dans l'ufage.

Les préfomptions fervent à la preuve en matiere civile & en matiere criminelle, & font même une efpece de preuve, quand il y en a plufieurs qui font jointes enfemble ; il y en a de fi fortes, qu'elles font prefque une preuve néceffaire : Si un homme fort de la maifon de fon ennemi l'épée nue & fanglante, & que cet ennemi s'y trouve affaffiné à coups d'épée, quoiqu'il ne foit pas abfolument impoffible que le crime ait été commis par un autre, néanmoins la préfomption eft fi violente, qu'elle tient lieu de preuve.

Menochius a fait un vol. entier de præfumptionib.

Lorfqu'un homme riche fait une obligation au profit d'une femme avec laquelle il a de mauvaifes habitudes,

fi vrai-femblablement elle n'étoit pas
en état de prêter la fomme contenue
en l'obligation, on préfume que c'eft
une donation déguifée en fraude de
la loi, & cette préfomption peut tenir lieu de preuve quand elle eft
accompagnée d'autres circonftances
qui la fortifient. ¶¶ Quelquefois on
ordonne qu'une telle donataire fera
tenue de prouver, *unde habuerit*]].
Comme les préfomptions dépendent
des diverfes circonftances, qui ne font
prefque jamais les mêmes dans les
differentes affaires, il eft impoffible
d'en donner des regles certaines, elles
dépendent du bon fens & de la prudence des Juges; l'on voit fouvent
que les uns font extrêmement touchés
de certaines préfomptions, auxquelles
les autres ne s'arrêtent pas.

CHAPITRE XX.

Du Commerce de Terre & de Mer.

IL y a une jurifprudence toute particuliere fur le fait du Commerce, dont nous ne parlerons ici qu'en général, parce qu'elle eft fi bien expliquée dans les Ordonnances qui ont été faites fur ce fujet en 1673 & en 1681, qu'il en faudroit tranfcrire tous les articles ; nous nous contenterons d'en indiquer les principales matieres, afin que ceux qui en auront befoin puiffent y avoir recours.

L'Ordonnance de 1673 eft faite pour le Commerce en général, elle comprend treize titres, qui font des apprentifs, Négocians & Marchands, tant en gros qu'en détail, des Agens de banque & courtiers ; des livres & regiftres des Négocians, Marchands & Banquiers ; des fociétés ; des lettres & billets de change, & promeffes d'en fournir ; des intérêts du change & rechange ; des contraintes par corps ; des féparations de biens ; des

défenfes & lettres de répi, des ceffions
de biens; des faillites & banqueroutes; de la Jurifdiction des Confuls.

L'Ordonnance de 1681 eft faite
au fujet de la Marine, elle eft beaucoup plus ample que la premiere, il
y a beaucoup plus de chapitres qui
concernent le Droit Public, que le
droit des particuliers; elle eft divifée en cinq livres: Le premier parle
des Officiers de l'Amirauté, de leur
Jurifdiction: Il y a néanmoins trois
chapitres dans ce livre qui regardent
les particuliers: le douzieme parle
des prefcriptions & fins de non-recevoir: le treizieme parle des jugemens
& de leur exécution: le quatorzieme,
de la faifie & vente des vaiffeaux,
& de la diftribution du prix.

Le fecond livre traite des gens &
bâtimens de mer, & contient dix chapitres; qui font du Capitaine, Maître, ou Patron; de l'Aumônier, de
l'Ecrivain; du Pilote; du Contremaître, ou Nocher; du Chirurgien;
des Matelots; des Propriétaires de
Navires; des Charpentiers & Calfateurs; des Navires & autres bâtimens
de mer.

Le troifieme parle des contrats maritimes, & contient onze titres, favóir, des chartres parties, affretemens, ou nolifemens; tous ces differens termes ne fignifient autre chofe que la convention qui eft faite pour le louage d'un vaiffeau qu'on appelle le frêt ou nolis. Des connoiffemens ou polices de chargement, qui font des reconnoiffances de la qualité, quantité & marque des marchandifes, le nom de celui qui les a chargées, & de celui auquel elles doivent être délivrées; le lieu du départ, & de la décharge, le nom du maître, & celui du vaiffeau fur lequel elles font chargées, & le prix du frêt. Du frêt ou nolis; ce titre eft différent du premier, qui ne parle que de la forme dont le contrat d'affretement doit être fait, & celui-ci contient quelques réglemens particuliers au fujet du frêt: De l'engagement & des loyers des matelots. Des contrats à groffe avanture, ou à retour de voyage; la nature de ces contrats eft affez finguliere, on prête de l'argent fur le corps du vaiffeau, fur les agrès & apparaux, armement & victuailles,

ou fur la marchandife de fon chargement, & il eft permis d'en prendre un gros intérêt : mais auffi l'argent eft perdu pour celui qui l'a prêté,
fi le vaiffeau périt dans le voyage ou
dans le tems pour lequel l'argent a été
prêté ; des affurances par lefquelles
des particuliers s'obligent à payer le
prix du vaiffeau, ou des marchandifes
qui y font chargées, en cas qu'il périffe
dans le voyage, en leur donnant une
certaine fomme, qui en terme de marine eft appellée prime ; des avaries,
qui font les dépenfes extraordinaires,
le dommage qui arrive au vaiffeau &
aux marchandifes. Il y a des avaries
fimples, qui regardent feulement le
vaiffeau, ou une ou plufieurs efpeces
de marchandifes, & les avaries com-
munes qui regardent le vaiffeau, &
tout ce qui eft chargé deffus. Du jet
& de la contribution ; lorfque pour fe
fauver d'une tempête, ou des enne-
mis & des pirates qui pourfuivent le
navire, on eft obligé de jetter une partie des marchandifes pour foulager le
vaiffeau; des prifes ; des lettres de
marque ou de repréfailles, qui font
accordées par le Prince aux proprié-

taires des vaisseaux, ou à des marchands, contre les Alliés de la France,
& les Etats avec lesquels on est en
paix, lorsqu'ils retiennent injustement
ce qui appartient aux sujets du Roi ;
des testamens, & de la succession de
ceux qui meurent en mer.

Le quatrieme livre traite de la police des ports, côtes, rades & rivages de
la mer ; cela concerne le droit public.

Le cinquieme livre traite de la pêche qui se fait en mer, & regarde encore le droit public, n'y ayant rien
qui ne soit une espece de police au
sujet de la pêche. ☞ L'Ordonnance
de la Marine a été dressée par Monsieur le Vayer, qui après avoir fait la
profession d'Avocat avec beaucoup
d'honneur & de succès, a rempli
très dignement la charge de Maître
des Requêtes, & l'Intendance de
Soissons].

Fin du second Tome.

TABLE

DES

MATIERES

Contenues dans les deux Volumes.

A

B

B

C

Z v.

D

Z vj

E

F

Tome II. Aa

G

H

I

A a v

L

M

N

O

DES MATIERES.

Tome II.   B b

Q

R

B b ij

S

Bb v

T.

V.

Fin de la Table des Matieres.

APPROBATION.

J'Ai examiné, par l'ordre de Monseigneur le Chancelier, le Livre intitulé, *Institution au Droit François*, par *M. Argou*, *Avocat en Parlement*, *neuvieme Edition*, *revue*, *corrigée &* *augmentée*, &c. par *M. A. G. Boucher d'Argis*, *Avocat au Parlement*; & j'ai trouvé qu'elle sera d'autant plus utile que les corrections sont principalement fondées sur les nouvelles Ordonnances. A Paris, ce 9 Janvier 1762.

GIBERT.

PRIVILEGE DU ROI.

LOUIS, par la grace de Dieu, Roi de France & de Navarre : A nos amés & féaux Conseillers, les Gens tenans nos Cours de Parlement Maîtres des Requêtes ordinaires de notre Hôtel, Grand-Conseil, Prévôt de Paris, Baillifs, Sénéchaux, leurs Lieutenans Civils, & autres nos Justiciers qu'il appartiendra. SALUT. Notre amé Hyppolite-Louis GUERIN, Imprimeur & Libraire à Paris, Nous a fait exposer qu'il desireroit faire imprimer & donner au Public un Livre qui a pour titre : *Institution d'Argou au Droit François*, s'il nous plaisoit lui accorder nos Lettres de Privilege pour ce nécessaires. A ces Causes, voulant favorablement traiter l'Exposant, Nous lui avons permis & permettons, par ces Présentes, de faire réimprimer ledit Livre autant de fois que bon lui semblera, & de le vendre, faire vendre & débiter par tout notre Royaume, pendant le tems de six années consécutives, à compter du jour de la date des Présentes : Faisons défenses à tous Imprimeurs, Libraires & autres personnes de quelque qualité & condition qu'elles soient, d'en introduire de réimpression étrangere dans aucun lieu de notre obéissance : comme aussi de réimprimer ou faire réimprimer, vendre, faire vendre, débiter ni contrefaire ledit Livre, ni d'en faire aucun extrait, sous quelque prétexte que ce puisse être, sans la permission expresse & par écrit dudit Exposant, ou de ceux qui auront droit de lui, à peine de confifcation des Exemplaires contrefaits, de trois mille livres d'amende contre chacun des contrevenans, dont un tiers à Nous , un tiers à l'Hôtel-Dieu de Paris , & l'autre tiers audit Expofant, ou à celui qui aura droit de lui , & de tous dépens, dommages & intérêts : A la charge que ces Préfentes feront enregiftrées tout au long fur le Regiftre de la Communauté des Imprimeurs & Libraires de Paris , dans trois mois de la date d'icelles ; que la réimpreffion dudit Livre fera faite dans notre Royaume & non ailleurs, en bon papier & beaux caracteres, conformément à la feuille imprimée & attachée pour modele fous le contre-fcel des Préfentes ; que l'Impétrant fe conformera en tout aux Réglemens de la Librairie, & notamment à celui du 10 Avril 1725 ; qu'avant de l'expofer en vente, l'imprimé qui aura fervi de copie à la réimpreffion dudit Livre, fera remis dans le même état où l'Approbation y aura été donnée, ès mains de notre très-cher & féal Chevalier, Chancelier de France, le fieur DE LAMOIGNON, & qu'il en fera enfuite remis deux Exemplaires dans notre Bibliotheque publique , un dans celle de notre Château du Louvre , & un dans celle de notredit très-cher & féal Chevalier, Chancelier de France , le fieur DE LAMOIGNON, & un dans celle de notre très-cher & féal Chevalier, Garde des Sceaux de France, LE BERRYER; le tout à peine de nullité des Préfentes : Du contenu defquelles vous mandons & enjoignons de faire jouir ledit Expofant & fes ayans caufe pleinement & paifiblement, fans fouffrir qu'il leur foit fait aucun trouble ou empêchement. Voulons que la copie des Préfentes qui fera imprimée tout au long au commencement ou à la fin dudit Livre, foit tenue pour duement fignifiée, & qu'aux copies collationnées par l'un de nos amés & féaux Confeillers & Secretaires, foi foit ajoutée comme à l'original. Commandons au premier notre Huiffier ou Sergent fur ce requis, de faire pour l'exécution d'icelles tous actes requis & néceffaires, fans demander autre permiffion, & nonobftant clameur de Haro, Chartre Normande, & Lettres à ce contraires : Car tel eft notre plaifir. Donné à Paris le dix-feptieme jour du mois de Février l'an de grace mil fept cent foixante-deux, & de notre regne le quarante-feptieme. Par le Roi en fon Confeil. *Signé*, LE BEGUE.

Je reconnois avoir fait part du préfent Privilege aux Affociés audit Ouvrage. *A Paris ce 6 Avril* 1762. H. L. GUERIN.

Regiftré le préfent Privilege, enfemble la ceffion, fur le Regiftre XV. de la Chambre Royale & Syndicale des Libraires & Imprimeurs de Paris, N° 634, fol. 282, conformément au Réglement de 1723. A Paris ce 16 Avril 1762. VINCENT, *Adjoint.*

De l'Imprimerie de L. CELLOT, 1762.

www.ingramcontent.com/pod-product-compliance
Lightning Source LLC
Chambersburg PA
CBHW031720210326
41599CB00018B/2449